Jw_cad 空調給排水設備図面入門

Jw_cad8 対応版

ObraClub=著

**自分で設備図面を描くには
最適の1冊です。**

X-Knowledge

付録CD-ROMを使用する前に必ずお読みください

本書の付録CD-ROMをご利用になる前には、以下を必ずお読みください。

● **個人の責任においてご使用ください**

付録CD-ROMには、本書で解説しているJw_cadプログラムのインストール用ファイルが収録されています。このJw_cadのインストール方法はp.16〜を参照してください。なお、収録されたデータを使用したことによるいかなる損害については、当社ならびに著作権者・データの提供者は一切の責任を負いかねます。個人の責任において使用してください。また、Jw_cadのサポートは当社ならびに著作権者・データの提供者は一切行っておりません。したがって、ご利用は個人の責任の範囲で行ってください。

● **操作方法に関する質問は受け付けておりません**

使用するコンピュータのハードウェア・ソフトウェアの環境によっては、動作環境を満たしていても動作しない、またはインストールできない場合がございます。当社ならびに著作権者・データの提供者は、インストールや動作の不具合などのご質問は受け付けておりません。なお、本書の内容に関する質問にかぎり、p.239の本書専用のFAX質問シートにてお受けいたします（詳細はp.239をご覧ください）。

● **開封後は返本・返金には応じられません**

付録CD-ROMのパッケージを開封後は、付録CD-ROMに収録されているデータの不具合などの理由による返本・返金はいたしません。ただし、本の乱丁・落丁の場合はこの限りではありません。また、本書の購入時においての、あきらかな付録CD-ROMの物理的破損によるデータの読み取り不良は、付録CD-ROMを交換いたします。詳しくは本書の巻末をご覧ください。

● 付録CD-ROMに収録されたデータは、すべて著作権上の保護を受けています。付録CD-ROMは、本書をご購入いただいた方が、同時に1台のコンピュータ上でご使用ください。ネットワークなどを通して複数人により使用することはできません。付録CD-ROMに収録されているデータは、本書に定められた目的以外での使用・複製・変更・譲渡・貸与することを禁じます。

● Windowsは、米国Microsoft Corporationの米国および他の国における登録商標です。また、本書に掲載された製品名、会社名などは、一般に各社の商標または登録商標です。

〈 Jw_cadの収録および操作画面の掲載について 〉

Jw_cadの付録CD-ROMへの収録および操作画面などの本書への掲載につきましては、Jw_cadの著作権者である清水治郎氏と田中善文氏の許諾をいただいております。

カバー・表紙デザイン／山口 了児（ZUNIGA）
編集制作／鈴木 健二（中央編集舎）
Special Thanks／清水 治郎 ＋ 田中 善文
印刷所／シナノ書籍印刷

はじめに

　給排水衛生設備図面や空調設備図面は、Jw_cadのレイヤ、連線、線記号変形、クロックメニューなどの機能を利用することで非常に効率よく作図できます。
　しかし、これらの機能は基本的な作図機能ではなく、応用的な機能のため、Jw_cadの入門書などではあまり紹介されていません。そのため、こうした便利な機能を使わずに設備図面を作図されている方もおいでかと思います。
　また、効率よく作図するためには、シンボル図形や立管記号、継手類、弁類、排水桝などの線記号を用意する必要があります。まずは、これらを自分で作らないとならないのでは、なかなか手軽に始めることはできないでしょう。

　本書は、Jw_cadを使い始めた方、これから使う方を対象とし、Jw_cadの基本操作～受け取った建築図面の加工および給排水衛生設備図面、空調設備図面の作図を通して、設備図面を効率よく作図するための操作を習得することを目的としています。また、本書を終えた後、すぐに実務図面を描き出していただけるよう、給排水衛生設備や空調設備図面用の線記号データを多数収録しています（→p.10）。
　本書が、読者の皆様にとって、手軽にJw_cadで給排水衛生設備図面や空調設備図面を作図するための一助になれば幸いです。

　本書での課題図面の提供から図面作成の助言などの支援を三寺利博氏にいただきました。三寺氏には、この場を借りて深く御礼申し上げます。

※本書は2016年7月に刊行された「Jw_cad空調給排水設備図面入門」の改訂版（[Jw_cad 8対応版]）です。解説の内容を最新バージョンのJw_cad Version 8.03aに対応させ、カラー誌面にして画面図を見やすくしました。これら以外に大きな変更点はありません。

Obra Club

Contents

- 表記と凡例 ... 6
- 付録CD-ROMについて ... 8
  - 付録CD-ROMの内容 ... 8
    - 「jw-m」フォルダ内の図形フォルダに収録の図形データ ... 9
    - 「jw-m」フォルダに収録の線記号変形データ ... 10
- 本書を使うための準備 ... 15
  - インストール済みのJw_cadのバージョンを確認する方法 ... 15
  - Jw_cadおよび教材のインストール、Jw_cadの起動と画面・基本設定など ... 16
    - Jw_cadをインストールする ... 16
    - 教材データをインストールする／Jw_cadのショートカットを作成する ... 18
    - Jw_cadを起動する ... 19
      - Jw_cadの画面各部の名称／コマンドの選択方法 ... 20
    - 表示設定を変更する ... 21
    - Jw_cadの基本的な設定をする ... 22
  - **Point** ワイド画面の場合の用紙枠 ... 24

Lesson 1 線・円の作図と消去 ... 25
Step1 → Step10
- **Point** 図面上の点の読み取り機能 ... 30

Lesson 2 寸法の決まった図の作図と保存 ... 35
Step1 → Step28
- **Point** キーボードからのズーム操作 ... 64

Lesson 3 保存した図面を開き、印刷・加筆 ... 65
Step1 → Step19
- **Point** 印刷された線の太さについて ... 67
- **Point** 曲線属性の特性 ... 86
- **Point Lesson** 距離の測定、文字サイズの確認 ... 87

Lesson 4 レイヤと「連線」「線記号変形」コマンドの学習 ... 89
Step1 → Step18
- **Point** レイヤ操作を誤った場合は ... 93
- **Point** カラー印刷色の調整 ... 96
- **Point** クロックメニューの操作とその表記 ... 100
- **Point** レイヤバーと「レイヤ一覧」ウィンドウのまとめ ... 112

Lesson 5　建築図面を開き、設備図作図の準備をする　113

Step1 ➡ Step10

Point 図面「S-Lesson6-7.jww」のレイヤの使い分けとプロテクトレイヤ …… 114

Lesson 6　給排水衛生設備図　123

Step1 ➡ Step34

Point 配置した図形の特性「曲線属性」について …… 131

Lesson 7　空調換気設備図　169

Step1 ➡ Step20

Point Lesson ダブル線でのダクトの作図 …… 192

Lesson 8　給排水衛生設備図と空調換気設備図を別々の図面ファイルに　197

Step1 ➡ Step7

Point Lesson レイヤ整理ファイルで一括表示切替 …… 198

Lesson 9　Step Up　203

9・1　DXF形式で受け取った建築図に設備図を作図するには …… 204
　　　DXFファイルの特徴 …… 206
9・2　DXF形式で図面を保存するには …… 210
　　　Point Lesson 選択要素のみをDXF形式で保存 …… 213
9・3　寸法の記入 …… 214
　　　Point 寸法部の名称と設定 …… 215
　　　Point 寸法図形の特性 …… 220
9・4　複数の要素をひとまとまりとして扱う属性について …… 222
　　　Point 図形の上書き登録 …… 225
9・5　パラメトリック変形で排水桝位置を調整 …… 226

Appendix Q&A　本書の解説どおりにならない場合の対処法　228

Q01 ➡ Q27

Index …… 237
FAX質問シート …… 239

表記と凡例

マウスの操作とマウスによる指示の表記

パソコンでの大部分の操作指示は画面に表示されるマウスポインタの先端を目的の位置に合わせ、マウスのボタンを押すことで行います。右のイラストのように、左ボタンの上に人差し指、右ボタンの上に中指を置くように、マウスを持ちます。左ボタンは人差し指で、右ボタンは中指で押すよう習慣づけましょう。

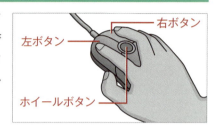

クリック

マウスのボタンを「カチッ」と1回押す操作を「クリック」と呼びます。ボタンは、押したらすぐはなします。ボタンをはなす前にマウスを移動すると、ドラッグと見なされ、別の機能が働く場合があります。ご注意ください。パソコンでの大部分の操作指示は、マウスポインタを目的のものに合わせ、マウスの左ボタンをクリックすることで行います。

本文中の表記
- 左ボタンを1回押す（左クリック）
- 右ボタンを1回押す（右クリック）
- 左右両方のボタンを同時に1回押す（両ボタンクリック）

ダブルクリック

マウスのボタンを「カチッカチッ」と立て続けに2回押す操作を「ダブルクリック」と呼びます。マウスポインタを目的のファイルやフォルダに合わせ、マウスの左ボタンをダブルクリックすることでファイルやフォルダを開きます。

本文中の表記
- 左ボタンを立て続けに2回押す（左ダブルクリック）
- 右ボタンを立て続けに2回押す（右ダブルクリック）

ドラッグ

マウスのボタンを押したままマウスポインタを移動した後、ボタンをはなす操作を「ドラッグ」と呼びます。Jw_cadでのドラッグ操作は、ボタンを押したまま指示方向へマウスポインタを移動し、操作メッセージなどが表示された時点でボタンをはなします。本書では、ドラッグ操作を、押すボタンとマウスの移動方向を示す矢印で表記します。

本文中の表記
- → 右ボタンを押したままマウスを右方向に移動し、ボタンをはなす（右ドラッグ）
- ↘ 左右両方のボタンを押したまま右下方向へ移動し、ボタンをはなす（両ボタンドラッグ）

右ボタンを押したままマウスを右方向に移動しボタンをはなす

キーボードによる入力指示の表記

キーボードからの指示は、「Escキーを押す」のように、☐付きで押すキーの名称を表記します。
以下に、本書で表記する主なキーの表記例とキーボードの位置を記載します。

※図はWindowsパソコンの標準的な製品例で、パソコンやキーボードの種類によってはキーの表記や配列が図とは異なります。

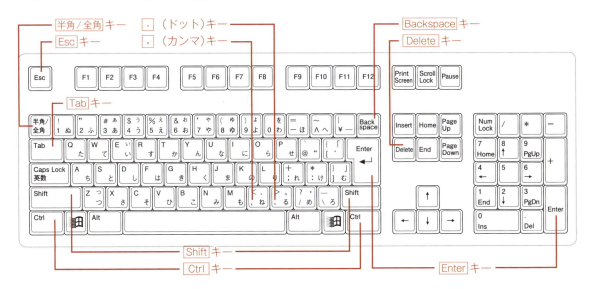

数値・文字入力の表記

数値や文字の入力指示は、「700」や「水栓」のように、入力する数値や文字に「　」を付けて表記します。Jw_cadでは、原則として、数値や文字の入力後、Enterキーは押しません。

寸法や角度などの数値を指定したり文字を記入する場合は、所定の入力ボックスを🖱して入力状態（ボックス内で入力ポインタが点滅）にしたうえで、キーボードから数値や文字を入力します。

すでに入力ボックスで入力ポインタが点滅している場合や、入力ボックスに表示されている数値・文字が色反転している場合は、入力ボックスを🖱せずに、キーボードから直接、入力できます。

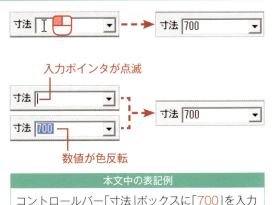

入力ポインタが点滅

数値が色反転

本文中の表記例
コントロールバー「寸法」ボックスに「700」を入力する。

凡例

Point
必ず覚えておきたい重要なポイントや操作上の注意事項

❓
本書の説明どおりにできない場合の原因と対処方法の参照ページ

参考
以前に学習した機能の詳しい操作などを解説した参照ページ

付録CD-ROMについて

本書の付録CD-ROMには、Jw_cadと本書で利用する教材データなどが収録されています。次の事項をよくお読みになり、ご承知いただけた場合のみ、CD-ROMをご使用ください。

付録CD-ROMを使用する前に必ずお読みください

- 付録CD-ROMは、Windows 10/8/7で読み込み可能です。それ以外のOSでも使用できる場合がありますが、動作は保証しておりません。
- 使用しているコンピュータ、ハードウェア、ソフトウェア、ネットワークなどの環境によっては、動作条件を満たしていても、動作しないまたはインストールできない場合があります。あらかじめご了承ください。
- 収録されたデータを使用したことによるいかなる損害についても、当社ならびに著作権者、データの提供者(開発元・販売元)は、一切の責任を負いかねます。個人の自己責任の範囲において使用してください。
- 本書の説明内容に関するご質問にかぎり、p.239に掲載した本書専用のFAX質問シートにて受け付けております(詳細はp.239をご覧ください)。なお、OSやパソコンの基本操作、記事に直接関係のない操作方法、ご使用の環境固有の設定や特定の機器向けの設定といった質問は受け付けておりません。

付録CD-ROMの内容

インストール方法 → p.16　　インストール方法 → p.18

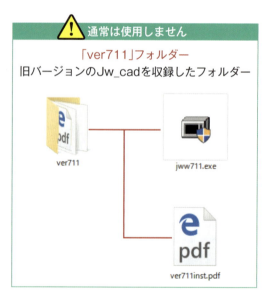

教材データ
(「data.exe」の内容と同じで、予備のデータ)

「data.exe」をインストールすると、教材とするデータファイルが収録された「jw-m」フォルダー(付録CD-ROM収録の「jw-m」フォルダーと同じ)をCドライブに作成します。これらの教材データファイルの多くは、エクスプローラーからは開けません。Jw_cadを起動し、本に記載している方法で開いてください。

「jw-m」フォルダ内の図形フォルダに収録の図形データ（使い方→p.80）

《図形》ガス・消火

ガスメーター	ガスメーター＋	ガス栓-1	ガス栓-2	ガス栓-埋込	ガス熱源器	ボンベユニット	屋内消火栓1
屋内消火栓2	送水口1	送水口2	送水口3	放水口1	放水口2	放水口共高層階用	連結送水管放水口

《図形》給水

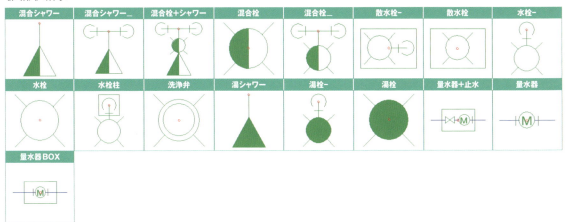

《図形》空調・換気

AC室外	AC室内	リモコン	換気ダクト	記号-給気	記号-排気	給気口	給気用建具開口
天井扇							

《図形》排水

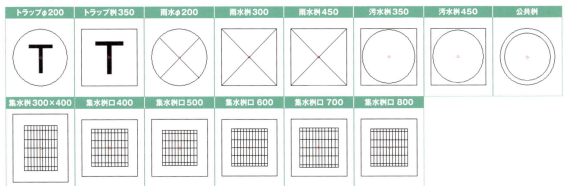

「jw−m」フォルダに収録の線記号変形データ

【線記号変形A】引出●字種2 （使用例→p.161、168）

●−上引出・右	●−上引出・左	●−下引出・右	●−下引出・左	●−右上45°	●−左上45°	●−右下45°	●−左下45°
文字を記入	文字を記入	文字を記入	文字を記入	文字を記入	文字を記入	文字を記入	文字を記入

●−引出60°	●−引出120°	●−引出240°	●− 引出300°	●−−右引出	左引出−−●	●実点	
文字入力	文字入力	文字入力	文字入力	文字を記入	文字入力	●	

【線記号変形B】引出∠字種2

<−上引出・右	<−上引出・左	<−下引出・右	<−下引出・左	<−右上45°	<−左上45°	<−右下45°	<−左下45°
文字を記入	文字を記入	文字を記入	文字を記入	文字を記入	文字を記入	文字を記入	文字を記入

<−引出60°	<−引出120°	<−引出240°	<− 引出300°	<−−右引出	片羽1	左引出−−>	片羽2
文字入力	文字入力	文字入力	文字入力	文字を記入		文字入力	

【線記号変形C】引出●5段・字種2 （使用例→p.165）

●−90/270°右D5	●−270/90°右U5	●−90/270°左D5	●−270/90°左U5	●−右上45°	●−左上45°	●−右下45°	●−左下45°
文字を記入1段 文字を記入2段 文字を記入3段 文字を記入4段 文字を記入5段 ☆文字未入力Enterで終了→	文字を記入5段 文字を記入4段 文字を記入3段 文字を記入2段 文字を記入1段	文字を記入1段 文字を記入2段 文字を記入3段 文字を記入4段 文字を記入5段	文字を記入5段 文字を記入4段 文字を記入3段 文字を記入2段 文字を記入1段	文字を記入1段 文字を記入2段 文字を記入3段 文字を記入4段 文字を記入5段	文字を記入1段 文字を記入2段 文字を記入3段 文字を記入4段 文字を記入5段	文字を記入1段 文字を記入2段 文字を記入3段 文字を記入4段 文字を記入5段	文字を記入1段 文字を記入2段 文字を記入3段 文字を記入4段 文字を記入5段

●−60/240°右5	●−300°120°右5	●−120°300°左5	●−240°60°左5	●−Free右	●−Free左		
文字を記入1段 文字を記入2段 文字を記入3段 文字を記入4段 文字を記入5段 ☆文字未入力Enterで終了→	文字を記入1段 文字を記入2段 文字を記入3段 文字を記入4段 文字を記入5段	文字を記入1段 文字を記入2段 文字を記入3段 文字を記入4段 文字を記入5段	文字を記入1段 文字を記入2段 文字を記入3段 文字を記入4段 文字を記入5段	文字を記入1段 文字を記入2段 文字を記入3段 文字を記入4段 文字を記入5段 ☆文字未入力Enterで終了→	文字を記入1段 文字を記入2段 文字を記入3段 文字を記入4段 文字を記入5段		

【線記号変形D】バルーン （使用例 →p.188）

楕円	楕円2段	楕円3段	俵型3段	円2段	円3段	□2段	□3段

【線記号変形E】バルーン○1～32

○1	○2	○3	○4	○5	○6	○7	○8
①	②	③	④	⑤	⑥	⑦	⑧
○9	○10	○11	○12	○13	○14	○15	○16
⑨	⑩	⑪	⑫	⑬	⑭	⑮	⑯
○17	○18	○19	○20	○21	○22	○23	○24
⑰	⑱	⑲	⑳	㉑	㉒	㉓	㉔
○25	○26	○27	○28	○29	○30	○31	○32input
㉕	㉖	㉗	㉘	㉙	㉚	㉛	㉜

【線記号変形F】バルーン□1～32

□1	□2	□3	□4	□5	□6	□7	□8
1	2	3	4	5	6	7	8
□9	□10	□11	□12	□13	□14	□15	□16
9	10	11	12	13	14	15	16
□17	□18	□19	□20	□21	□22	□23	□24
17	18	19	20	21	22	23	24
□25	□26	□27	□28	□29	□30	□31	□32input
25	26	27	28	29	30	31	32

【線記号変形G】立管-上用 （使用例 →p.138）

[・→]	[・←]	[・-G→]	[・←G-]	[・- - -→]	[・←- - -]	[・- - →]	[・←- -]
以下 引出線上部用 原点中心	以下 引出線上部用 原点中心	—G→	←G—				
[・-｜→]	[・←｜-]	[・-‖→]	[・←‖-]	[・-D→]	[・←D-]	[・-R→]	[・←R-]
—｜→	←｜—	—‖→	←‖—	—D→	←D—	—R→	←R—
[・-HS→]	[・←HS-]	[・-HR→]	[・←HR-]	[・-X→]	[・←X-]	[・-input→]	[・←input-]下
—HS→	←HS—	—HR→	←HR—	—X→	←X—	—input→	←input—
[・→]							
原点位置ﾏｰｸ							

【線記号変形H】立管-下用

[・→]	[・←]	[・-G→]	[・←G-]	[・- - -→]	[・←- - -]	[・- - →]	[・←- -]
以下 引出線下部用 原点中心	以下 引出線下部用 原点中心	—g→	←g—				
[・-｜→]	[・←｜-]	[・-‖→]	[・←‖-]	[・-D→]	[・←D-]	[・-R→]	[・←R-]
—｜→	←｜—	—‖→	←‖—	—d→	←d—	—R→	←R—
[・-HS→]	[・←HS-]	[・-HR→]	[・←HR-]	[・-X→]	[・←X-]	[・-input→]	[・←input-]
—SH→	←HS—	—HR→	←HR—	—X→	←X—	—input→	←input—
[・→]							

【線記号変形I】立管-矢印無

[・-]	[・----]	[・---]	[・-|-]	[・-||-]	[・-D-]上用	[-D-・]	[・-R-]上用
原点中心	— · —	—— · ——	—	— || —	— D —	— D —	— R —

[-R-・]	[・-HS-]上用	[-HS-・]	[・-HR-]上用	[-HR-・]	[・-X-]上用	[-X-・]	[・-input-]上用
— R —	— HS —	— SH —	— HR —	— HR —	— X —	— X —	— input —

[-input-・]
— input —

【線記号変形J】給排水-？- （使用例→p.132、158）

[-----/]	[----S]	[--]切断	[---]	[--|-]	[--||-]	[--●--]
/	S	— —	———	— · —	— || —		— ● —

[--●●--]	排水鋳鉄管	[--C--]	[--CP--]	[--CD--]	[--W--]	[--WP--]	[--(input)--]
— ●● —	→	— C —	— CP —	— CD —	— W —	— WP —	— input —

[--E--]	[--AV--]	[--K--]	[--R--]	[--RI--]	[--HD--]	[--P--]	[--PU--]
— E —	— AV —	— K —	— R —	— RI —	— HD —	— P —	— PU —

[--BD--]	[--input--]
— BD —	— input —

【線記号変形K】ガス・消火-？- （使用例→p.159）

[-----/]	[----S]	[--]切断	[--G--]	[--MG--]	[--PG--]	[--CO2--]	[--D--]
/	S	— —	— G —	— MG —	— PG —	— CO2 —	— D —

[--DC--]	[--F--]	[--H--]	[--HL--]	[--SP--]	[--WS--]	[--X--]	[--XB--]
— DC —	— F —	— H —	— HL —	— SP —	— WS —	— X —	— XB —

[--XS--]	[--input--]
— XS —	— input —

【線記号変形L】空調-？- （使用例→p.185）

[-----/]	[----S]	[--]切断	[--D--]	[--R--]	[--RR--]	[--AV--]	[--B--]
/	S	— —	— D —	— R —	— RR —	— AV —	— B —

[--BR--]	[--C--]	[--CR--]	[--CD--]	[--CDR--]	[--CH--]	[--CHR--]	[--E--]
— BR —	— C —	— CR —	— CD —	— CDR —	— CH —	— CHR —	— E —

[--EA--]	[--H--]	[--HR--]	[--HH--]	[--HHR--]	[--HS--]	[--HSR--]	[--O--]
— EA —	— H —	— HR —	— HH —	— HHR —	— HS —	— HSR —	— O —

[--OR--]	[--OA--]	[--OV--]	[--O2--]	[--RA--]	[--RG--]	[--RL--]	[--S--]
— OR —	— OA —	— OV —	— O2 —	— RA —	— RG —	— RL —	— S —

[--SR--]	[--SH--]	[--SHR--]	[--SM--]	[--SMR--]	[--SA--]	[--SE--]	[--V--]
— SR —	— SH —	— SHR —	— SM —	— SMR —	— SA —	— SE —	— V —

[--VEA--]	[--VOA--]	[--input--]
— VEA —	— VOA —	— input —

【線記号変形M】継手類 （使用例 → p.106、108）

[L]	[L] C面取	[L] R面取	[L]排水鋳鉄管	[T]	[TY]排水	[TY]排水鋳鉄管	[45°]排水

[L]排水	[L]床上掃除口	床上掃除口	床下掃除口	床排水トラップ	排水金物		

立上	立下	[L]立上	[L]立上り	[T]立上	[T]立上り	[+]立上り	[-│-C-│-]

[--C--]	フランジ	ユニオン	ボールジョイント	フレキシブル	フレキシブル	防振継手	

【線記号変形N】弁類 （使用例 → p.156）

仕切弁	仕切弁BOX	フランジ形仕切弁	ボール弁	安全弁	逆止弁	フランジ形逆止弁	コック

圧力調整弁	減圧弁	温度調整弁	□input	電磁弁	○input	－仕切弁H	－仕切弁H

－仕切弁V	－仕切弁V	－仕切弁45°	－仕切弁45°				

【線記号変形O】水栓

－水栓4mm－	－水栓4mm－	－湯栓4mm－	－混合水栓4mm－	－水栓2.5mm－	－水栓2.5mm－	－湯栓2.5mm－	－混合水栓2.5mm－

－水栓1.8mm－	－水栓1.8mm－	－湯栓1.8mm－	－混合水栓1.8mm－	散水栓			

【線記号変形P】排水桝 （使用例 →p.142）

φ200	φ200L	φ200T	φ200＋	雨水φ200	雨水φ200L	雨水φ200T	雨水φ200＋
☆全て実寸法→							
トラップφ200	トラップφ200L	トラップφ200T	トラップφ200＋	汚水桝口350	汚水桝口350L	汚水桝口350T	汚水桝口350＋
汚水桝口450	汚水桝口450L	汚水桝口450T	汚水桝口450＋	ため桝口300	ため桝口300L	ため桝口300T	ため桝口300＋
ため桝口450	ため桝口450L	ため桝口450T	ため桝口450＋	トラップ桝口350	トラップ桝口350L	トラップ桝口350T	トラップ桝口350＋
公共桝	ーーφ200	ーーφ100					

【線記号変形Q】ダクト類 （使用例 →p.172）

φ100 1/50用	φ150 1/50用	ダクトファンφ100 1/50用	ダクトファンφ150 1/50用	スリーブφ100 1/50用	ロスナイ＋カバー 1/50用	end	ベントキャップ
VD	FD						

本書を使うための準備

ここでは、付録CD-ROMに収録されているJw_cadと教材データをパソコンにインストールします。また、これからJw_cadを使ううえで必要な設定を行います。すでにパソコンにJw_cadがインストールされている場合は、ここで行う準備が多少異なります。以下を確認のうえ、各自必要な準備を行ってください。

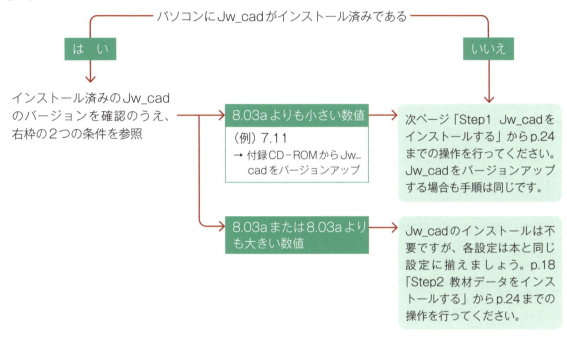

インストール済みのJw_cadのバージョンを確認する方法

1 Jw_cadを起動し、メニューバー［ヘルプ］を🖱し、表示されるメニューの「バージョン情報」を🖱。

2 「バージョン情報」ダイアログで、バージョン番号を確認し、「OK」ボタンを🖱。

バージョン番号が8.03aよりも小さい数値は、付録CD-ROM収録のJw_cadよりも古いバージョンです。

Jw_cadを使用する前に必ずお読みください

- Jw_cadは無料で使用できるフリーソフトです。そのため当社、著作権者、データの提供者（開発元・販売元）は一切の責任を負いかねます。個人の責任で使用してください。Jw_cadバージョン8.03aはWindows 10/8/7/Vista上で動作します。本書の内容についてはWindows 10での動作を確認しており、その操作画面を掲載しています。ただし、Microsoft社がWindows Vistaのサポートを終了しているため、本書はWindows Vistaでの使用は前提にしていません。ご了承ください。
- Jw_cadバージョン8.03aの動作環境
  Jw_cadバージョン8.03aは以下のパソコン環境でのみ正常に動作します。
  OS（基本ソフト）：上記に記載 ／ 内部メモリ容量：64MB以上 ／ ハードディスクの使用時空き容量：5MB以上 ／ ディスプレイ（モニタ）解像度：800×600以上 ／ マウス：2ボタンタイプ（ホイールボタン付き3ボタンタイプを推奨）

Jw_cadおよび教材のインストール、Jw_cadの起動と画面・基本設定など

Step1　Jw_cadをインストールする

Jw_cadをインストールしましょう。インストール済みのJw_cadをバージョンアップする場合も手順は同じです。

1. パソコンのDVDドライブに付録CD-ROMを挿入し、CD-ROMを開く。
   - ❓ CD-ROMを開くには→p.228　Q 01
   - 表示されるアイコンの大きさや見た目は、設定によって異なります。右図と違ってもインストールに支障ありません。

2. CD-ROMに収録されている「jww803a (.exe)」のアイコンにマウスポインタを合わせ🖱。

3. 「ユーザーアカウント制御」ウィンドウの「はい」ボタンを🖱。
   - ❓「ユーザーアカウント制御」ウィンドウのメッセージが右図とは異なる→p.228　Q 02

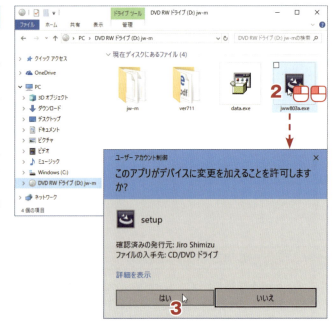

→「Jw_cad-InstallShield Wizard」ウィンドウが開く。

4. 「Jw_cad-InstallShield Wizard」ウィンドウの「次へ」ボタンを🖱。

➡「Jw_cad - InstallShield Wizard」に使用許諾契約が表示される。

❷「プログラムの保守」と表記されたウィンドウが開く →p.229　Q 03

5 使用許諾契約書を必ず読み、同意したら「使用許諾契約の条項に同意します」を🖱して選択する。

6 「次へ」ボタンを🖱。

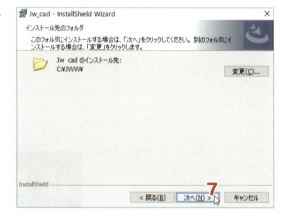

➡「Jw_cad - InstallShield Wizard」にインストール先が表示される。

7 「次へ」ボタンを🖱。

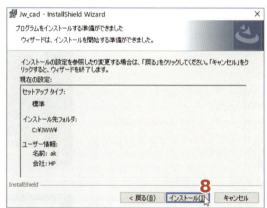

8 「インストール」ボタンを🖱。

➡ インストールが完了し、右図のように、「InstallShieldウィザードを完了しました」と表示される。

9 「完了」ボタンを🖱。

Step2 教材データをインストールする

▶ 続けて、教材データを付録CD-ROMからパソコンにインストールしましょう。

1. CD-ROMウィンドウの「data(.exe)」アイコンを🖱。
   → 「展開先の指定」ウィンドウが開く。

2. 「展開先の指定」ウィンドウの「展開先」ボックスが「C：¥」になっていることを確認し、「OK」ボタンを🖱。
   → 教材データのインストールが始まり、「進捗状況」ウィンドウが表示され、完了すると閉じる。

▶ すべてのウィンドウを閉じ、パソコンから付録CD-ROMを取り出しましょう。

3. ウィンドウ右上の×(閉じる)ボタンを🖱してすべてのウィンドウを閉じ、パソコンから付録CD-ROMを取り出す。

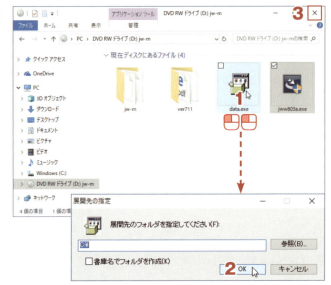

Step3 Jw_cadのショートカットを作成する

▶ Jw_cadを起動するためのショートカットアイコンを、デスクトップに作成しましょう。

1. 「スタート」ボタンを🖱。
2. スタートメニュー「J」欄の「Jw_cad」フォルダーを🖱。
   → 「Jw_cad」フォルダーの下に「Jw_cad」が表示される。
3. 「Jw_cad」を🖱。
4. 表示されるメニューの「その他」を🖱。
5. さらに表示される「ファイルの場所を開く」を🖱。
   → 「Jw_cad」ウィンドウが開く。
6. 「Jw_cad」ウィンドウの「Jw_cad」を🖱。
7. 表示されるメニューの「送る」を🖱。
8. さらに表示されるメニューの「デスクトップ(ショートカットを作成)」を🖱。
   → デスクトップに、Jw_cadのショートカットアイコンが作成される。
9. ウィンドウ右上の×(閉じる)ボタンを🖱。
   → ウィンドウが閉じる。

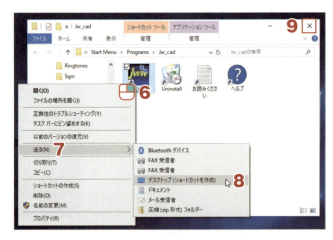

Step4　Jw_cadを起動する

◨ Jw_cadは、デスクトップに作成したショートカットアイコンを🖱🖱することで起動します。Jw_cadを起動しましょう。

1 デスクトップのJw_cadのショートカットアイコンを🖱🖱。

❓「ショートカットエラー」ウィンドウが表示され、Jw_cadが起動しない → p.229　Q04

→ Jw_cadが起動し、右図のJw_cad画面が表示される。

ディスプレイの解像度により、Jw_cad画面の左右のツールバーの配置が、右図とは異なる場合があります。その場合も、p.21からの「Step 5 表示設定を変更する」を行うことで、本書と同じ画面に設定できます。

◨ Jw_cad画面を、ディスプレイの画面全体に表示しましょう。

2 Jw_cadのタイトルバーの右から2番目の□(最大化)ボタンを🖱。

→ Jw_cadの画面が最大化され、ディスプレイ画面全体に表示される。

Point 本書では右図のような1024×768の解像度の画面で解説します。1366×768などのワイド画面ではp.24のような横長な画面になります。

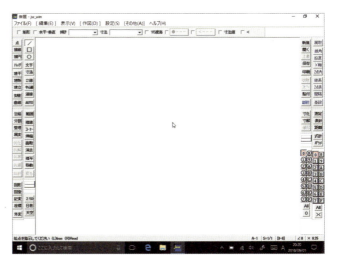

Jw_cad空調給排水設備図面入門[Jw_cad8対応版]

● **Jw_cadの画面各部の名称**

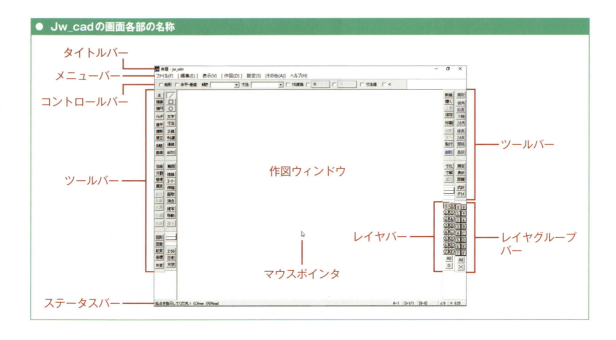

● **コマンドの選択方法** －「○」(円弧)コマンドを選択する例－

CADで線をかくには、線をかく道具の「／」(線)コマンドを、円をかくには円をかく道具の「○」(円弧)コマンドを、はじめに選びます。
これらの道具(コマンド)はメニューバーに[ファイル][編集][表示]…のカテゴリー別に収められています。また、画面左右のツールバーにも配置でき、メニューバー、ツールバーのいずれからも選択できます。

[メニューバーから「○」コマンドを選択]

メニューバーの[作図]を🖱すると、作図に使用するコマンドが並んだメニューが表示されます。表示されたメニューの「円弧」を🖱することで、円をかく道具の「○」コマンドを選びます。

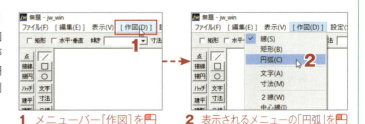

[ツールバーから「○」コマンドを選択]

ツールバーの「○」コマンドボタンを🖱することで、「○」コマンドを選びます。コマンドの選択を1回の🖱でできるように、Jw_cad画面左右のツールバーにはメニューバーに収められている大部分のコマンドが配置されています。

はじめのうちは、ツールバーにたくさんのコマンドを表示するよりも、よく使うコマンドだけを表示した方が早くJw_cadに慣れることができるでしょう。
次ページで、よく使うコマンドのツールバーだけを表示する設定に変更します。

| Step5 | 表示設定を変更する |

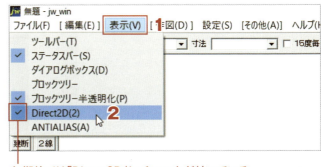

初期値では「Direct2D」にチェックが付いている

◘ 表示メニューの「Direct2D」の設定を無効にしましょう。「Direct2D」は大容量データを扱うときに有効な設定です。ここでは不要なため、チェックを外します。

1 メニューバー [表示] を🖱。
2 表示されるプルダウンメニューでチェックが付いている「Direct2D」を🖱。

◘ Jw_cadの画面左右のツールバーには、作図のための道具（コマンド）が並んでいます。Jw_cadに早く慣れるよう、よく使うコマンドだけを左右のツールバーに並べる設定に変更しましょう。

3 メニューバーの[表示]を🖱。
4 表示されるメニューの「ツールバー」を🖱。
➡ 「ツールバーの表示」ダイアログが開く。

Point 「ツールバーの表示」ダイアログでチェックが付いている項目が、現在画面に表示されているツールバーです。項目のチェックボックスを🖱することで、チェックを外すことや付けることができます。

5 「編集(2)」のチェックボックスを🖱し、チェックを外す。
6 同様に、「作図(2)」「設定」「その他(11)」「その他(12)」「その他(21)」「その他(22)」「レイヤグループ」「線属性(1)」のチェックボックスを🖱し、チェックを外す。（「線属性(2)」にチェックがない場合は🖱し、チェックを付ける）。

7 右図の5つの項目にチェックが付いた状態にし、「OK」ボタンを🖱。

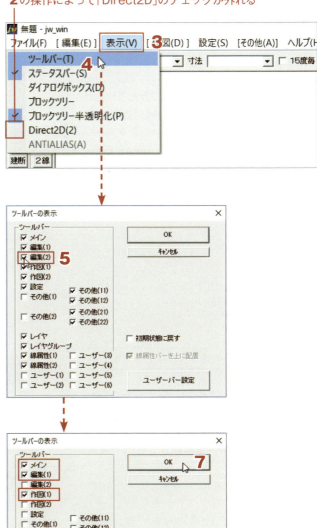

2の操作によって「Direct2D」のチェックが外れる

Jw_cad空調給排水設備図面入門[Jw_cad8対応版]

➡ ツールバーの表示設定が確定し、ダイアログが閉じる。チェックを付けたツールバーだけがJw_cad画面の両側に表示される。

❓ 「線属性」バーが作図ウィンドウにとび出ている → p.229 Q05

🔷 右のツールバー2カ所の隙間は、今後の作図操作に影響しませんが、次の操作で隙間をつめられます。

8 「線属性」バーの上の区切り線にマウスポインタを合わせ🖱↑（左ボタンを押したまま上方向に移動）し、「線属性」コマンド下の区切り線付近でボタンをはなす。

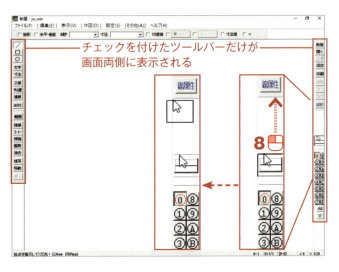

➡ ドラッグした「線属性」バーが、「線属性」コマンドの下に移動する。

9 その下の「レイヤ」バー上辺から🖱↑し、「線属性」バーの下の区切り線付近でボタンをはなす。

➡ ドラッグした「レイヤ」バーが、「線属性」バーの下に移動する。

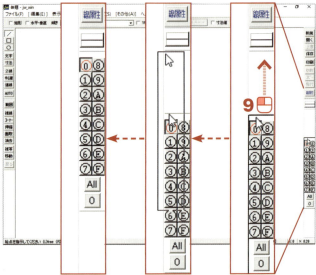

Step6 Jw_cadの基本的な設定をする

🔷 これからJw_cadを使うにあたり必要な基本設定をしましょう。

1 メニューバーの［設定］を🖱し、表示されるメニューの「基本設定」を🖱で選択する。

➡ 基本設定を行うための「jw_win」ダイアログが開く。

Point 「jw_win」ダイアログの上の「一般(1)」「一般(2)」「色・画面」…の部分をタブと呼びます。タブを🖱することで、「一般(1)」「一般(2)」「色・画面」…それぞれの設定項目が表示されます。

2 「一般(1)」タブの「クロックメニューを使用しない」のチェックボックスを🖱し、チェックを付ける。

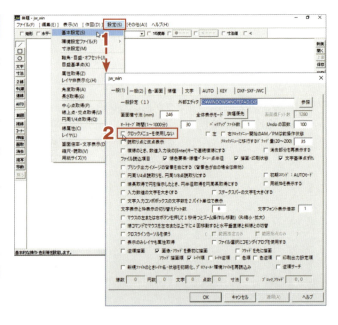

3 「消去部分を再表示する」を🖱し、チェックを付ける。

4 「ファイル読込項目」の3項目にチェックが付いていることを確認する。付いていない場合は🖱し、チェックを付ける。

5 「用紙枠を表示する」にチェックを付ける。

6 「入力数値の文字を大きくする」「ステータスバーの文字を大きくする」にチェックを付ける。

7 「画像・ソリッドを最初に描画」にチェックが付いていることを確認する。付いていない場合は🖱し、チェックを付ける。

8 「新規ファイルのときレイヤ名・状態…」にチェックを付ける。

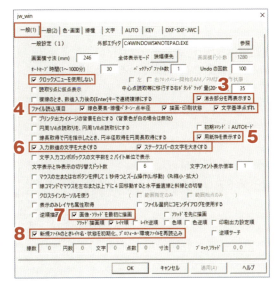

9 「一般(2)」タブを🖱。
 ➡「一般(2)」タブの設定項目が表示される。

10 「矢印キーで画面移動、PageUp・PageDownで画面拡大・縮小、Home…」にチェックを付ける。

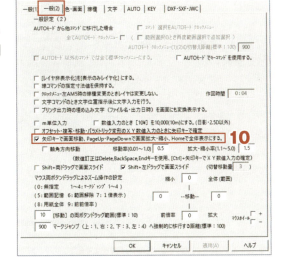

11 「色・画面」タブを🖱。
 ➡「色・画面」タブの設定項目が表示される。

12 「選択色」ボタンを🖱。
 Point 「選択色」は、Jw_cadの画面上で選択された要素（線・円・文字など）を示すための表示色です。初期値の紫は、選択されていない要素と見分けにくい場合があるため、オレンジ色に変更します。
 ➡「色の設定」パレットが開く。

13 「色の設定」パレットで、右図の「オレンジ」を🖱で選択する。

14 「色の設定」パレットの「OK」ボタンを🖱。
 ➡「色の設定」パレットが閉じ、「選択色」が紫からオレンジに変更される。

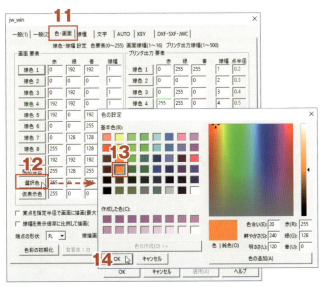

15「KEY」タブを🖱。
→「KEY」タブの設定項目が表示される。

16「直接属性取得を行う」のチェックが付いていないことを確認する（付いている場合は🖱して、チェックを外す）。

以上で設定は完了です。

🔽 ここまでの設定を確定しましょう。

17「jw_win」ダイアログの「OK」ボタンを🖱。
→ 設定項目が確定し、ダイアログが閉じる。

🔽 ここでいったん、Jw_cadを終了しましょう。これまで行った設定は、Jw_cadを終了した後も有効です。

18 メニューバー［ファイル］－「Jw_cadの終了」を🖱で選択する。

Point タイトルバー右の✕（閉じる）ボタンを🖱することでも、Jw_cadを終了できます。

→ Jw_cadが終了する。

❓ 用紙枠が表示されない → p.23の**5**を確認

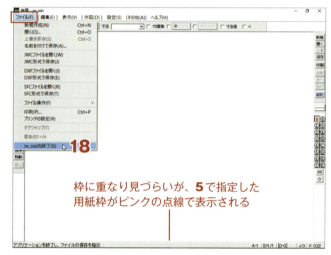

枠に重なり見づらいが、**5**で指定した用紙枠がピンクの点線で表示される

Point ワイド画面の場合の用紙枠

ワイド画面の場合には、用紙枠の左右の枠が作図ウィンドウにピンクの点線で表示されるのが確認できます。上辺と下辺はコントロールバーやステータスバーの枠に重なっています。

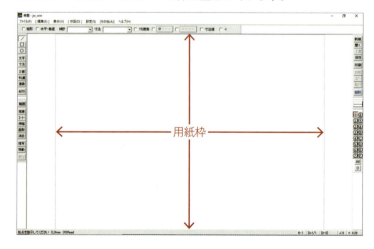

線・円の作図と消去

Lesson 1

「Lesson 1」では、Jw_cadのもっとも基本的な操作を学習します。すでにJw_cadをお使いになっている方も、ひととおり目を通して基本操作をご確認ください。

CADで線をかくには線をかくための「／」コマンドを、円をかくには円をかくための「○」コマンドを、はじめに選択します。画面下のステータスバーには、選択したコマンドでこれから行う操作の指示が表示されます。

ここでは、この操作メッセージを確認しながら、線をかく、円をかく、かいた線や円を消すという、基本的な操作を習得しましょう。

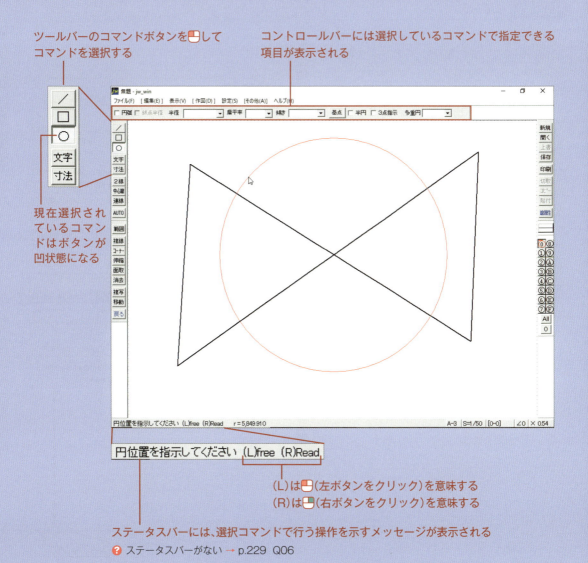

ツールバーのコマンドボタンを🖱してコマンドを選択する

コントロールバーには選択しているコマンドで指定できる項目が表示される

現在選択されているコマンドはボタンが凹状態になる

円位置を指示してください (L)free (R)Read

(L)は🖱(左ボタンをクリック)を意味する
(R)は🖱(右ボタンをクリック)を意味する

ステータスバーには、選択コマンドで行う操作を示すメッセージが表示される

❓ ステータスバーがない → p.229 Q06

Step1 用紙サイズを設定

◆ ステータスバーの「用紙サイズ」ボタンに現在の用紙サイズが表示されています。用紙サイズを「A-3」に変更しましょう。

1 ステータスバーの「用紙サイズ」ボタンを🖱。

　❓ ステータスバーがない→ p.229　Q06

2 表示されるリストの「A-3」を🖱で選択する。

　➡ 作図ウィンドウの用紙枠（ピンクの点線）の範囲がA3用紙に設定される。

　❓ 用紙枠が表示されない → p.23の **5** を確認

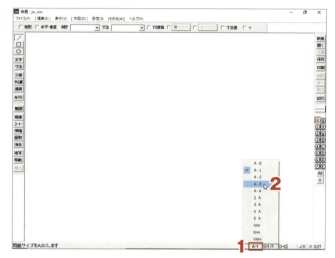

Step2 縮尺を設定

◆ ステータスバーの「縮尺」ボタンに現在の縮尺が表示されています。縮尺を「1/50」に変更しましょう。

1 ステータスバーの「縮尺」ボタンを🖱。

　➡「縮尺・読取　設定」ダイアログが開く。

　Point ダイアログの「縮尺」の「分母」ボックスの数値「1」は色反転しています。入力ボックスの数値が色反転のときは、そのままキーボードの数字キーを押すことで、色反転している数値が消え、押した数字キーの数値が入力されます。

2 「分母」入力ボックスにキーボードから「50」を入力する。

　Point Jw_cadでは、数値入力後にEnterキーを押して入力数値を確定する必要はありません。この縮尺指定では、Enterキーを押すと「OK」ボタンを🖱したことになり、ダイアログが閉じます。

3 「OK」ボタンを🖱。

　➡ ダイアログが閉じ、縮尺が1/50に変更される。

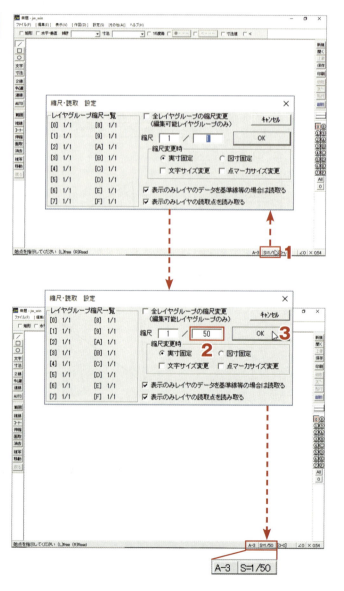

| Step3 | 線を作図 |

◘ 線は「／」コマンドで始点と終点を指示することで作図します。作図ウィンドウの左上から右下へ斜線を作図しましょう。

1. ツールバーの「／」コマンドが選択（凹状態）されていることを確認する。

    Point Jw_cadを起動すると「／」コマンドが選択された状態になり、画面下のステータスバーには「始点を指示してください」と、ここで行う操作を示すメッセージが表示されます。

2. 始点として右図の位置で🖱。

3. 右下にマウスポインタを移動する。

    Point 押したボタンをはなした後、マウスポインタを動かしてください。ボタンを押したままマウスポインタを動かすと、別の操作を意味するドラッグになります。

    ➔ 2の位置からマウスポインタまで仮線が表示される。ステータスバーの操作メッセージは「◆終点を指示してください」になる。

    ❓ 仮表示の線が上下左右にしか動かない
    → p.230 Q07

4. 終点として右図の位置で🖱。

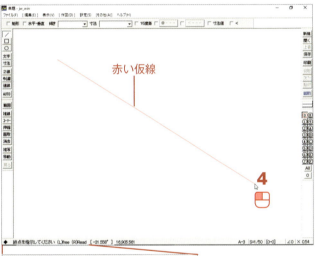

    ➔ 2から4の位置までの線が作図される。ステータスバーの操作メッセージは「始点を指示してください」になる。

    Point 他のコマンドを選択するまでは、続けて始点を指示することで、次の線を作図できます。

◘ 左下から右上に斜線を作図しましょう。

5. 次の線の始点として右図の位置で🖱。
6. 終点として右図の位置で🖱。

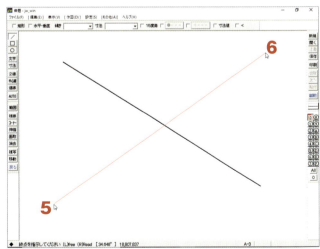

Step 4　線端部を結ぶ線を作図

◘ 線の始点・終点指示時に、既存の線の端部にマウスポインタを合わせ🖱するこで、線端部を始点・終点とした線を作図できます。斜線左の線端部どうしを結ぶ線を作図しましょう。

1 始点として左上の線端部にマウスポインタを合わせ🖱(Read)。

> **Point** ステータスバーの操作メッセージの後ろに「(L) free (R) Read」と表示されています。(L)は🖱、(R)は🖱のことです。「(R) Read」は、既存の点にマウスポインタを合わせ🖱することで、その点を読み取り、線の始点(または終点)として利用することを意味します。作図されている線の両端部には🖱で読み取りできる「端点」があります。

➡ **1**で🖱した線端点を始点とする線がマウスポインタまで仮表示される。操作メッセージは「◆終点を指示してください (L) free (R) Read」になる。

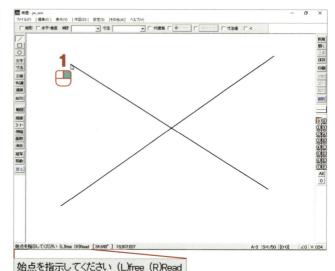

2 終点として左下の線端点にマウスポインタを合わせ🖱(Read)。

➡ **1**と**2**の線端点を結ぶ線が作図される。

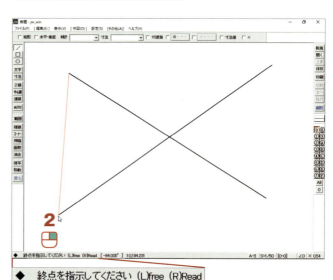

◘ 同様に、右の線端点どうしを結ぶ線を作図しましょう。

3 始点として右下の線端点を🖱。

4 終点として右上の線端点を🖱。

> ❓ 🖱すると 点がありません と表示される
> → p.230　Q08
>
> ❓ 🖱するところを誤って🖱した → p.230　Q09

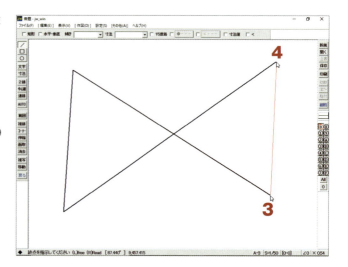

| Step 5 | 円を作図 |

◻ 円は「○」(円弧)コマンドを選択し、円の中心位置と大きさ(半径)を決める位置を指示して作図します。斜線の交点を中心とした円を作図しましょう。

1 「○」コマンドを🖱。

→ 「○」コマンドが選択され、ステータスバーの操作メッセージは「中心点を指示してください (L) free (R) Read」になる。

2 円の中心位置として斜線の交点にマウスポインタを合わせ🖱(Read)。

Point 操作メッセージの後ろに「(L) free (R) Read」が表示されているときは🖱で既存点を読み取れます。線と線が交差した位置には🖱で読み取れる「交点」があります。

→ 円の中心位置が決まり、**2**の位置を中心とした赤い円がマウスポインタまで仮表示される。操作メッセージは「円位置を指示してください (L) free (R) Read」になる。

3 円の大きさを決める円位置として右図の位置で🖱(free)。

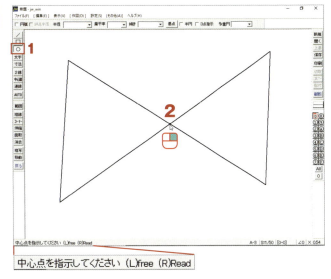

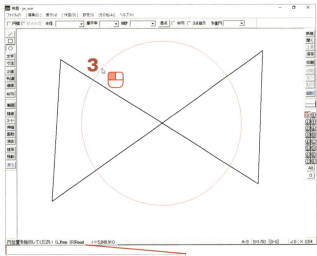

→ **2**の位置を中心とし、**3**で🖱した位置を通る円が作図される。作図された円はクリック指示した**2**−**3**間の長さを半径とした円である。操作メッセージは「中心点を指示してください」と次の円の作図指示になり、続けて次の円を作図できる。

Point ステータスバーの操作メッセージの後ろには「r=…」と、作図した円の半径が表示されます。適当にかいた円でも、CADはその円の半径を常に把握しています。

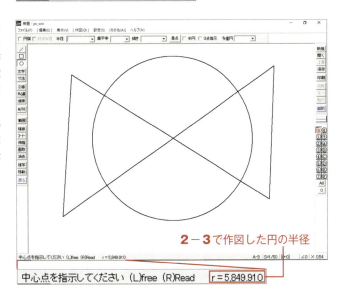

Point 図面上の点の読み取り機能

CADで作図した線は始点と終点の2つの座標点(X,Y)により構成されています。
線の端部には🖱で読み取りできる座標点「端点」が存在し、線どうしが交差する位置には🖱で読み取りできる「交点」が存在します。
Jw_cadでは、線の始点・終点、円の中心位置などの点を指示するときの操作メッセージに「(L) free (R) Read」が表示されます。この「(R) Read」は、既存の端点や交点を🖱することで、その座標点を読み取り、指示点として利用することを示します。「(L) free」は、🖱した位置に座標点を作成し、指示点とすることを示します。

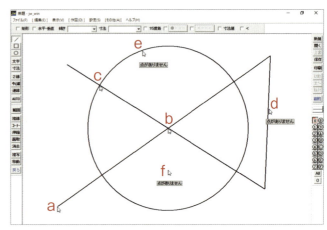

上図のa端点、b交点(線と線が交わる点)、c交点(線と円が交わる点)は🖱で読み取りできます。点が存在しないd線上やe円上、fの何もない位置で🖱した場合、点がありませんと表示され、点指示できません。

Step6 線・円を消去

◆ 線や円を消すには、「消去」コマンドを選択し、消去対象の線や円を🖱します。左の斜線と円を消しましょう。

1 「消去」コマンドを🖱で選択する。

→ ステータスバーの操作メッセージは「線・円マウス(L)部分消し 図形マウス(R)消去」になる。

2 消去対象として右図の斜線を🖱。

Point 「消去」コマンドでは、🖱で指示することで線・円の消去を、🖱で指示することで線・円の一部分の消去(部分消し)をします。

→ 🖱した線が消去される。

❓ 線が消えず、色が変わる → p.230 Q10

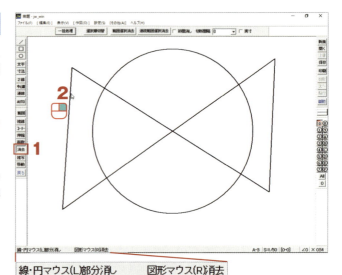

3 消去対象として円を🖱。

→ 🖱した円が消去される。

Point 消去する線や円を確実に指示できるよう、複数の線や円が交差する付近は避け、他の線と明瞭に区別できる位置で🖱してください。また、🖱したときに図形がありませんと表示された場合は、消去対象にマウスポインタを正確に合わせ、再度🖱してください。

Step7　直前操作の取り消し

▶ 操作を誤った場合、1つ前の操作を取り消し、操作を行う前の状態に戻すことができます。直前に消した円を消す前の状態に戻しましょう。

1 「戻る」コマンドを🖱。

→ 直前の「円を消す」操作が取り消され、円を消す前の状態に戻る。

Point　「戻る」コマンドを🖱した回数分、直前の操作を取り消し、操作前の状態に戻すことができます。「戻る」コマンドを余分に🖱して戻しすぎた場合は、メニューバー［編集］－「進む」を🖱することで、「戻る」コマンドを🖱する前の状態に復帰できます。

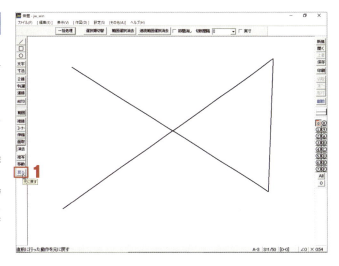

Step8　線の部分消し

▶ 線の一部分を消すには、「消去」コマンドで一部を消す線を🖱し、次にどこからどこまでを消すかを指示します。斜線の円と重なる部分を消しましょう。「戻る」コマンドを🖱して操作を取り消した後も、その前に使用していた「消去」コマンドが選択されたままです。

1 「消去」コマンドが選択されていることを確認し、部分消しの対象線として右図の斜線を🖱（部分消し）。

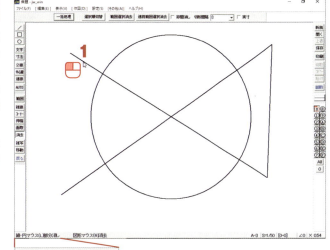

→ 🖱した線が部分消しの対象線として選択色になる。操作メッセージは「線部分消し　始点指示（L）free（R）Read」になる。

❓ 🖱した部分の線が消えた → p.230　Q11

2 消し始めの位置（始点）として左上の斜線と円の交点を🖱（Read）。

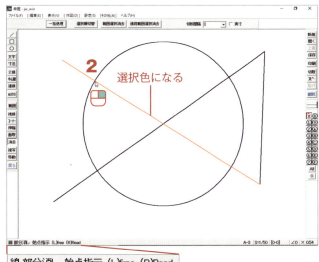

➡ 🖱した位置が消し始めの点に確定し、🖱位置に小さい赤い○が仮表示される。操作メッセージは「線部分消し　◆終点指示（L）free（R）Read」になる。

3 消し終わりの位置（終点）として右下の斜線と円の交点を🖱（Read）。

➡ 選択色の斜線の **2**－**3** 間が消され、元の色になる。

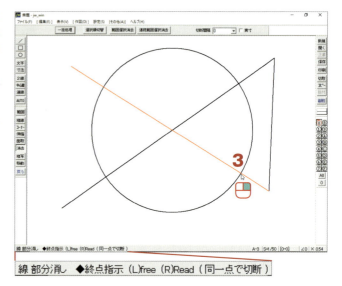

◽ 続けて、もう1本の斜線の円と重なる範囲を消しましょう。

4 もう1本の斜線を🖱（部分消し）。

➡ 🖱した線が部分消しの対象線として選択色になる。

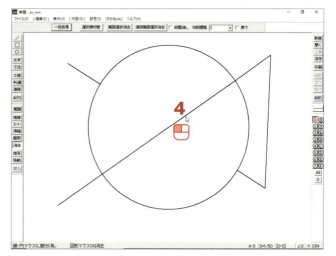

5 部分消しの始点として左下の斜線と円の交点を🖱。

6 部分消しの終点として右上の斜線と円の交点を🖱。

➡ 選択色の斜線の **5**－**6** 間が消され、元の色になる。

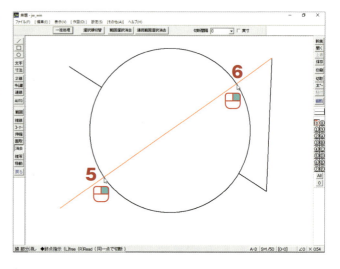

| Step 9 | 線や円をまとめて消去 |

◘ 消す対象を選択範囲枠で囲んで指定することで、複数の線や円をまとめて消せます。右の3本の斜線を残し、円と左の2本の斜線をまとめて消しましょう。

1　「消去」コマンドのコントロールバー「範囲選択消去」ボタンを🖱。

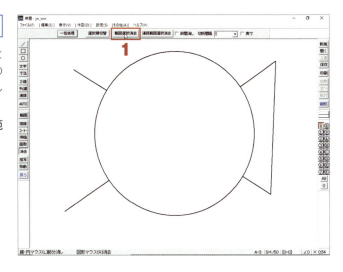

➡ ステータスバーの操作メッセージが「範囲選択の始点をマウス(L)で…」になる。

2　消す対象を囲んで指定するための選択範囲の始点として右図の位置で🖱。

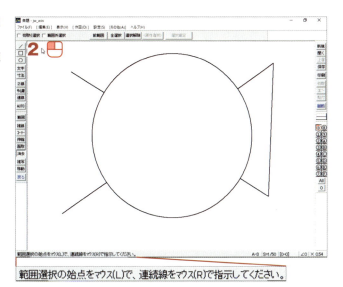

➡ **2**の位置を対角とする赤い選択範囲枠がマウスポインタまで表示される。ステータスバーの操作メッセージは「選択範囲の終点を指示して下さい…」になる。

3　右図のように左の2本の斜線と円全体が選択範囲枠に入るよう囲み、選択範囲の終点を🖱。

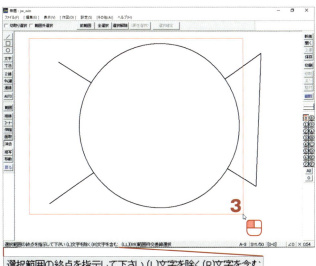

➡ 選択範囲枠に全体が入る2本の斜線と円が選択色になる。

Point 選択範囲枠に全体が入る線・円が対象として選択され、選択色になります。選択範囲枠から一部がはみ出した線や円は選択されません。このように操作対象を選択範囲枠で囲んで指定することを「範囲選択」と呼びます。

❓ 円が選択色にならない → p.230 Q12

4 コントロールバー「選択確定」ボタンを🖱。

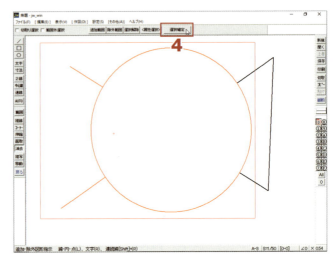

➡ 選択色の線・円が消去される。

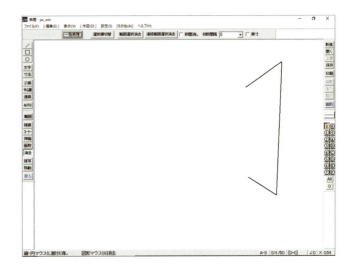

Step10 Jw_cadを終了

🔷 Jw_cadを終了しましょう。

1 メニューバー［ファイル］-「Jw_cadの終了」を🖱。

➡「無題への変更を保存しますか？」と表記されたメッセージウィンドウが開く。

Point このまま終了すると作図ウィンドウの図は破棄されます。作図ウィンドウの図を残しておくには図面ファイルとして保存する必要があります。そのため、保存するか否かを確認するメッセージが表示されます。

2 練習で作図した図を残す必要はないため、「いいえ」ボタンを🖱。

➡ Jw_cadが終了する。

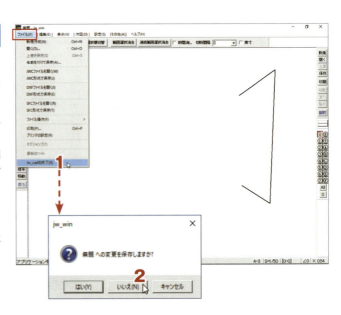

寸法の決まった図の作図と保存

Lesson 2

CADで長さを指定して図を作図する場合、その寸法は縮尺にかかわりなく実寸で指定します。
「Lesson2」では、用紙サイズをA4、縮尺を1/20に設定し、以下の寸法で図を作図しましょう。作図した図は次の単元「Lesson3」でも利用します。作図した図を必要なときに利用できるよう、図面ファイルとして保存しましょう。

Lesson 2 寸法の決まった図の作図と保存

Step1 用紙サイズ・縮尺の設定

◘ Jw_cadは前回終了時の用紙サイズと縮尺で起動します。起動したJw_cadの用紙サイズをA4、縮尺を1/20に変更しましょう。

1 ステータスバー「用紙サイズ」ボタンを🖱し、表示されるリストから「A-4」を🖱で選択する。
 ➡ 用紙がA4に変更される。

2 ステータスバー「縮尺」ボタンを🖱。

3 「縮尺・読取　設定」ダイアログの「分母」ボックスに「20」を入力し、「OK」ボタンを🖱。
 ➡ 縮尺が1/20に変更される。

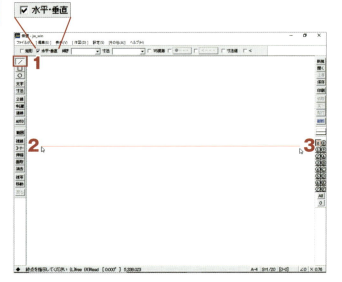

Step2 水平線・垂直線を作図

◘ 「／」コマンドのコントロールバー「水平・垂直」にチェックを付けることで、作図線の角度が水平方向（0°/180°）および垂直方向（90°/270°）に固定されます。水平線を作図しましょう。

1 「／」コマンドのコントロールバー「水平・垂直」を🖱し、チェックを付ける。

2 始点として右図の位置で🖱。

 Point マウスポインタを始点の左右に移動すると水平線、上下に移動すると垂直線がマウスポインタまで仮表示されます。

3 マウスポインタを右に移動し、終点として右図の位置で🖱。

◘ 作図した水平線と交差する垂直線を作図しましょう。

4 始点として右図の位置で🖱。

5 終点として右図の位置で🖱。

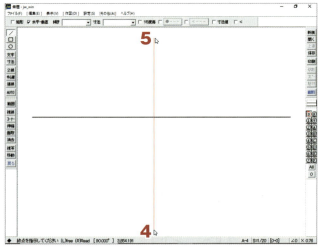

Jw_cad空調給排水設備図面入門[Jw_cad8対応版]

Step3 線を平行複写

◘ 水平線を1400mm上に平行複写しましょう。平行複写は「複線」コマンドで複写の間隔と複写する線(基準線)を指示して行います。

1 「複線」コマンドを選択する。

2 コントロールバー「複線間隔」ボックスに「1400」を入力する。

> **Point** 「複線間隔」ボックスの数値は色反転しているため、入力ボックスを🖱せず、直接キーボードから「1400」を入力できます。

3 平行複写の基準線として水平線を🖱。

> ❓ 基準線を🖱するところを誤って🖱した
> → p.232 Q14

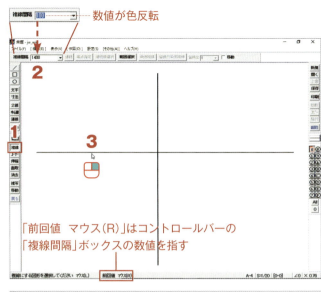

➡ 🖱した水平線が基準線として選択色になり、基準線から1400mm離れたマウスポインタ側に平行線が仮表示される。操作メッセージは「作図する方向を指示してください」になる。

> ❓ 平行線が仮表示されない → p.231 Q13
>
> **Point** この段階で基準線の上下にマウスポインタを移動することで、平行線がマウスポインタの側に仮表示されます。次の**4**の操作で平行線をどちら側に作図するかを指示します。

4 マウスポインタを基準線の上側におき、基準線の上側に平行線が仮表示された状態で作図方向を決める🖱。

➡ 作図方向が確定し、基準線から1400mm上に水平線が平行複写される。

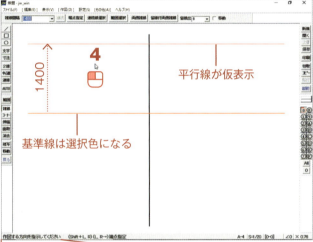

◘ 同じ水平線を1400mm下に平行複写しましょう。

5 コントロールバー「複線間隔」ボックスの数値「1400」を確認し、基準線として**3**と同じ水平線を🖱。

6 基準線の下側で作図方向を決める🖱。

➡ 作図方向が確定し、基準線から1400mm下に水平線が平行複写される。

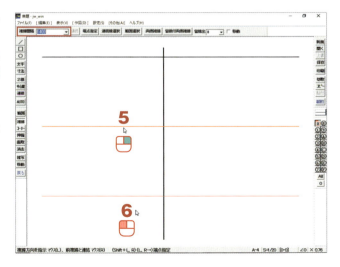

◯ 垂直線を2000mm左に平行複写しましょう。

7 コントロールバー「複線間隔」ボックスに「2000」を入力する。

8 基準線として垂直線を🖱。

9 基準線の左側で作図方向を決める🖱。

→ 作図方向が確定し、基準線から2000mm左に垂直線が平行複写される。

◯ 以降、平行複写された線を「複線」と呼びます。同じ垂直線から2000mm右に複線を作図しましょう。

10 コントロールバー「複線間隔」ボックスの「2000」を確認し、基準線として**8**と同じ垂直線を🖱。

11 基準線の右側で作図方向を決める🖱。

→ 作図方向が確定し、基準線から2000mm右に複線が作図される。

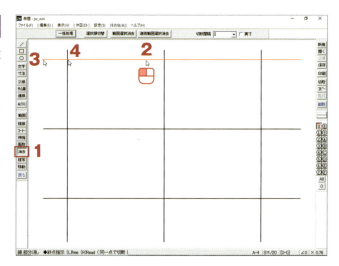

Step 4 線の部分消し

◯「消去」コマンドを利用して、左の垂直線より左側の水平線を消しましょう。

1 「消去」コマンドを選択する。

2 部分消しの対象線として上の水平線を🖱。

→ 部分消しの対象として選択色になる。

3 部分消しの始点として水平線の左端点を🖱。

4 部分消しの終点として垂直線との交点を🖱。

→ **2**の水平線の**3**−**4**間が部分消しされる。

Step 5 線を指定点まで伸縮

◪ 「伸縮」コマンドを利用して、中央の水平線の左端点を左の垂直線との交点まで縮めましょう。

1 「伸縮」コマンドを選択する。

> Point 「伸縮」コマンドでは、はじめに伸縮の対象線を🖱し、次にその伸縮位置を指示することで線を伸縮します。線を縮める場合、伸縮の対象線を🖱する位置が重要です。次に指示する伸縮位置に対し、線を残す側で🖱します。

2 伸縮の対象線として中央の水平線を右図の位置で🖱。

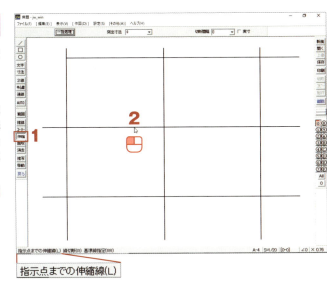

➡ 🖱位置に水色の○が仮表示され、ステータスバーには「伸縮点指示」と操作メッセージが表示される。

3 伸縮する位置（伸縮点）として左の垂直線との交点を🖱（Read）。

➡ **2**で🖱した側を残し、**3**の位置まで**2**の水平線が縮む。

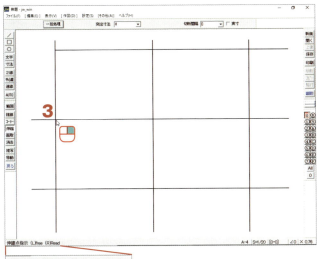

◪ 下の水平線も縮めましょう。

4 伸縮の対象線として下の水平線を右図の位置(左の垂直線との交点より左側)で🖱。

5 伸縮する位置（伸縮点）として左の垂直線との交点を🖱（Read）。

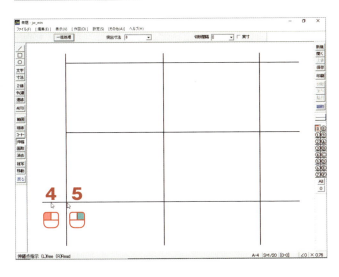

➡ **4**で🖱した側を残し、**5**の位置まで**4**の水平線が縮む。

◪ 伸縮操作をやり直すため、直前の操作を取り消しましょう。

6　「戻る」コマンドを🖱。

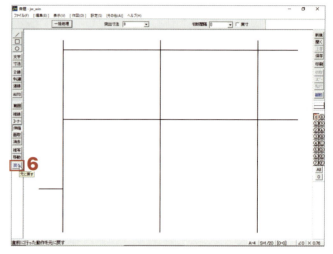

◪ 垂直線より右側を残すように水平線を縮めましょう。

7　伸縮の対象線として下の水平線を右図の位置（左の垂直線との交点より右側）で🖱。

8　伸縮する位置（伸縮点）として左の垂直線との交点を🖱（Read）。

　➡ **7**で🖱した側を残し、**8**の位置まで水平線が縮む。

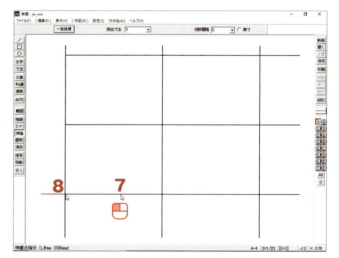

Step6　線を基準線まで伸縮

◪ 右の垂直線を伸縮の基準線とし、基準線まで水平線を縮めましょう。

1　「伸縮」コマンドで、伸縮基準線として右の垂直線を🖱🖱（基準線指定）。

　Point 操作メッセージの「基準線指定（RR）」の（RR）は🖱🖱（右ボタンのダブルクリック）のことです。🖱と🖱の間にマウスポインタを動かさないように注意してください。マウスポインタが動くと、🖱（線切断）を２回指示したことになり、その位置で線が切断されます。

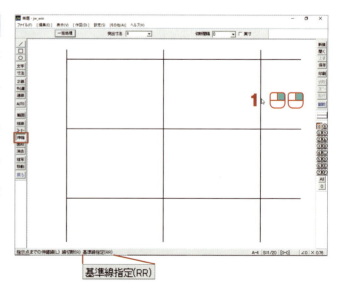

➡ 🖱した垂直線が伸縮の基準線として選択色になり、操作メッセージは「基準線までの伸縮線（L）…」になる。

❓ 線の表示色が変わらず、線上に赤い○が表示される ➡ p.232 Q15

🔷 基準線まで縮める線を指示しましょう。

2 基準線まで縮める線（伸縮線）として上の水平線を基準線の左側で🖱。

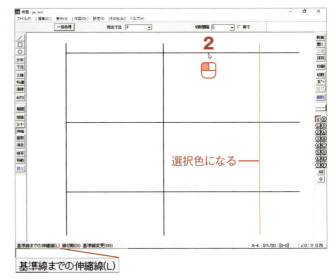

➡ 🖱した線が右図のように基準線まで縮む。

Point 伸縮基準線を変更するか、他のコマンドを選択するまでは、伸縮する線を🖱することで、続けて同じ基準線まで伸縮できます。

3 基準線までの伸縮線として次の水平線を基準線の右側で🖱。

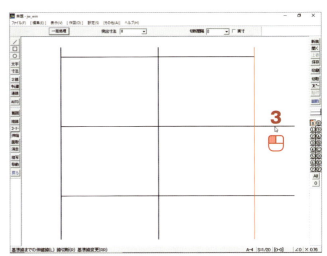

➡ 右図のように基準線の右側を残して縮む。

Point 選択色の基準線に対して、伸縮線の🖱した側が残るよう縮みます。伸縮線の指示は、必ず基準線に対して残す側を🖱してください。

🔷 伸縮線の指示をやり直すため、伸縮操作を取り消し、元に戻しましょう。

4 「戻る」コマンドを🖱。

➡ **3**の操作前の状態に戻る。

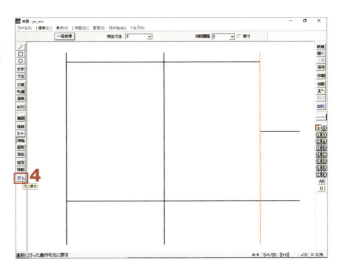

◪ 伸縮の基準線に対し、左側を残して縮めましょう。

5 基準線までの伸縮線として基準線の左側で水平線を🖱。
　➡ 基準線に対し、🖱した左側を残して縮む。

6 伸縮線として下の水平線を基準線の左側で🖱。
　➡ 基準線に対し、🖱した左側を残して縮む。

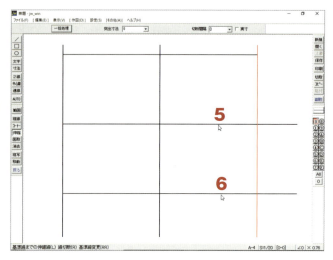

Step 7　基準線を変更して伸縮

◪ 上の水平線を基準線に変更し、垂直線を縮めましょう。

1 基準線として上の水平線を🖱🖱（基準線変更）。

　Point 操作メッセージに「基準線変更（RR）」と表示されているように、次に基準線にする線・円・弧を🖱🖱することで基準線に変更できます。

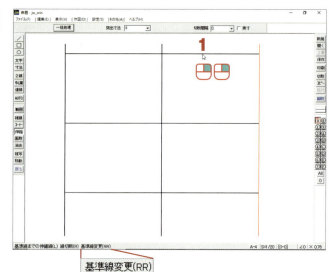

➡ 🖱した線が基準線として選択色になり、その前の基準線（右の垂直線）は元の色（黒）になる。

2 基準線までの伸縮線として左の垂直線を基準線の下側で🖱。
　➡ 2の線が🖱した側を残して基準線まで縮む。

3 伸縮線として中央の垂直線を基準線の下側で🖱。

4 同様に、右の垂直線を基準線の下側で🖱。
　Point 選択色の基準線は、他のコマンドを選択すると元の色に戻ります。

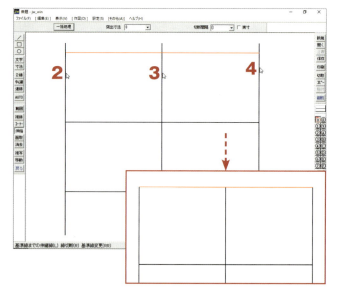

Step8　節間消し

🔸「消去」コマンドの節間消しを利用して、垂直線の下端点を下の水平線まで揃えましょう。

1 「消去」コマンドを選択する。

2 コントロールバー「節間消し」にチェックを付ける。

> **Point** コントロールバー「節間消し」にチェックを付けると、🖱による「部分消し」が「節間消し」になり、🖱した線・円・弧の、🖱位置両側の一番近い点間を部分消しします。

3 節間消しの対象として右図の位置で左の垂直線を🖱。

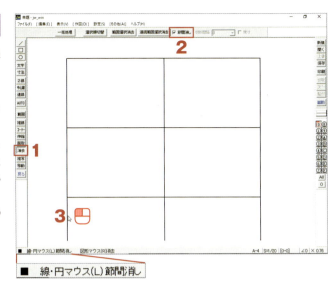

➡ **3**の線の🖱位置両側の点間（水平線との交点から**3**の線端点）が消去される。

4 節間消しの対象として中の垂直線を右図の位置で🖱。

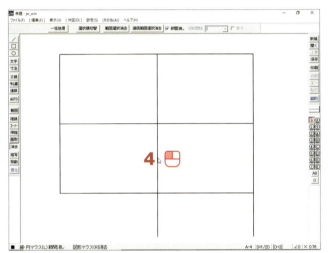

➡ **4**の線の🖱位置両側の点間（中の水平線との交点から下の水平線との交点）が消去される。

5 「戻る」コマンドを🖱し、**4**の操作前に戻す。

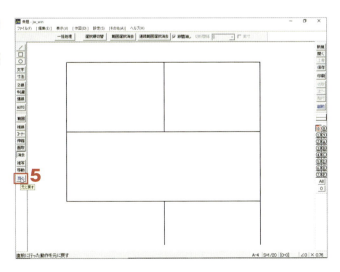

やってみよう！

「消去」コマンドの「節間消し」を利用して、下図のように整えましょう。

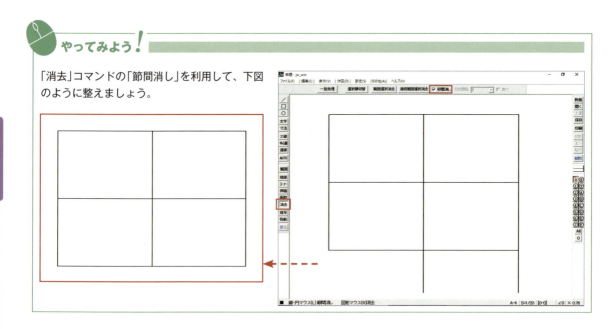

Step9 中心線を作図

◇ 上辺と中の水平線の中心線を作図しましょう。

1. 「中心線」コマンドを選択する。

   Point 「中心線」コマンドは2線間（または2点間、線と点間）の中心線を任意の長さで作図します。線は🖱、点は🖱で指示します。

2. 1番目の線として上辺を🖱。
3. 2番目の線として中の水平線を🖱。

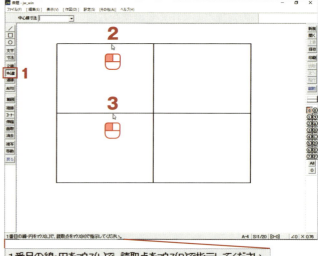

→ 2と3の中心線の作図位置が確定し、ステータスバーの操作メッセージは「始点を指示してください」になる。

4. 中心線の始点として左上角を🖱（Read）。

   → 2と3の中心線上の4の位置からマウスポインタまで中心線が仮表示される。

5. 中心線の終点として右上角を🖱（Read）。

   → 2と3の中心線が4から5まで作図される。

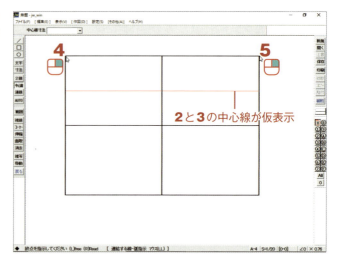

◆ 2点を指示することで中心線を作図しましょう。

6 1番目の点として中の水平線の左端点を🖱。

7 2番目の点として下辺の左端点を🖱。

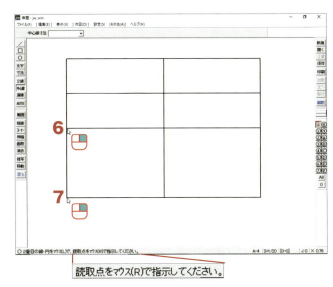

➡ **6**と**7**の中心線の作図位置が確定し、ステータスバーの操作メッセージは「始点を指示してください」になる。

8 中心線の始点として左下角を🖱。

➡ **6**と**7**の中心線上の**8**の位置からマウスポインタまで中心線が仮表示される。

9 中心線の終点として右下角を🖱。

➡ **6**と**7**の中心線が**8**から**9**まで作図される。

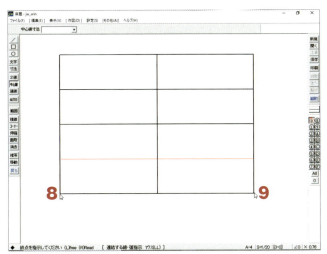

Step 10 等分割線を作図

◆ 左辺と中の垂直線の間を3つに等分割する線を作図しましょう。

1 メニューバー［編集］-「分割」を選択する。

2 コントロールバー「等距離分割」が選択されていることを確認し、「分割数」ボックスに「3」を入力する。

Point 「分割」コマンドは、2つの線・円・点間を指定数で等分割する線（または円・点）を作図します。

3 線（A）として左辺を🖱。

➡ 🖱した左辺が選択色になる。

4 線【B】として中の垂直線を🖱。

➡ 右図のように **3** と **4** の間を3つに等分割する
2本の線が作図される。

🖱 同様に、中の垂直線と右辺の間を3つに等分割する線を作図しましょう。

5 線(A)として中の垂直線を🖱。
6 線〖B〗として右辺を🖱。

➡ **5** と **6** の間を3つに等分割する2本の線が作図される。

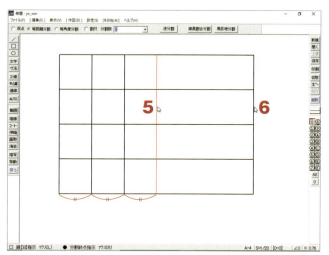

やってみよう！

「伸縮」コマンドで、下から2本目の水平線を伸縮の基準線にし、各垂直線を下図のように伸縮してみましょう。

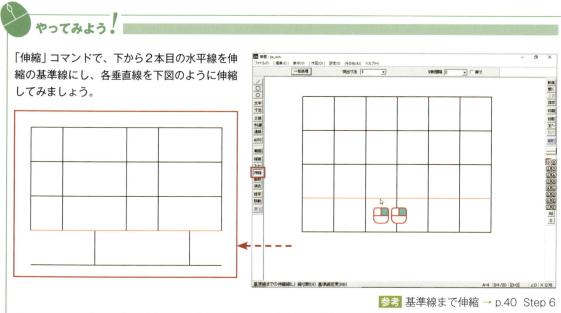

参考 基準線まで伸縮 → p.40 Step 6

Step11 範囲選択消去と追加・除外

🖱 下辺より下の要素を範囲選択消去しましょう。

1 「消去」コマンドを選択し、コントロールバー「範囲選択消去」ボタンを🖱。
2 選択範囲の始点として右図の位置で🖱。
3 選択範囲枠で右図のように囲み、終点を🖱。

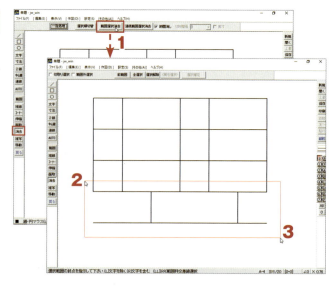

➡ 選択範囲枠に全体が入る要素が消去対象として選択色になる。

◆ 下辺を消去対象から外しましょう。

4 選択色になっている下辺を🖱。

Point 選択確定前に要素をクリックすることで、対象に追加することや、対象から除外することができます。

➡ 🖱した下辺が消去対象から除外され、元の色になる。

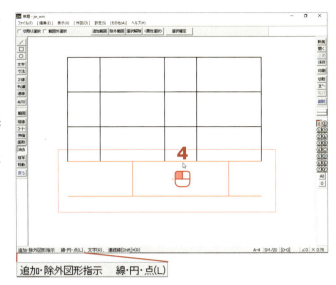

5 消去対象の線3本のみが選択色になっていることを確認し、コントロールバー「選択確定」ボタンを🖱。

➡ 選択色の要素が消去される。

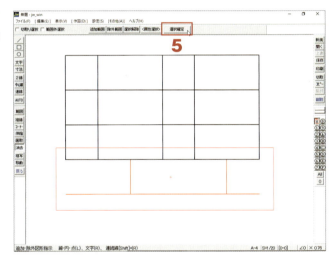

Step12 複線を同間隔で同方向に作図

◆ 下辺から500mm下に複線を作図しましょう。

1 「複線」コマンドを選択し、コントロールバー「複線間隔」ボックスに「500」を入力する。

2 基準線として下辺を🖱。

3 基準線の下側に複線が仮表示された状態で、作図方向を決める🖱。

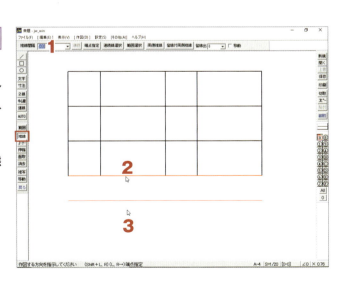

◘ 作図した複線からさらに同じ間隔（500mm）で下に複線を作図しましょう。

4 コントロールバー「連続」ボタンを🖱。

> **Point** コントロールバー「連続」ボタンを🖱することで、直前に作図した複線と同じ間隔で同じ方向に🖱した回数分の複線を作図します。

➡ **3**で作図した線から500mm下に複線がもう1本作図される。

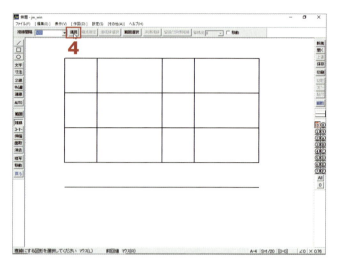

Step 13 線を延長

◘ 下の水平線を伸縮の基準線とし、基準線まで垂直線を伸ばしましょう。

1 「伸縮」コマンドを選択する。

2 伸縮基準線として下の水平線を🖱🖱（基準線指定）。

3 伸縮線として左辺を🖱。

➡ 左辺が**2**の基準線まで伸びる。

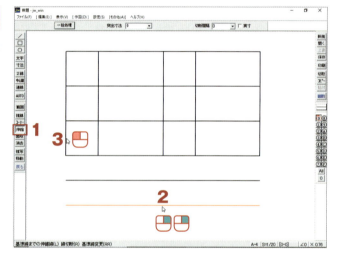

4 次の垂直線を🖱。

➡ 垂直線が**2**の基準線まで伸びる。

5－6－7 順次、次の垂直線を🖱し、下図のように**2**の水平線まで伸ばす。

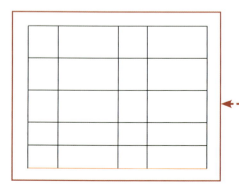

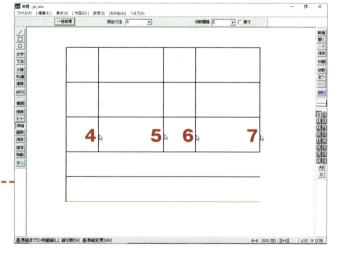

| Step14 | 補助線を作図 |

◪ 文字や図形の作図位置の目安を印刷されない線で作図するため、書込線の線種を「補助線種」に指定しましょう。

1 「線属性」コマンドを🖱。

 ➡ 「線属性」ダイアログが開く。

 Point 線や円・弧は、書込線の線種、線色で作図されます。「線属性」ダイアログでは、書込線の線種や線色を指定します。「補助線種」は印刷されない線種です。

2 「補助線種」ボタンを🖱。

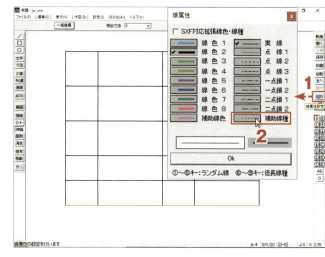

 ➡ 「補助線種」ボタンが凹状態になり、書込線の線種になる。

3 「Ok」ボタンを🖱。

 ➡ ダイアログが閉じ、書込線を示す「線属性」バーの表示が「補助線種」に変わる。

◪ 各枠の中心線を作図しましょう。

4 メニューバー［編集］－「分割」を選択し、コントロールバー「分割数」ボックスに「2」を入力する。

5 線(A)として上辺を🖱。

6 線【B】として次の水平線を🖱。

 ➡ 5と6の間を2つに等分割する線（中心線）が補助線種で作図される。

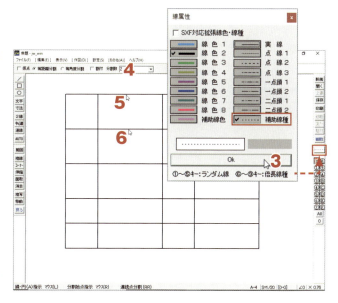

他の枠の中心線も同様にして、右図のように作図しましょう。

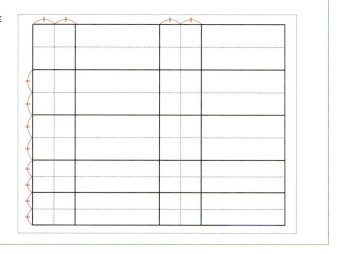

Step15 図面を保存

◻ ここまで作図した図を「jw-m」フォルダに名前「01」として保存しましょう。

1 メニューバー［ファイル］－「名前を付けて保存」を選択する。

➡「ファイル選択」ダイアログが開く。左側フォルダツリーでは、「C」ドライブ下の「jww」フォルダが開いており、「jww」フォルダ内の図面ファイルが右側に一覧表示される。

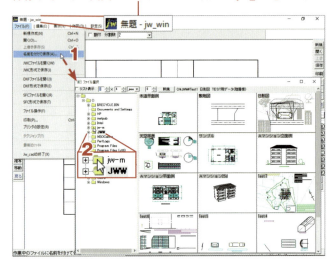

保存していない図面はタイトルバーに「無題-jw_win」と表示

◻ 図面ファイルの保存場所を指定しましょう。

2 保存場所として「jw-m」フォルダを🖱。

➡「jw-m」フォルダが開き、その中の図面ファイル（p.18でインストール）が右側に表示される。

❓「jw-m」フォルダがない → p.232 Q16

◻ 開いた「jw-m」フォルダに図面を保存しましょう。

3 「新規」ボタンを🖱。

➡「新規作成」ダイアログが開き、「名前」ボックスでは入力ポインタが点滅する。

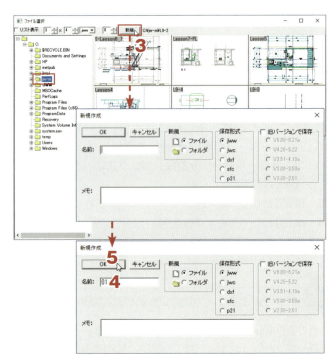

4 図面の名前（ファイル名）として「01」を入力する。

Point 「新規作成」ダイアログの「名前」ボックスでは入力ポインタが点滅し入力状態になっているため、「名前」ボックスを🖱せずに、直接キーボードから入力できます。名前を入力後Enterキーを押す必要はありません。Enterキーを押すと「OK」ボタンを🖱したことになり、ダイアログが閉じ、図面が保存されます。

5 「OK」ボタンを🖱。

➡「jw-m」フォルダに「01.jww」というファイル名で保存され、「ファイル選択」ダイアログが閉じる。

Point Jw_cadの図面ファイルは、**4**で入力した名前の後ろに拡張子と呼ぶ「.jww」が付きます。このことから、Jw_cadの図面ファイルを「jwwファイル」や「jww形式のファイル」とも呼びます。タイトルバーに表示されるファイル名は、パソコンの設定により「01.jww-jw_win」または「.jww」が省略された「01-jw_win」になります。

保存した図面の名前「01.jww-jw_win」になる

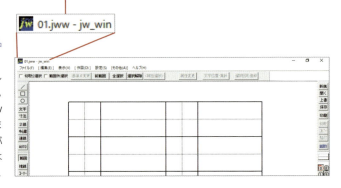

Step16 指定半径の円と多重円

◆ 実線で円を作図するため、書込線を実線にしましょう。

1 「線属性」コマンドを🖱。

2 「線属性」ダイアログの「実線」ボタンを🖱で選択し、「OK」ボタンを🖱。
  ➡ 書込線が「実線」になる。

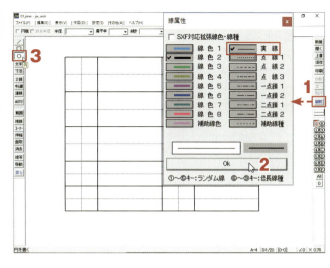

◆ 左上枠中心に半径200mmの円を作図しましょう。

3 「○」コマンドを選択する。

4 コントロールバー「半径」ボックスに「200」を入力する。

  Point 「半径」ボックスで入力ポインタが点滅しているため、「半径」ボックスを🖱せずにそのままキーボードから数値を入力できます。
  ➡ 半径200mmの円がマウスポインタに中心を合わせ仮表示される。

5 円の作図位置として左上枠の中心線交点を🖱。
  ➡ 🖱位置に中心を合わせ半径200mmの円が作図される。

  Point 作図後も、マウスポインタには半径200mmの円が仮表示され、円の作図位置をクリック指示することで、続けて同じ大きさの円を作図できます。

◆ 二重円を作図しましょう。

6 コントロールバー「多重円」ボックスを🖱し、「2」を入力する。

  Point コントロールバー「多重円」ボックスに指定した数で半径を等分割した多重円が作図できます。
  ➡ 半径200mmの円とその内側100mm（半径を2等分する位置）に円が仮表示される。

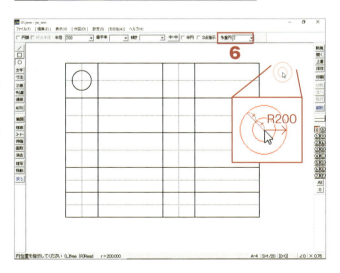

◻ 仮表示の二重円は作図せずに、「多重円」ボックスの数値を変更しましょう。

7 コントロールバー「多重円」ボックスを🖱し、「-50」を入力する。

> **Point** コントロールバー「多重円」ボックスに「-」（マイナス）数値を指定することで、作図する円から指定数値内側にもう1つ円を作図できます。

➡ 半径200mmの円とその内側50mmの円が仮表示される。

8 円の作図位置として右図の中心線交点を🖱。

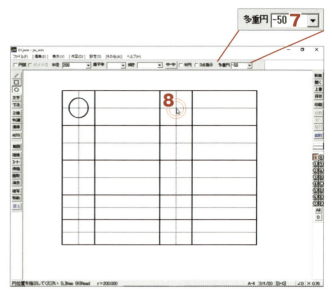

Step 17　拡大表示

◻ はじめに作図した円を拡大表示しましょう。マウスポインタに二重円が仮表示されたままで行えます。

1 拡大する範囲の左上にマウスポインタをおき🖱↘（マウスの左右両方のボタンを押したまま右下方向へマウスを移動）。

➡ 拡大 と **1** の位置を対角とする拡大枠がマウスポインタまで表示される。

2 拡大範囲枠で拡大する範囲を右図のように囲み、マウスボタンをはなす。

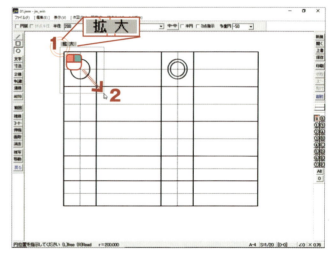

➡ 拡大範囲枠で囲んだ部分が作図ウィンドウに拡大表示される。拡大操作前と同じ「○」コマンドで二重円がマウスポインタに仮表示された状態である。

❓ 🖱↘したら図が移動した、または図が消えた
➡ p.233　Q17

Point 🖱↘ 拡大 による範囲拡大は、作図・編集操作の途中いつでも割り込んで行えます。

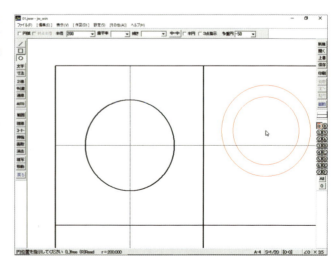

Step18 指定長さ・角度の線を作図

◯ 円の中心から四方に傾き45°、長さ300mmの線を作図しましょう。

1. 「／」コマンドを選択する。
2. コントロールバー「水平・垂直」にチェックを付け、「傾き」ボックスに「45」を、「寸法」ボックスに「300」を入力する。

   Point コントロールバー「水平・垂直」にチェックを付けて傾きを指定すると、水平・垂直線とそこから指定した傾きの線を作図できます。

3. 始点として円中心を🖱。
   → 長さ300mmの線がマウスポインタに従い仮表示される。
4. 右上にマウスポインタを移動し、45°の線を仮表示した状態で終点を🖱。

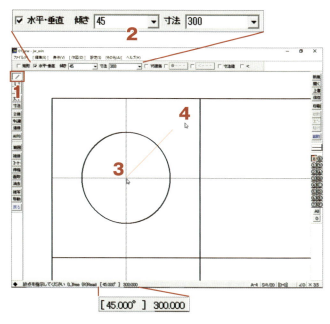

5. 始点として円中心を🖱。
6. 左上にマウスポインタを移動し、135°、長さ300mmの線を仮表示した状態で終点を🖱。

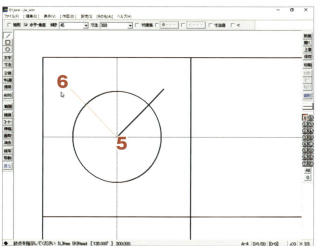

7. 同様にして、円の中心から左下に-135°、長さ300mmの線を作図する。
8. 同様にして、円の中心から右下に-45°、長さ300mmの線を作図する。

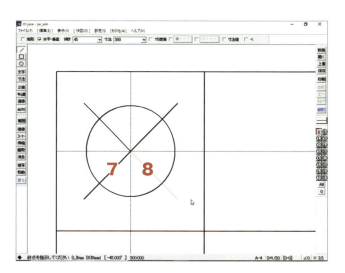

Step19 円を基準に伸縮

◯ 円を伸縮の基準線とし、4本の線の円から外側を残すように縮めましょう。

1. 「伸縮」コマンドを選択する。
2. 基準線として円を🖱。
   ➡ 円が基準線になり選択色で表示される。
3. 伸縮線として右上の線を、円の外側で🖱。
   ➡ 🖱した側を残し、円まで縮む。
4. 伸縮線として左上の線を、円の外側で🖱。
   ➡ 🖱した側を残し、円まで縮む。

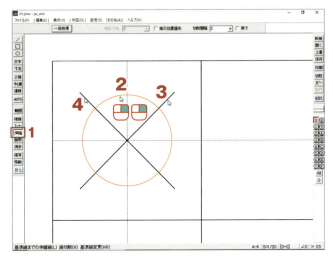

5. 伸縮線として左下の線を、円の外側で🖱。
   ➡ 線は縮まず、反対側の円まで伸びる。

   Point 円・弧を基準線にした場合、基準線として🖱🖱した位置（**2**の位置）から両側90°の範囲の円弧部分が基準線になります。そのため、下側の線は縮まず、その位置まで伸びます。円・弧を基準線とした後、コントロールバーに表示される「指示位置優先」にチェックを付けることで、🖱🖱した円・弧全体が基準線になります。

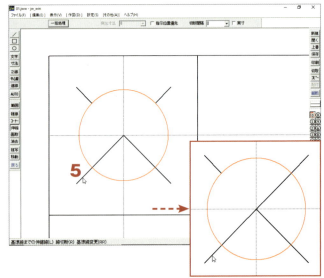

6. コントロールバー「指示位置優先」にチェックを付ける。
7. 伸縮線として左下の線を、円の外側で🖱。
   ➡ 🖱した線が基準線の円まで縮む。
8. 伸縮線として右下の線を、円の外側で🖱。
   ➡ 🖱した線が基準線の円まで縮む。

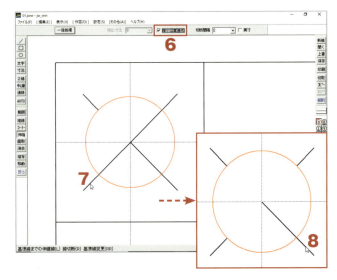

Step20 用紙全体表示

◘ ここでいったん、作図ウィンドウを用紙全体表示に戻しましょう。

1 作図ウィンドウで🖱↗（マウスの左右両方のボタンを押したまま右上へ移動）し、全体が表示されたらボタンをはなす。
   ➡ 作図ウィンドウに用紙全体が表示される。
   Point 作図ウィンドウで🖱 全体とすることで用紙全体表示になります。🖱↗ 全体、🖱↘ 拡大 などの両ドラッグによるズーム操作は、コマンドの操作途中いつでも行えます。

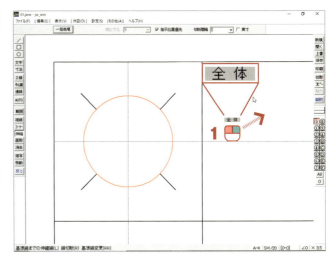

◘ 左2段目の枠部分を拡大表示しましょう。

2 左2段目の枠左上にマウスポインタをおき🖱↘ 拡大 し、拡大範囲枠で拡大する範囲を右図のように囲み、マウスボタンをはなす。

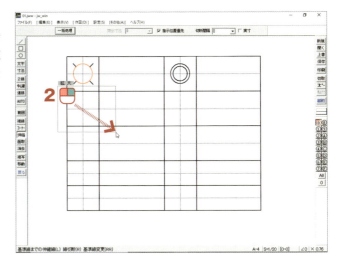

Step21 複線とコーナーで正方形を作図

◘ 拡大した枠に450mm角の正方形を作図するため、補助線から225mmの間隔で上下、左右に複線を作図しましょう。

1 「複線」コマンドを選択し、コントロールバー「複線間隔」ボックスに「225」を入力する。

2 基準線として中央の補助線（水平線）を🖱。

3 225mm上に複線を仮表示した状態で、作図方向を決める🖱。

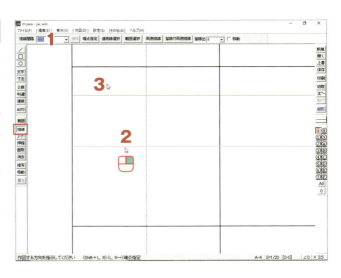

4 同様にして、225mm下に複線を作図する。

5 同様にして、中央の補助線（垂直線）から225mm右と左に複線を作図する。

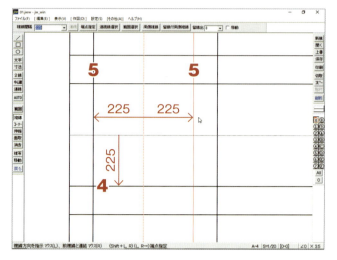

◆ 正方形の左上の角を作りましょう。

6 「コーナー」コマンドを選択する。

Point 「コーナー」コマンドは、2本の線を指示することで、その交点に角を作ります。2本の線を🖱する位置が重要です。2本の線の交点に対し線を残す側で🖱します。

7 線(A)として水平線を右図の位置で🖱。

➡ 🖱した線が選択色になり、🖱位置に水色の○が仮表示される。

8 線【B】として垂直線を右図の位置で🖱。

➡ 2本の線の🖱した側を残し、交点に次図のように角が作られる。

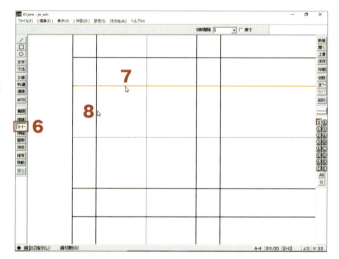

◆ 左下の角も作りましょう。

9 線(A)として垂直線を🖱。

➡ 🖱した線が選択色になり、🖱位置に水色の○が仮表示される。

10 線【B】として水平線を右図の位置で🖱。

➡ 2本の線の🖱した側を残し、交点に角が作られる。

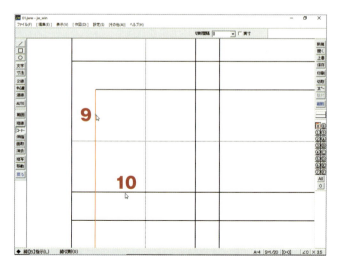

やってみよう！

同様にして、右下と右上の角も作成し、下図のように正方形にしましょう。

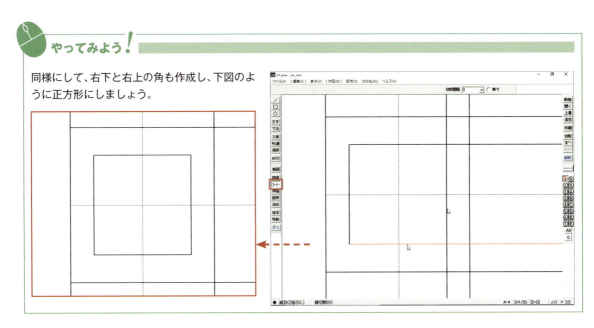

Step22 表示画面をスクロール

▶ 1つ下の段に作図するため、表示画面をスクロールしましょう。

1 作図ウィンドウの右図の位置で🖱移動。

Point マウスの両方のボタンを押し 移動 と表示されたらボタンをはなしてください。🖱した位置が作図ウィンドウの中心にくるよう、表示範囲を移動します。

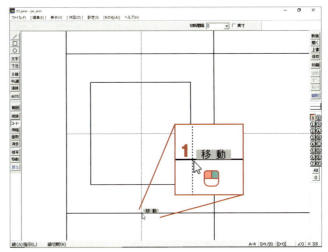

→ **1** の位置が作図ウィンドウの中心になるよう、表示範囲が移動する。

2 右図の補助線の交点にマウスポインタを合わせ🖱移動。

→ **2** の位置が作図ウィンドウの中心になるよう、表示範囲が移動する。

Point p.23の **10** の設定を行っていれば、キーボードの↓キーを押すことでも表示範囲が下に移動します。

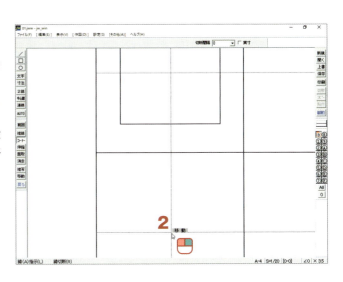

Jw_cad空調給排水設備図面入門［Jw_cad8対応版］

Step 23 指定サイズの正方形を作図

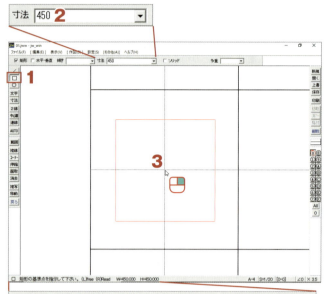

◘ 補助線交点に正方形の中心を合わせ、450mm角の正方形を作図しましょう。

1. 「□」コマンドを選択する。
2. コントロールバー「寸法」ボックスに「450」を入力する。

   Point「寸法」ボックスには「横, 縦」の順に2つの数値を入力しますが、2つの数値が同じ場合は、「450」のように1つを入力することで「450,450」を入力したことになります。

   → 450mm角の正方形が、その中心にマウスポインタを合わせて仮表示され、操作メッセージは「矩形の基準点を指示して下さい」になる。

3. 矩形の基準点として補助線交点を🖱。

   → 操作メッセージは「矩形の位置を指示して下さい」になる。

4. マウスポインタを左へ移動する。

   → 正方形の仮表示も左に移動し右図のように **3** の交点に矩形の右辺の中点を合わせた状態になる。

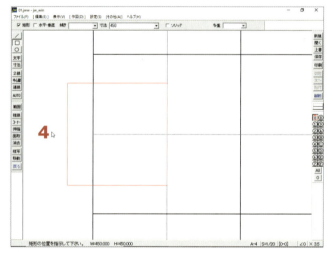

5. さらにマウスポインタを上下左右に移動し、仮表示の矩形の位置の変化を確認する。

   Point「□」コマンドでは、矩形の基準点を指示後、マウスポインタを移動することで、仮表示の矩形の右図9カ所のいずれかを、指示した基準点に合わせ作図します。

6. マウスポインタを移動し、**3** で指示した基準点に仮表示の矩形の「中中」を合わせ、作図位置を決める🖱。

   → **3** で指示した交点にその「中中」を合わせ、450mm角の正方形が作図される。マウスポインタには同サイズの矩形が仮表示され、次の基準点をクリックすることで続けて作図できる。

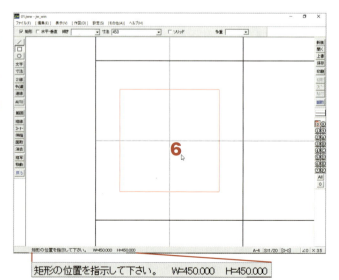

Step24 50mm外側に正方形を作図

◆「複線」「コーナー」コマンドを利用して、前項で作図した正方形から50mm外側に正方形を作図しましょう。

1 「複線」コマンドを選択し、コントロールバー「複線間隔」ボックスに「50」を入力する。
2 基準線として上辺を🖱。
3 基準線の上側で作図方向を決める🖱。
   ➡ 上辺から50mm上に複線が作図される。

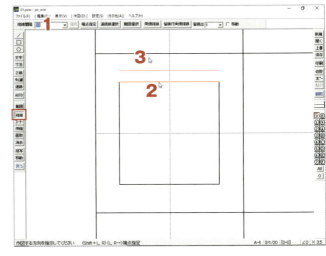

4 次の基準線として左辺を🖱。
5 基準線の左側で作図方向を決める🖱（前複線と連結）。

   Point 連続して複線を作図する場合、2本目以降の複線の作図方向を決めるときの操作メッセージには「前複線と連結　マウス(R)」が表示されます。作図方向を決めるクリックを🖱で行うことで、1つ前の複線と今回の複線の交点に角を作ります。

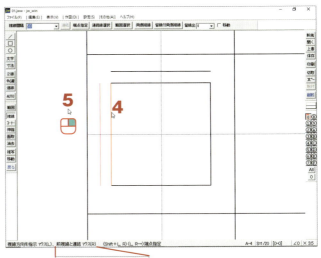

   ➡ 1つ前の複線との交点に角を作り、連結した複線が作図される。

6 次の基準線として下辺を🖱。
7 基準線の下側で作図方向を決める🖱（前複線と連結）。

   Point 7で誤って🖱したときは、「戻る」コマンドで取り消さずに、後で「コーナー」コマンドで角を作ってください。「戻る」コマンドで取り消した場合、再度指示する次の複線は1本目の複線とみなされるため、作図方向指示を🖱でしても5で作図した複線との角を作ることはできません。

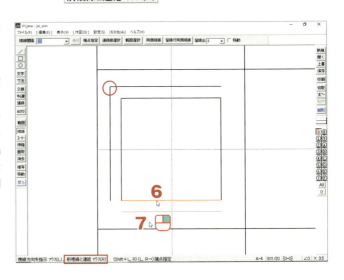

➡ 1つ前の複線との交点に角を作り連結した複線が作図される。

8 次の基準線として右辺を🖱。
9 基準線の右側で作図方向を決める🖱（前複線と連結）。

➡ 1つ前の複線との交点に角を作り、連結した複線が作図される。

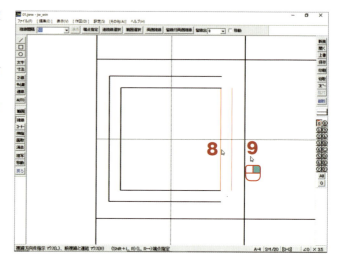

◻ 最初に作図した上辺の複線と最後に作図した右辺の複線は、自動的には連結されません。「コーナー」コマンドで角を作りましょう。

10 「コーナー」コマンドを選択する。
11 線(A)として上辺の複線を🖱。
12 線【B】として右辺の複線を🖱。

➡ **11**と**12**の交点に角が作られる。

参考 「コーナー」コマンド → p.56

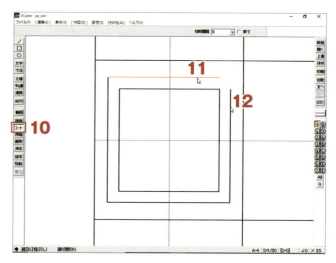

Step25 指定サイズの長方形を作図

◻ 下の段に、横500mm、縦250mmの長方形を作図しましょう。

1 🖱移動（→p.57）または↓キーで表示画面を移動し下の段を表示する。
2 「□」コマンドを選択し、コントロールバー「寸法」ボックスに「500，250」を入力する。

Point 「寸法」ボックスに、「横，縦」の順に「，」(半角カンマ)で区切って2つの数値を入力します。

➡ 横500mm、縦250mmの長方形が、その中心にマウスポインタを合わせて仮表示される。

3 矩形の基準点として補助線交点を🖱。
4 仮表示の矩形の中中を**3**に合わせ、作図位置を決める🖱。

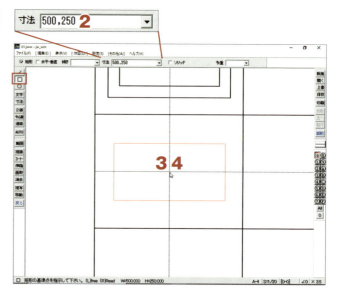

◽ さらに下の段に、同じ大きさの長方形と内側に30mm入った二重の長方形を作図しましょう。

5 表示画面を移動して下の段を表示し、コントロールバー「多重」ボックスに「-30」を入力する。

Point 「多重」ボックスに-（マイナス）数値を入力することで、作図する矩形から指定数値内側にもう1つ矩形を作図します。

→ 横500mm、縦250mmの長方形と、各辺から30mm内側に入った長方形がマウスポインタに仮表示される。

6 矩形の基準点として補助線交点を🖱。

7 仮表示の矩形の中中を 6 に合わせ、作図位置を決める🖱。

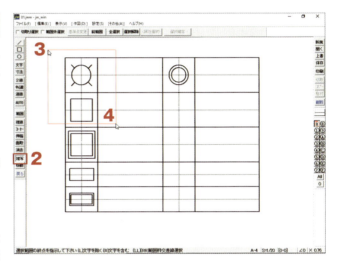

Step26 図形を複写

◽ 左側の1、2段目に作図した図形を右側の枠に複写しましょう。はじめに「複写」コマンドを選択し、複写対象を範囲選択しましょう。

1 🖱↗ 全体 で用紙全体を表示する。
2 「複写」コマンドを選択する。
3 選択範囲の始点として表の左上で🖱。

→ 3 の位置を対角とする選択範囲枠がマウスポインタまで表示される。

4 表示される選択範囲枠で右図のように1、2段目の図形を囲み、終点を🖱。

Point 選択範囲枠に全体が入る線・円要素が複写対象として選択されます。選択範囲枠からはみ出した線は選択されません。

→ 選択範囲枠に全体が入る要素が選択色になる。

◽ 選択色の要素を複写対象として確定しましょう。

5 複写する線・円が選択色になっていることを確認し、コントロールバー「選択確定」ボタンを🖱。

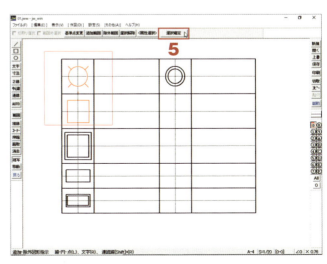

➡ 複写対象が確定し、右図のようにマウスポインタに複写の基準点を合わせ、複写要素が仮表示される。

Point 5の「選択確定」ボタンを🖱する段階で、作図ウィンドウに仮表示される赤い○の位置が自動的に複写の基準点になります。

◘ 現在の基準点では正確な位置に複写できません。正確な位置に複写するために複写の基準点を表の左上角に変更しましょう。

6 コントロールバー「基点変更」ボタンを🖱。

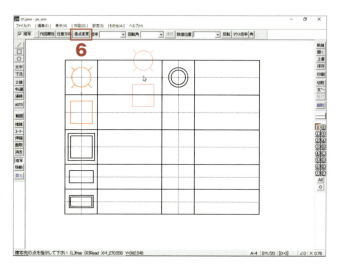

➡ ステータスバーに「基準点を指示して下さい」と操作メッセージが表示される。

7 複写の基準点として表の左上角を🖱。

Point 複写の基準点は選択色の複写対象以外の点を指定することもできます。複写先としてどの位置を点指示するかを想定したうえで、基準点を決めてください。

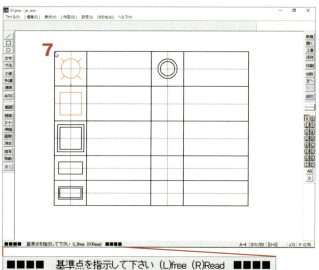

➡ 7の位置を基準点として複写要素が仮表示され、ステータスバーには「複写先の点を指示して下さい」と操作メッセージが表示される。

8 複写先の点として右図の交点を🖱。

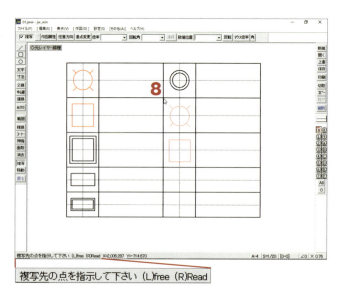

→ **8**の位置に基準点を合わせ、右図のように複写される。マウスポインタには複写要素が仮表示され、操作メッセージは「複写先の点を指示して下さい」と表示される。

Point 他のコマンドを選択するまでは、次の複写先をクリック指示することで、同じ複写要素を続けて複写できます。

9 「複写」コマンドを終了するため「／」コマンドを選択する。

→「／」コマンドになり、選択色で表示されていた複写元の要素は元の色に戻る。

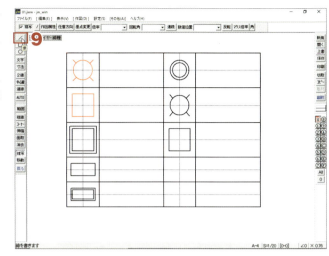

やってみよう！

「／」コマンドで、右図のように4つの矩形に対角線を作図しましょう。
矩形が二重に作図されているところは、正確に内側の矩形の角を読み取れるよう、拡大表示をしたうえで作図してください。

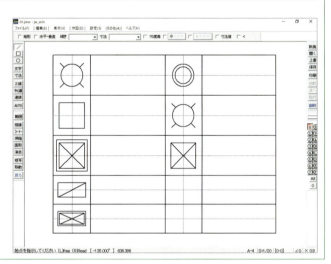

Step27 図面を上書き保存

◆ ここまで作図した図面を図面ファイル「01」に上書き保存しましょう。

1 メニューバー［ファイル］−「上書き保存」を選択する。

→ 図面「01.jww」が上書き保存される。

Point **1**の操作の代わりにツールバーの「上書」コマンドをすることでも上書き保存されます。

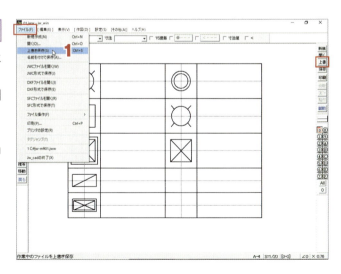

Step28 Jw_cadを終了

◪ Jw_cadを終了しましょう。

1. **タイトルバーの✕（閉じる）ボタンを🖱。**
   ➔ Jw_cadが終了する。

   Point メニューバー［ファイル］－「Jw_cadの終了」を選択する代わりにタイトルバーの✕ボタンを🖱することでもJw_cadを終了できます。

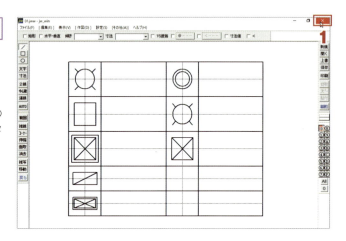

Point キーボードからのズーム操作

「基本設定」の「一般（2）」タブの「矢印キーで画面移動、PageUp…」にチェックを付ける（→p.23の**10**で設定）ことで、キーボードからのズーム操作が可能になります。ただし、「文字」コマンドの選択時にキーボードからのズーム操作をする場合は、ズーム操作のキーと一緒に Tab キーを押す必要があります。

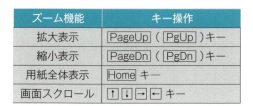

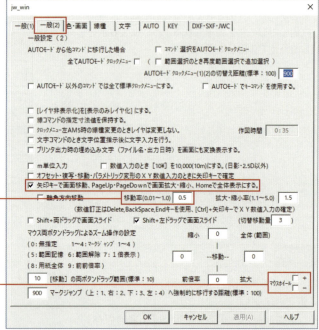

[移動率]
初期値「0.5」では、矢印キーを1回押したときに画面の1/2スクロールされる

[マウスホイール]
チェックを付けると、マウスホイールを回すことで、マウスポインタの位置を基準に拡大表示、縮小表示ができる

※ ノートパソコンなどのキーボードでは矢印キーが PgUp キー、PgDn キー、Home キーを兼ねている場合があります。そのようなキーボードで拡大表示の指示をする場合は Fn キーを押したまま PgUp キーを押します。

保存した図面を開き、印刷・加筆

Lesson 3

前の単元「Lesson2」で名前を付けて保存した図面ファイル「01.jww」を開き、A4用紙に印刷しましょう。
「Lesson3」では、印刷時の線の太さを区別するための線色の使い分けと線の太さの指定方法について学習します。
また、文字の記入や塗りつぶし、「図形」コマンドなども学習しましょう。かき加えた図面は図面ファイル「01.jww」に上書き保存します。

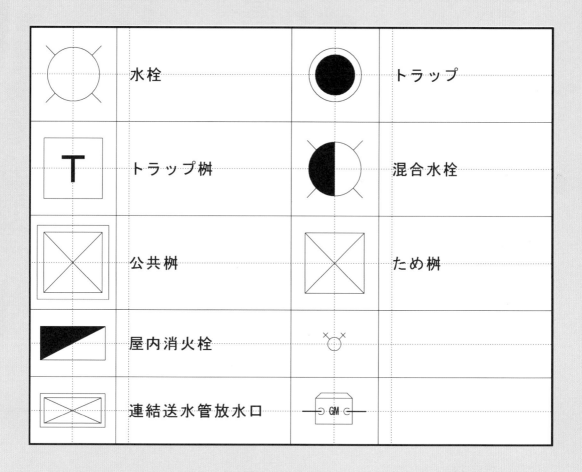

Step1 図面ファイルを開く

▶ 前の単元「Lesson2」で保存した図面ファイル「01.jww」を開きましょう。

1. メニューバー［ファイル］－「開く」を選択する。

    Point 1の操作の代わりにツールバーの「開く」コマンドを選択しても同じ結果が得られます。

➡「ファイル選択」ダイアログが開く。左のフォルダツリーでは、前回「ファイル選択」ダイアログで指定（→p.50）したCドライブの「jw-m」フォルダが開き、右側にはそのフォルダ内の図面ファイルが一覧表示される。

2. 図面ファイル「01」の枠内で🖱🖱。

    ❓ 保存したはずの図面ファイル「01」がない
    → p.233 Q18

    ➡ 図面ファイル「01.jww」が開き、作図ウィンドウに表示される。

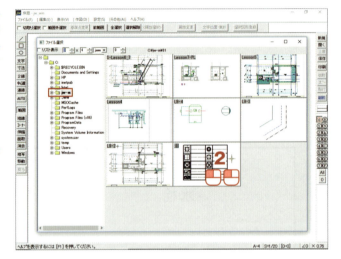

Step2 図面を印刷

▶ 開いた図面をA4用紙に印刷しましょう。プリンタの電源を入れ、印刷の準備をしたうえで、以下の印刷操作を行ってください。

1. 「印刷」コマンドを選択する。

    ➡「印刷」ダイアログが開く。

2. 「印刷」ダイアログで、印刷するプリンタ名を確認し、「OK」ボタンを🖱。

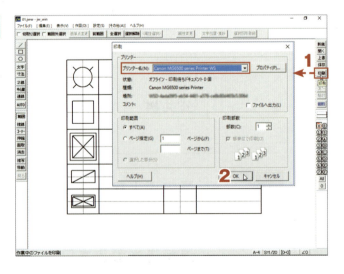

➡ 現在設定されているプリンタの用紙サイズおよび印刷(用紙)の向きで、赤い印刷枠が表示される。

3 用紙サイズと印刷の向きを確認し変更するため、コントロールバー「プリンタの設定」ボタンを🖱。

➡「プリンターの設定」ダイアログが開く。

4 「プリンターの設定」ダイアログで用紙サイズ「A4」、印刷の向き「横」を選択し、「OK」ボタンを🖱。

➡ 印刷枠がA4・横になる。

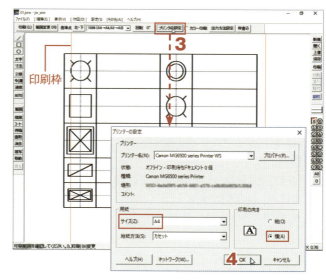

印刷枠

Point 印刷枠は指定プリンタでの印刷可能な範囲を示します。指定用紙サイズより小さく、プリンタ機種によってその大きさも異なります。

5 コントロールバー「印刷」ボタンを🖱。

➡ 図面が印刷される。印刷完了後も「印刷」コマンドのままである。

Point 再度コントロールバー「印刷」ボタンを🖱することで、もう1枚図面を印刷できます。コントロールバーの「印刷(L)」「範囲変更(R)」の表記(L)と(R)は🖱と🖱を意味します。「印刷(L)」ボタンを🖱せずに作図ウィンドウで🖱でも「印刷」ボタンを🖱したことになり、図面が印刷されます。

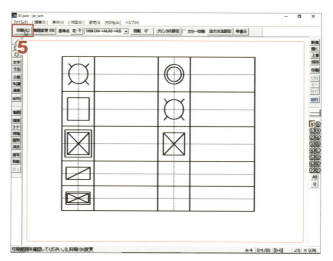

Point 印刷された線の太さについて

印刷した図面の線はすべて同じ太さです。これはすべての線を同じ線色(線色2:黒)で作図したためです。

Jw_cadにはこれまで作図した線色2(黒)を含め8色の標準線色があります。8色の線色を使い分けることで細線・中線・太線など8種類の線の太さを表現できます。

印刷する線の太さは線色ごとにmm単位で指定できます。指定を変更することで、黒で作図した線を今より太くあるいは細く印刷することも可能です。

太さ別の8線色と、印刷されない補助線色

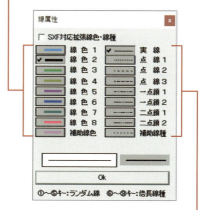

9種類の線種(補助線種は印刷されない線種)

Step3 線色を変更

▶ 表の外形枠を太く印刷するため、その線色を「線色5」に変更しましょう。

1. メニューバー［編集］－「属性変更」を選択する。
2. 「線属性」コマンドを🖱。
3. 「線属性」ダイアログで、「線色5」ボタンを🖱。
4. 「実線」と「線色5」が選択されていることを確認し、「OK」ボタンを🖱。
   ➡ 書込線が線色5・実線になる。

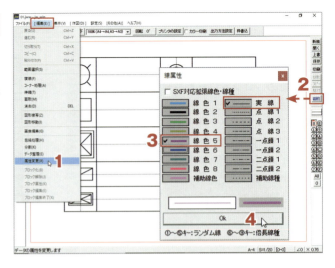

Point 「属性変更」コマンドは、🖱した線・円・弧・実点の線色・線種を現在の書込線の線色・線種に変更します。

5. 外枠上辺を🖱。

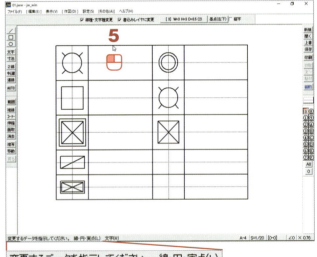

➡ 作図ウィンドウ左上に 属性変更◆書込レイヤに変更 と表示され、🖱した線が書込線と同じ線色5・実線に変更される。

6. 外形枠右辺を🖱。
   ➡ 🖱した線が書込線と同じ線色5・実線に変更される。
7. 同様にして、外形枠の下辺と左辺も🖱し、線色5に変更する。

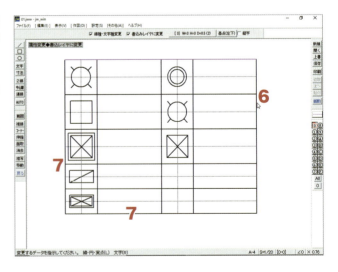

Jw_cad空調給排水設備図面入門［Jw_cad8対応版］

Step 4 印刷線幅を設定

▶ 線色2の太さを0.18mm、線色5の太さを0.8mmに設定しましょう。

1. メニューバー［設定］-「基本設定」を選択する。
   → 「jw_win」ダイアログが開く。

2. 「jw_win」ダイアログの「色・画面」タブを🖱。

3. 「線幅を1/100mm単位とする」にチェックを付ける。

   Point 印刷線幅をmm単位で指定するには、「線幅を1/100mm単位とする」にチェックを付け、各線色の「線幅」ボックスに「印刷時の線幅×100」の数値を入力します（0.1mmで印刷するには10）。

   → 各線色の「線幅」ボックスの数値がmm単位指定に変わる。

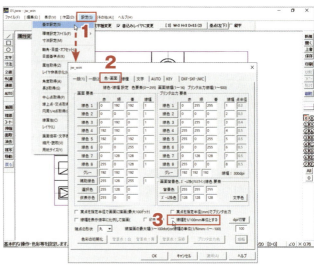

▶ 「色・画面」タブの右「プリンタ出力要素」欄で、線色ごとに印刷線幅やカラー印刷時の印刷色を指定します。「線色2」の線幅を0.18mmに、「線色5」を0.8mmに指定しましょう。

4. 「線色2」の「線幅」ボックスを🖱し、既存の数値を消して「18」を入力する。

5. 同様に、「線色5」の「線幅」ボックスを「80」に変更する。

6. 「OK」ボタンを🖱。
   → 印刷線幅が確定し、ダイアログが閉じる。

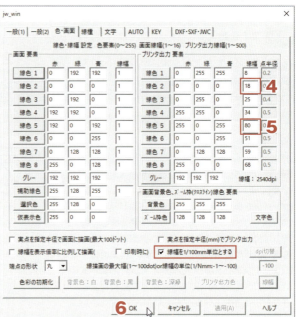

Step 5 図面を印刷

▶ 再び図面を印刷しましょう。

1. p.66「Step 2 図面を印刷」と同じ手順で図面を印刷し、表の外形枠が太く印刷されることを確認する。

   Point 「印刷」コマンドでは印刷色および印刷線幅を反映して図面が表示されるため、コントロールバー「カラー印刷」にチェックがない状態では、線色5の線もすべて印刷色の黒で表示されます。カラーで印刷する方法についてはp.95で学習します。

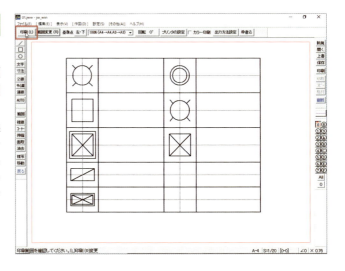

Step6　文字記入のための補助線を作図

◨ 位置を揃えて文字を記入するため、目安となる補助線を作図しましょう。

1. 「線属性」コマンドを🖱し、「線属性」ダイアログで「線色2」と「補助線種」を選択し、「Ok」ボタンを🖱。
   → 書込線が線色2・補助線種になる。
2. 「複線」コマンドを選択し、コントロールバー「複線間隔」ボックスに「100」を入力して、右図の2カ所に複線を作図する。

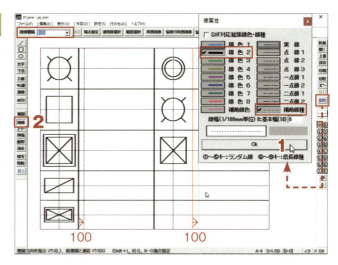

Step7　文字を記入

◨ 2列目に記号名を記入します。はじめに、記入する文字の大きさ(文字種)を指定しましょう。

1. 「文字」コマンドを選択する。
2. コントロールバー「書込文字種」ボタンを🖱。
   → 「書込み文字種変更」ダイアログが開く。

   Point 文字種には、文字サイズが固定された「文字種[1]」～「文字種[10]」の10種類と、その都度サイズを指定して記入できる「任意サイズ」があります。文字のサイズを決める「幅」「高さ」「間隔」は図面の縮尺にかかわらず、実際に印刷される幅・高さ・間隔(mm)で指定します。図面の縮尺によって実際に印刷される大きさが変化する実寸に対し、文字のサイズ指定のように縮尺に左右されない寸法をJw_cadでは「図寸(図面寸法)」と呼びます。

3. 幅10、高さ10の「文字種[10]」を🖱で選択する。

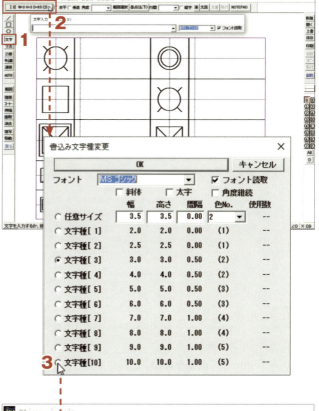

→ 「書込み文字種変更」ダイアログが閉じ、コントロールバー「書込文字種」ボタンの表記が現在の書込文字種「[10] W=10 H=10 D=1 (5)」に変わる。

◆ 1行目の補助線交点に文字の先頭を合わせ、「水栓」と記入しましょう。

4 「文字入力」ボックスに「水栓」を入力する。

→ マウスポインタに2文字分の文字外形枠が仮表示される。

5 コントロールバー「基点」ボタンを🖱。

→「文字基点設定」ダイアログが開く。

6 「文字基点設定」ダイアログの「左中」を🖱。

Point 文字の外形枠に対するマウスポインタの位置を「基点」と呼びます。文字の基点は文字の記入位置を指示する前にコントロールバー「基点」ボタンを🖱し、下図の9カ所に変更できます。

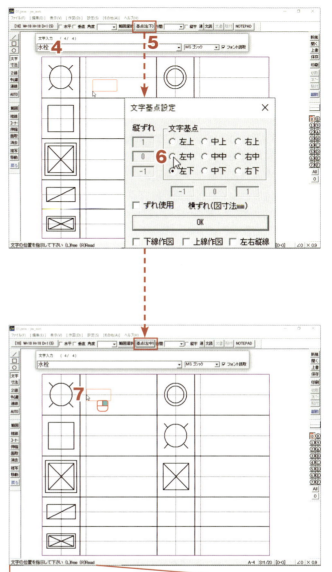

→「文字基点設定」ダイアログが閉じ、文字の基点が「左中」になる。

7 文字の記入位置として1行目の補助線交点を🖱。

→ 7の交点に左中を合わせ、文字「水栓」が書込文字種で記入される。

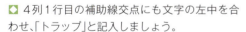

◆ 4列1行目の補助線交点にも文字の左中を合わせ、「トラップ」と記入しましょう。

8 「文字入力」ボックスに「トラップ」を入力する。

9 文字の記入位置として右図の補助線交点を🖱。

→ 9の交点に左中を合わせ、文字「トラップ」が書込文字種で記入される。

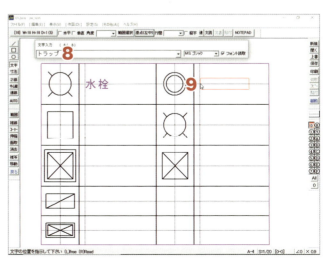

◯ 2列2行目に「トラップ桝」と記入しましょう。

10 「文字入力」ボックスの▼を🖱し、表示されるリストから「トラップ」を🖱で選択する。

Point 図面内に記入されている文字は、「文字入力」ボックスの▼を🖱で表示される履歴リストから選択して入力できます。

11 「文字入力」ボックスに入力された「トラップ」の末尾を🖱。

12 「桝」を入力し、「トラップ桝」にする。

13 記入位置として右図の補助線交点を🖱。

→ **13**の交点に左中を合わせ、文字「トラップ桝」が書込文字種で記入される。

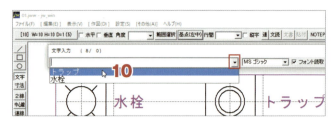
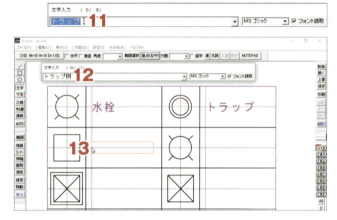

Step 8 正方形中央に文字を記入

◯ 2行目の記号の正方形中央に、文字「T」を15mm角の大きさで記入しましょう。

1 コントロールバー「書込文字種」ボタンを🖱。

→「書込み文字種変更」ダイアログが開く。

Point 文字種[1]～[10]にない大きさの文字は、「任意サイズ」を選択して大きさを指定します。

2 「任意サイズ」を🖱。

3 任意サイズの「幅」と「高さ」ボックスに「15」を入力する。

4 「OK」ボタンを🖱。

→「書込文字種」が**3**で指定した任意サイズになる。

5 コントロールバー「基点(左中)」ボタンを🖱。

6 「文字基点設定」ダイアログの「中中」を🖱。

→ 基点が「中中」になる。

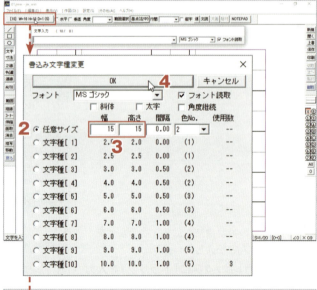
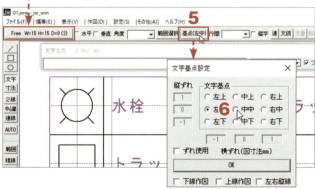

7 「文字入力」ボックスに「T」を入力する。

8 文字記入位置として右図の補助線交点を🖱。

→ **8**の交点に中中を合わせ、文字「T」が書込文字種で記入される。

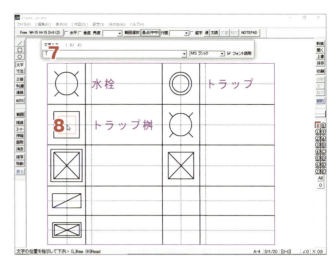

Step9 文字を複写

◻ 1行目の文字「水栓」を、右側2行目の記号名蘭に複写しましょう。

1 「文字」コマンドで複写する文字「水栓」を🖱(複写)。

Point 操作メッセージには「文字を入力するか、移動・変更(L)、複写(R) …」と表示されています。「文字入力」ボックスに文字を入力せずに既存の文字を🖱すると移動・変更、🖱すると複写になります。

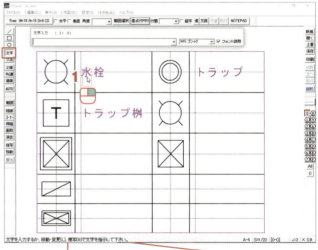

→ 現在の基点「中中」をマウスポインタに合わせ、文字「水栓」の外形枠が仮表示される。「文字入力」ダイアログのタイトルは「文字変更・複写」になり、入力ボックスには「水栓」が色反転して表示される。

◻ 補助線交点に文字の左中を合わせて複写するため、基点を変更しましょう。

2 コントロールバー「基点(中中)」ボタンを🖱。

3 「文字基点設定」ダイアログの文字基点「左中」を🖱。

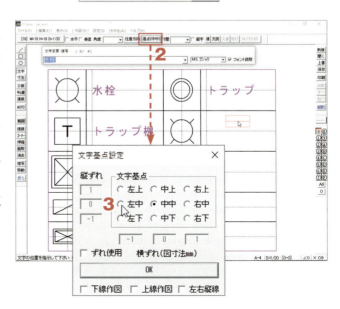

Jw_cad空調給排水設備図面入門[Jw_cad8対応版]

➡ ダイアログが閉じ、基点「左中」をマウスポインタに合わせ文字外形枠が表示される。

4 複写先として右図の補助線交点を🖱。

➡ 🖱位置に基点(左中)を合わせ、文字「水栓」が複写される。

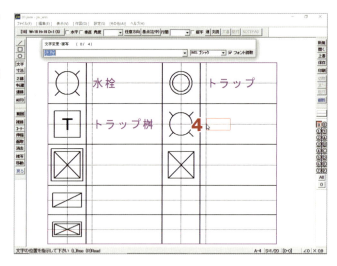

Step10 文字の書き換え

▶ 複写した「水栓」を「混合水栓」に書き換えましょう。

1 「文字」コマンドで、書き換える文字「水栓」を🖱。

Point 操作メッセージには「移動・変更(L)、複写(R)…」と表示されています。記入されている文字の内容を書き換えるには、書き換え対象の文字を🖱します。

➡ 「文字入力」ダイアログのタイトルが「文字変更・移動」になり、文字入力ボックスには「水栓」が色反転して表示される。またマウスポインタには現在の基点(左中)で文字外形枠が表示される。

2 「文字変更・移動」ボックスの「水栓」の先頭を🖱し、入力ポインタを移動する。

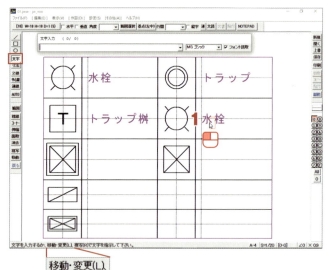

3 「混合」を入力し、「混合水栓」に変更する。

Point この段階で Enter キーを押すことで文字の変更が確定します。文字の記入内容は現在の文字基点を基準に変更されます。

4 Enter キーを押し、文字変更を確定する。

➡ 文字「水栓」が、現在の基点「左中」を基準に「混合水栓」に変更される。

やってみよう！

残りの名称欄も、補助線交点に文字の左中を合わせて文字種10で右図のように名称を記入しましょう。

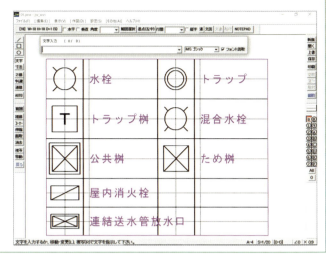

Step11 文字サイズを変更

🔲 5行目のはみ出ている文字「連結送水管放水口」のサイズを小さくしましょう。文字のサイズを小さくするには、その文字種を変更します。

1. メニューバー［編集］ー「属性変更」を選択する。

   Point 既存の文字要素のサイズやフォントの変更は「属性変更」コマンドで行います。はじめに変更後の文字種を指定します。

2. コントロールバー「書込文字種」ボタンを🖱。

   →「書込み文字種変更」ダイアログが開く。

   Point 文字種だけでなく、「フォント」や「斜体」「太字」の指定も「書込み文字種変更」ダイアログでの指定に変更されます。

3. 「書込み文字種変更」ダイアログで、幅、高さ6mmの「文字種[6]」を🖱。

   → ダイアログが閉じ、「書込文字種」ボタンの表記が文字種[6]を示す表記に変わる。

🔲 現在の基点を基準に文字サイズが変更されるため、基点を「左中」にしましょう。

4. コントロールバー「基点」ボタンを🖱。
5. 「文字基点設定」ダイアログの「左中」を🖱。

   → ダイアログが閉じ、「基点(左中)」になる。

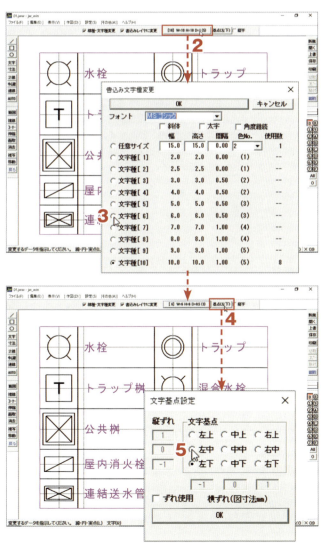

6 文字種を変更する文字「連結送水管放水口」を🖱️。

Point 「属性変更」コマンドでは、変更対象の線・円・弧・実点は🖱️、文字は🖱️で指示します。

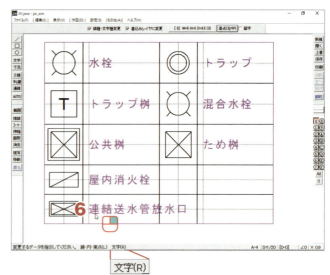

➡ 作図ウィンドウ左上に 属性変更◆書込レイヤに変更 と表示され、🖱️した文字のサイズが「文字種6」に変更される。文字の色が線色3に変わるのは、「文字種6」の文字色として線色3が設定されているためである。

Point 線・円・弧は、線色の違いで印刷時の太さ（印刷線幅）が異なりますが、文字の太さはフォントで決まるため、色の違いは印刷時の太さの違いにはなりません。文字色の違いは画面表示色の違いとカラー印刷時の印刷色の違いです。サイズ固定の文字種1～10の文字色やサイズは「基本設定」コマンドで設定されています。

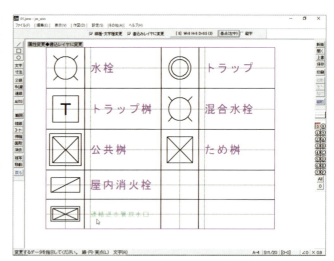

Step12 文字サイズを一括変更

▶ 他の文字を一括して文字種6に変更しましょう。はじめに「範囲」コマンドで変更対象の文字を範囲選択しましょう。

1 「範囲」コマンドを選択する。
2 選択範囲の始点として右図の位置で🖱️。
　➡ 2の位置を対角とする選択範囲枠がマウスポインタまで表示される。
3 選択範囲枠に7つの文字が入るように囲み、終点を🖱️（文字を含む）。

Point 選択範囲枠内の文字を対象に含めるため、終点を🖱️します。

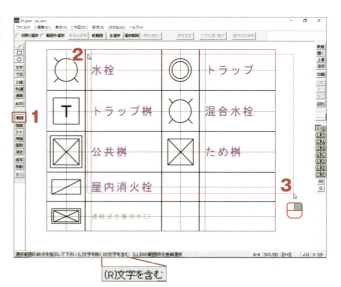

➡ 選択範囲枠に全体が入るすべての要素が選択色になる。この段階で文字以外の要素が選択されていても支障はない。

◪ 「文字種6」に変更する指示をしましょう。

4 コントロールバー「属性変更」ボタンを🖱。

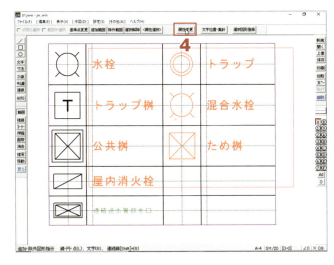

➡ 「属性変更」のダイアログが開く。

5 「書込【文字種類】に変更」を🖱。
➡ 「書込み文字種変更」ダイアログが開く。

6 「文字種[6]」を🖱。

Point 「書込み文字種変更」ダイアログでは変更後の文字種を選択します。今回のように、すでに「文字種[6]」が選択された状態の場合は、**6**で「OK」ボタンを🖱しても同じ結果が得られます。

➡ 「書込み文字種変更」のダイアログが閉じる。

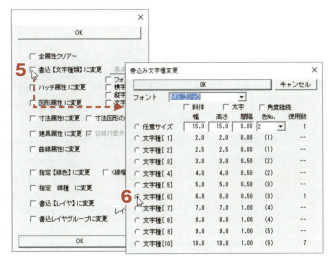

◪ 文字は現在の基点を基準にサイズ変更されます。文字種(大きさ)変更時の文字の基点を「左中」に指定しましょう。

7 「属性変更」のダイアログの「基点変更」ボタンを🖱。
➡ 「文字基点設定」ダイアログが開く。

8 「左中」を🖱。
➡ 「文字基点設定」ダイアログが閉じる。

9 「属性変更」のダイアログの「OK」ボタンを🖱。

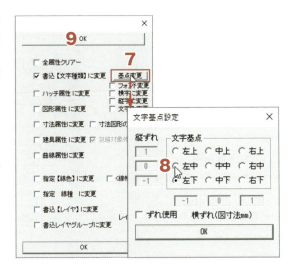

Lesson 3 保存した図面を開き、印刷・加筆

Jw_cad 空調給排水設備図面入門[Jw_cad8対応版]

77

➡ ダイアログが閉じ、選択色になっていた文字が、その左中を基準に文字種6に変更される。

◻ ここまでの図面を上書き保存しましょう。

10　「上書」コマンドを🖱。

　Point　メニューバー［ファイル］－「上書き保存」を選択する代わりに「上書」コマンドを🖱しても上書き保存されます。

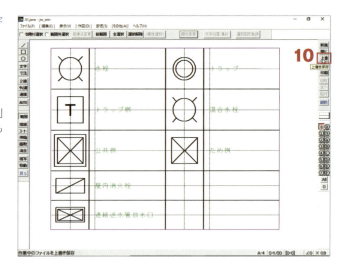

Step13　三角形と円を塗りつぶし

◻ 屋内消火栓の記号の左上の三角形内を塗りつぶしましょう。

1　メニューバー［作図］－「多角形」を選択する。

2　コントロールバー「任意」ボタンを🖱。

3　コントロールバー「ソリッド図形」にチェックを付ける。

　Point　Jw_cadでは、塗りつぶし部分を「ソリッド」と呼びます。コントロールバーの「ソリッド図形」にチェックを付けることで塗りつぶし機能になります。

4　塗りつぶし範囲の始点として、屋内消火栓の右上角を🖱。

➡ 始点が確定し、始点からマウスポインタまで赤い点線が仮表示される。操作メッセージは「中間点を指示してください」になる。

5　中間点として左上角を🖱。

➡ 操作メッセージは「◆　終点を指示してください」になる。

6　終点として左下角を🖱。

7　コントロールバー「作図」ボタンを🖱。

➡ 点**4**－**5**－**6**に囲まれた範囲が書込線色（コントロールバー「線色」ボタンの色）で塗りつぶされる。

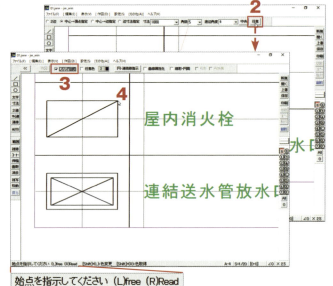

◐ トラップ記号の内側の円内を塗りつぶしましょう。

　Point 塗りつぶし範囲の指定方法には、前記の外周点を指示する方法と閉じた外形線を指示する方法があります。コントロールバー「円・連続線指示」ボタンを🖱で切り替わります。

8 コントロールバー「円・連続線指示」ボタンを🖱。

→ 操作メッセージが「ソリッド図形にする円・連続線を指示してください」になる。

9 トラップの内側の円を🖱。

→ 🖱した円内部が塗りつぶされる。

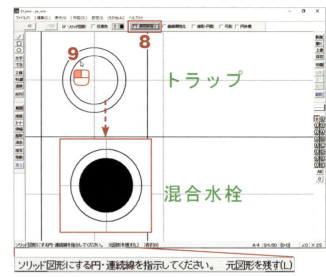

Step 14 指定位置で切断

◐ 混合水栓の円の左半分を塗りつぶすため、円を2カ所で切断して半円にしましょう。

1 「消去」コマンドを選択する。

2 部分消しの対象として混合水栓の円を🖱。

❓ 円の1/8部分が消えた → p.230 Q11

3 消し始めの点として右図の補助線との交点を🖱。

4 終点として**3**と同じ点を🖱。

　Point 部分消しの始点と終点で同じ点を🖱することで、線・円・弧を指示点で切断します。

→ 作図ウィンドウ左上に 切断 と表示され、**2**の円が**3**と**4**の点（同一点）で切断される。

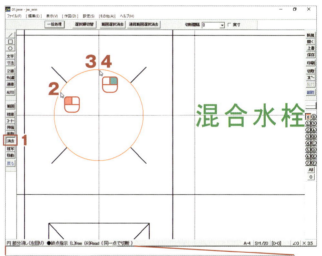

5 部分消しの対象として混合水栓の円を🖱。

6 消し始めの点として右図の補助線との交点を🖱。

7 終点として**6**と同じ点を🖱。

→ 作図ウィンドウ左上に 切断 と表示され**5**の円弧が**6**と**7**の点（同一点）で切断される。これにより混合水栓の円が2つの半円になる。

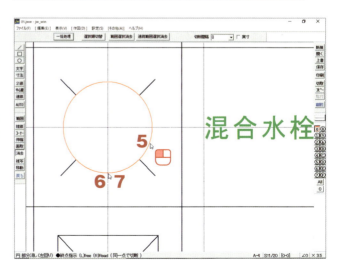

Step15 半円を塗りつぶし

▶ 混合水栓の左側の半円を塗りつぶしましょう。

1. メニューバー［作図］－「多角形」を選択し、コントロールバー「任意」ボタンを🖱。
2. コントロールバー「ソリッド図形」のチェックを確認し、「円・連続線指示」ボタンを🖱。
3. 塗りつぶし対象として左側の半円を🖱。
   → 右の結果の図のように、半円が塗りつぶされる。

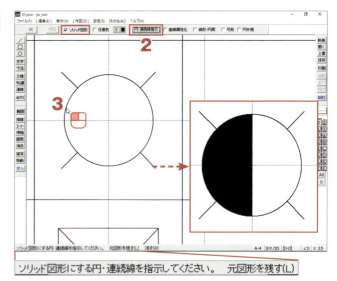

Step16 図形の読み込み

▶ 多くの図面で共通して利用する記号を図形として用意しておくことで、そのたびに作図する手間が省けます。付録CD-ROMからインストール（→p.18）した図形を読み込みましょう。

1. メニューバー［その他］－「図形」を選択する。
   → 図形を選択するための「ファイル選択」ダイアログが開く。

▶ 図形が収録されているフォルダを開きましょう。

2. フォルダツリーの「jw-m」フォルダを🖱🖱。
   ❓「jw-m」フォルダがない → p.232 Q16

3. 「jw-m」フォルダ下に表示された「《図形》ガス・消火」フォルダを🖱。
   →「《図形》ガス・消火」フォルダが開き、右側にはフォルダ内に収録されている図形が一覧表示される。

   Point 図形一覧には、図形名と図形の姿図が表示されます。図形姿図上に表示される赤い○は図形の基準点です（実際の図形に赤い○はない）。

▶「ガス栓-2」を読み込み、作図しましょう。

4. 「ガス栓-2」を🖱🖱。

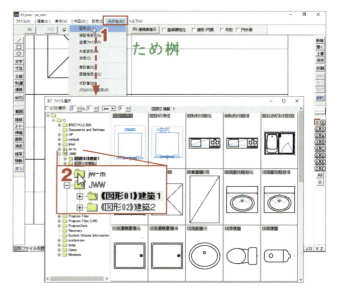

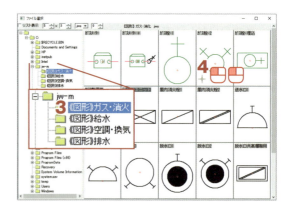

➡ マウスポインタに基準点位置を合わせて図形「ガス栓-2」が仮表示される。ステータスバーには「【図形】の複写位置を指示してください」と操作メッセージが表示される。

5 配置位置として、ため枡下の枠の補助線交点を🖱。

➡ 🖱位置に基準点を合わせて図形が作図される。マウスポインタには同じ図形が仮表示されている。

Point 他の図形を選択するか、他のコマンドを選択するまでは、配置位置をクリック指示することで、続けて同じ図形を作図できます。

🔽 下の枠に「ガスメーター」を読み込み、作図しましょう。

6 コントロールバー「図形選択」ボタンを🖱。

➡ 図形を選択するための「ファイル選択」ダイアログが開く。

7 「ガスメーター」を🖱🖱。

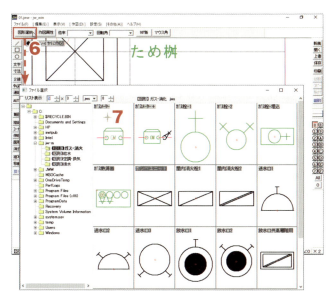

➡ マウスポインタに基準点位置を合わせて図形「ガスメーター」が仮表示される。ステータスバーには「【図形】の複写位置を指示してください」と操作メッセージが表示される。

8 配置位置として右図の補助線交点を🖱。

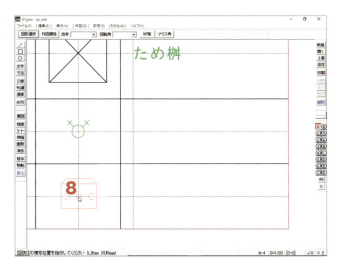

➡ 右図のように、文字「GM」が図形に対して小さく作図される。

Point 「図形」は実寸で扱われるため、S=1/50で作成・図形登録した半径50mmの円は、S=1/20の図面に読み込んでも半径50mmです。しかし、図寸扱いの文字は標準では図面の縮尺に準じて大きさ変更されないため、この結果のようになります。図形の線・円・弧要素と同様に文字の大きさも変更するには、「作図属性設定」で指定します。

9 図形の作図をやり直すため、「戻る」コマンドを🖱。

➡ 8の操作が取り消され、作図前の状態に戻る。

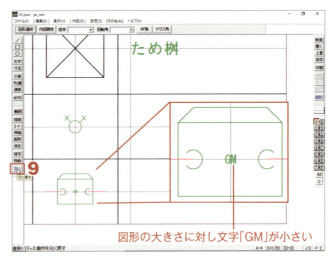

10 コントロールバー「作図属性」ボタンを🖱。

➡「作図属性設定」ダイアログが開く。

11 「作図属性設定」ダイアログの「文字も倍率」にチェックを付け、「OK」ボタンを🖱。

Point 「作図属性設定」ダイアログの「文字も倍率」にチェックを付けることで、図形の線・円・弧要素の大きさ変化と同倍率で文字の大きさも変化します。

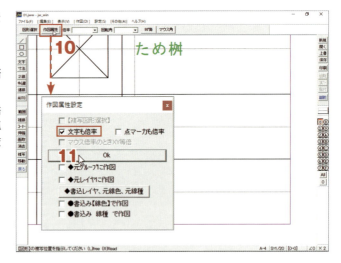

12 作図位置として補助線の交点を🖱。

➡ 右の結果の図のように、元の図形と同じバランスで文字も作図される。マウスポインタには同じ図形が仮表示されている。

13 「/」コマンドを選択し、「図形」コマンドを終了する。

◉ 上書き保存し、印刷しましょう。

14 「上書」コマンドを🖱。

15 「印刷」コマンドを選択し、A4用紙に印刷する。

参考 印刷 → p.66

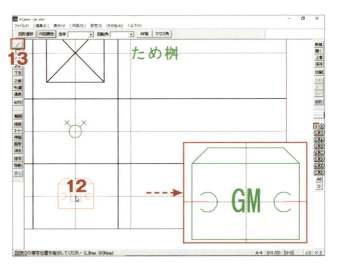

Step17 図形登録

◻ 屋内消火栓の記号を図形として登録しましょう。

1 メニューバー［その他］−「図形登録」を選択する。

> Point 「図形登録」コマンドでは、はじめに図形として登録する要素を範囲選択し、読み込み時の基準点を指示したうえで、名前を付けて登録します。

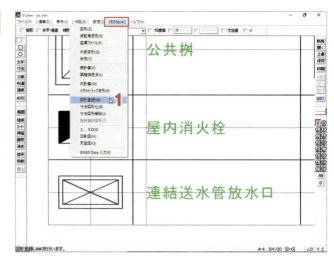

◻ 図形登録の対象要素を範囲選択しましょう。

2 選択範囲の始点として右図の位置で🖱。

→ **2**の位置を対角とする選択範囲枠がマウスポインタまで表示される。

3 選択範囲枠で記号全体を右図のように囲み、終点を🖱。

> Point 図形登録する記号に文字が含まれる場合は、終点を🖱（文字を含む）してください。

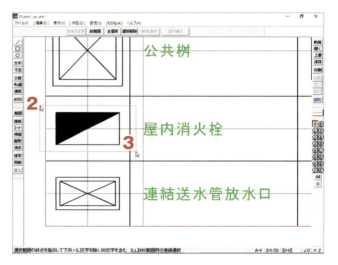

→ 選択範囲枠に全体が入る要素が選択色になり、自動的に決められた基準点位置に赤い◯が仮表示される。

◻ 選択色で表示されている要素を登録の対象として確定しましょう。基準点は対象を確定した後に変更できます。

4 コントロールバー「選択確定」ボタンを🖱。

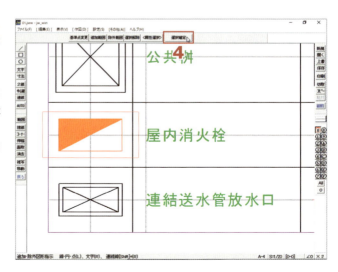

➡ 図形登録の対象が確定し、操作メッセージは「□□ 項目を選択してください □□ 基準点を指示して下さい(L) free (R) Read」になる。

5 登録図形の基準点として図形中央の補助線交点を🖱。

➡ 🖱した位置に赤い○が仮表示される。

Point この段階で別の点を🖱することで、登録図形の基準点を再指示できます。

◯ 指示した基準点を確定して図形登録しましょう。

6 コントロールバー「《図形登録》」ボタンを🖱。

➡ 「ファイル選択」ダイアログが開く。

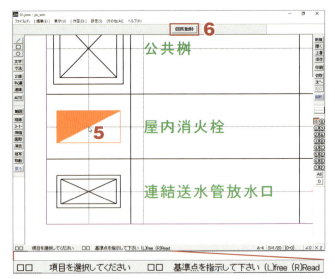

◯ 「《図形》ガス・消火」フォルダに、図形名を「屋内消火栓」として登録しましょう。

7 フォルダツリーで図形の登録先として「《図形》ガス・消火」フォルダが開いていることを確認し、「新規」ボタンを🖱。

➡ 「新規作成」ダイアログが開く。

8 日本語で名前を入力するため、半角/全角キーを押し、日本語入力を有効にする。

9 「新規作成」ダイアログの「名前」ボックスに、図形名として「屋内消火栓」を入力する。

10 半角/全角キーを押し、日本語入力を無効にする。

11 「OK」ボタンを🖱。

➡ 「《図形》ガス・消火」フォルダに図形「屋内消火栓」として登録される。「ファイル選択」ダイアログは閉じ、作図ウィンドウの記号は元の色に戻る。ステータスバーには図形登録対象の選択を指示する操作メッセージが表示されており、登録対象を選択することで続けて図形登録が行える。

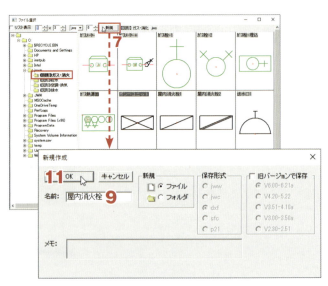

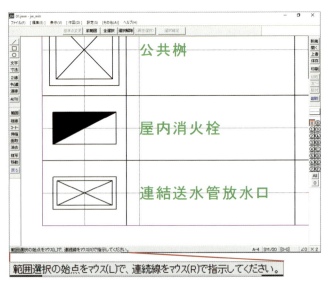

Step 18 登録した図形を読み込み

▶ 前項で登録した図形を読み込みましょう。

1. メニューバー［その他］-「図形」を選択する。
2. 「《図形》ガス・消火」フォルダ内の「屋内消火栓」を🖱🖱。

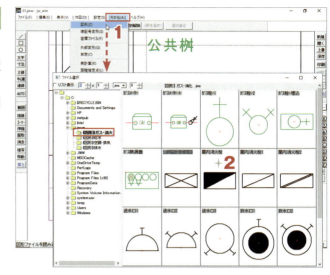

→ マウスポインタに基準点位置を合わせて図形「屋内消火栓」が仮表示される。ステータスバーには「【図形】の複写位置を指示してください」と操作メッセージが表示される。

3. 配置位置として右図の補助線交点を🖱。

→ 🖱位置に基準点を合わせ図形「屋内消火栓」が作図される。マウスポインタには同じ図形が仮表示されている。

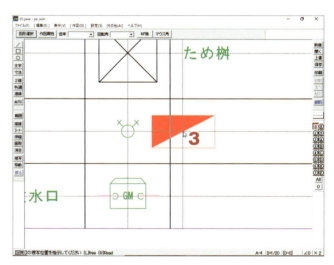

▶ 同じ図形を半分の大きさで作図しましょう。

4. コントロールバー「倍率」ボックスを🖱し、「0.5」を入力する。

   Point コントロールバー「倍率」ボックスに、登録時の大きさを1倍とした倍率を指定することで、大きさを変えて図形を作図できます。図形の縦横比を変えたい場合は、「倍率」ボックスに「,」（半角カンマ）で区切って「横倍率, 縦倍率」の順に入力してください。

   → マウスポインタに仮表示される「屋内消火栓」が半分の大きさになる。

5. 配置位置として右図の補助線交点を🖱。

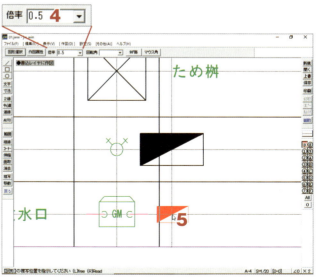

Step19 作図した図形を消去

▶ 図形の一部を消去しましょう。

1 「消去」コマンドを選択する。
2 図形「屋内消火栓」の右辺を🖱。
　→ 🖱した右辺が消去される。
3 図形「ガス栓－2」の円を🖱。
　→ 図形「ガス栓－2」全体が消去される。

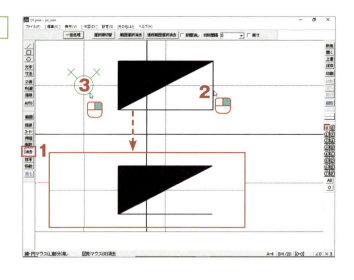

4 図形「ガスメーター」の下辺を🖱。
　→ 線色8の水平線を残し、図形「ガスメーター」が消去される。

　Point 「ガス栓－2」は要素全体に、「ガスメーター」は線色8の2本の線以外の要素に「曲線属性」と呼ぶ、複数の要素をひとまとまりとして扱う属性が付加されています。そのため、「消去」コマンドでその一部を🖱すると、曲線属性が付加されている要素全体が消去されます。

5 「戻る」コマンドを🖱し、消去前に戻す。

以上で「Lesson 3」は終了です。次ページの「Point Lesson」に進んでください。p.82で上書き保存しているため、ここでの上書き保存は不要です。

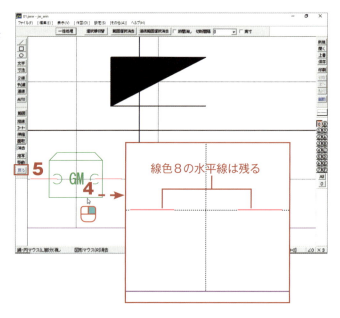

Point 曲線属性の特性

連続する複数の線分をひとまとまりとして扱う性質で、Jw_cadの「曲線」コマンドで作図した曲線などに付随します。また、任意の要素に付加することもできます。
前項で確認した性質のほか、「コーナー」「伸縮」コマンドなどでその一部を🖱すると 曲線です と表示され、編集できません。ただし、線色・線種の変更や文字の変更はできます。

　参考 曲線属性を付加する方法 → p.225
　参考 曲線属性を解除する方法 → p.224

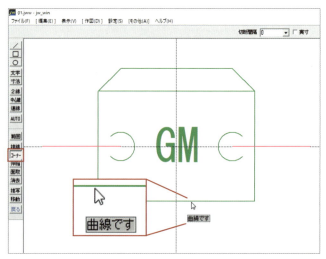

Point Lesson　距離の測定、文字サイズの確認

図面上の距離を測定する方法や、記入されている文字の文字種（サイズ）を確認する方法を紹介します。p.82で読み込み、作図した図形「ガスメーター」のサイズを測定する例で説明します。

1 距離の測定

◯ ガスメーター下辺の長さを測定しましょう。

1　メニューバー［その他］－「測定」を選択する。
　➡「測定」コマンドのコントロールバー「距離測定」ボタンが選択された状態になる。

2　コントロールバー「mm/【m】」（測定単位m）ボタンを🖱し、「【mm】/m」（測定単位mm）にする。

3　距離を測定する始点を🖱。

4　次の点を🖱。
　➡ステータスバーに 3 － 4 間の距離がmm単位で表示される。

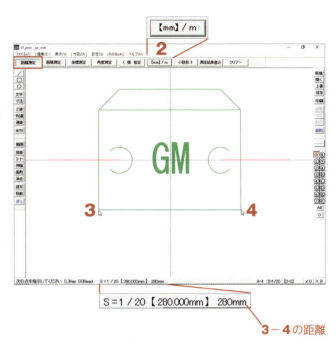

5　次の点を🖱。
　➡ステータスバーに 3 － 4 － 5 の累計距離（【　】内）と 4 － 5 の距離がmm単位で表示される。

　Point　別の個所を測定するには、コントロールバー「クリアー」ボタンを🖱し、現在の測定結果を消去したうえで測定します。また、コントロールバー「小数桁」ボタンを🖱することで、ステータスバーに表示される測定結果の数値の小数点以下の桁数を0、1〜4桁、F（有効桁）に切り替えできます。

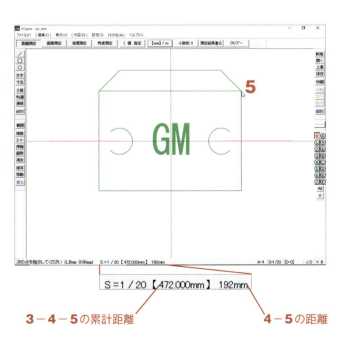

2 座標の測定

🖱 2本の線の間隔を測定したい場合に読み取りできる点が横または縦に並んでいないときは「座標測定」を利用します。

1. 「測定」コマンドのコントロールバー「座標測定」ボタンを🖱。
2. 原点として左下角を🖱。
3. 座標点として右図の角を🖱。

   ➡ ステータスバーに **2** を原点とした **3** のX,Y座標値が表示される。Xの座標が **2**－**3** 間の横寸法、Yの座標が **2**－**3** 間の縦寸法である。

   Point 次の座標点を🖱すると、**2** を原点とした次の座標点の座標値が表示されます。

4. コントロールバー「クリアー」ボタンを🖱し、原点を解除する。

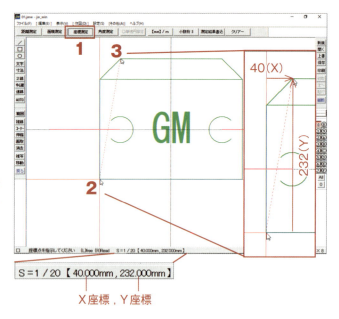

X座標，Y座標

3 文字サイズの確認

🖱 図面上の文字「GM」の文字サイズ(文字種)を確認しましょう。

1. キーボードの Tab キーを3回押す。

   ➡ 作図ウィンドウ左上に 属性取得 と表示され、ステータスバーには「属性取得をする図形を指示してください(L)」と表示される。

   ❓ Tab キーを押すと 図形がありません と表示される → p.233 Q19

2. 文字「GM」を🖱。

   ❓ 図が消え、レイヤ反転表示中 と表示される → p.233 Q20

➡ 作図ウィンドウ左上に、🖱した文字の記述内容、角度、文字種、幅、高さ、間隔、色No.が表示される。

以上で「Point Lesson」は終了です。上書き保存せずにJw_cadを終了してよいです。

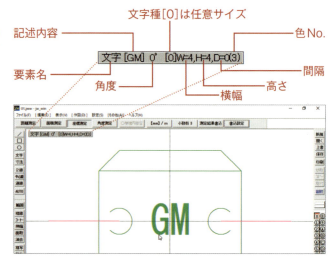

レイヤと「連線」「線記号変形」コマンドの学習

Lesson 4

CADでは、建築図、排水、給水など、図面の各部分を複数の透明なシートにかき分け、それらのシートを重ね合わせて1枚の図面にすることができます。この透明なシートに該当するものを「レイヤ」と呼びます。Jw_cadでは画面右下のレイヤバーに、レイヤ番号0～9、A～Fまでの16枚のレイヤが用意されています。「Lesson6」「Lesson7」では、このレイヤに図面の各部をかき分けて、給排水衛生設備図や空調換気設備図を作図します。この単元「Lesson4」では、そのレイヤについての基礎知識と基本操作を学習します。また、設備図面を効率よく作図するうえで欠かせない機能である「連線」「線記号変形」コマンドの使い方も学習しましょう。

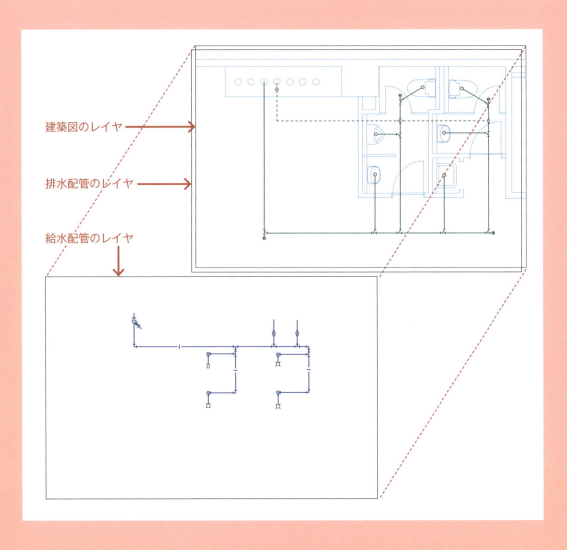

建築図のレイヤ

排水配管のレイヤ

給水配管のレイヤ

Step1 書込レイヤを指定して線を作図

◇ 「jw-m」フォルダに収録されている課題図面「Lesson4.jww」を開きましょう。

1 「開く」コマンドを選択する。

> **Point** メニューバー［ファイル］－「開く」を選択しても同じです。

2 「jw-m」フォルダの図面「Lesson4」を🖱🖱して開く。

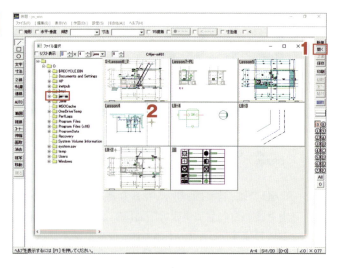

3 右のレイヤバーで、「7」ボタンが凹状態になっていることを確認する。

> **Point** レイヤバーのレイヤ番号が凹状態のレイヤを「書込レイヤ」と呼びます。これから作図する線・円・弧・点や文字などの要素は書込レイヤに作図されます。

◇ 「3」レイヤを、これから線を作図するレイヤ（書込レイヤ）にしましょう。

4 レイヤバーの「3」レイヤボタンを🖱。

> **Point** 書込レイヤの指定は、レイヤバーのレイヤ番号ボタンを🖱して指定します。
>
> ➡ 「3」レイヤが書込レイヤになり、凹状態になる。

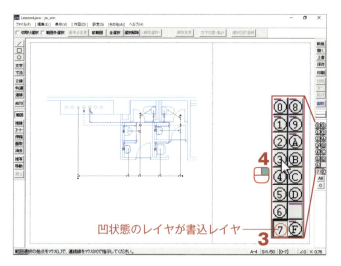

凹状態のレイヤが書込レイヤ

◇ 書込レイヤである「3」レイヤに線を1本作図しましょう。

5 「／」コマンドを選択し、右図のように線を作図する。

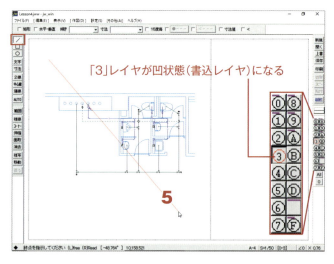

「3」レイヤが凹状態（書込レイヤ）になる

➡「3」レイヤボタンの上左半分に赤いバーが表示される。

Point レイヤボタン上の赤いバーは、そのレイヤに線や円などの要素が存在していることを示します。線・円・弧・点などの要素がある場合には上の左半分に、文字要素がある場合は上の右半分に、バーが表示されます。バーが表示されていないレイヤは何も要素が存在しないレイヤです。

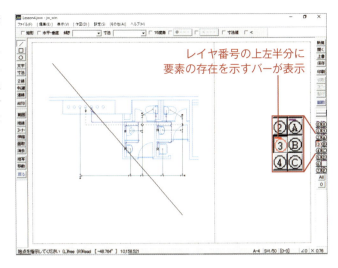

レイヤ番号の上左半分に要素の存在を示すバーが表示

Step2 レイヤ一覧ウィンドウ

🔸 各レイヤの要素を確認しましょう。

1 レイヤバーで書込レイヤの「3」レイヤボタンを🖱。

➡「レイヤ一覧」ウィンドウが開く。

Point レイヤバーの書込レイヤボタンを🖱で、各レイヤのレイヤ名と作図されている要素を一覧できる「レイヤ一覧」ウィンドウが開きます。「レイヤ一覧」ウィンドウでは、書込レイヤの変更や他のレイヤの表示状態の変更、レイヤ名の設定なども行えます。

🔸「2」レイヤを書込レイヤにしましょう。

2「レイヤ一覧」ウィンドウの「2」レイヤの枠内にマウスポインタをおき🖱。

➡「レイヤ一覧」ウィンドウの「2」レイヤの番号が書込レイヤを示す濃いグレーになる。レイヤバーでも「2」レイヤボタンが凹状態になる。

Point 「レイヤ一覧」ウィンドウが開いているときはレイヤバーでレイヤ操作は行えません。書込レイヤの変更などは「レイヤ一覧」ウィンドウで行います。書込レイヤはレイヤバーでの操作と同じく🖱で指示します。

書込レイヤ「3」には前項 5 で作図した線が表示

書込レイヤを示す濃いグレー

「2」が凹状態

◪ 各レイヤにレイヤ名を設定できます。「2」レイヤにレイヤ名「練習」を設定しましょう。

3 「2」レイヤのレイヤ番号部分を🖱。

→「レイヤ名設定」ダイアログが開き、日本語入力が有効になる。

4 「レイヤ名設定」ダイアログの入力ボックスに「練習」と入力し、「OK」ボタンを🖱。

→「2」レイヤのレイヤ名が「練習」になる。

◪ 各レイヤの表示状態を変更できます。「0:建築図」レイヤを表示しない設定（非表示）にしましょう。

5 「0」レイヤの枠内にマウスポインタをおき🖱。

Point 書込レイヤ以外のレイヤの枠内で🖱することで、そのレイヤの表示状態を変更します。

→「0:建築図」レイヤの番号「(0)」が消え、非表示レイヤになる。レイヤバーの「0」ボタンからも番号が消える。

Point このように、レイヤボタンの番号が表示されていないレイヤを「非表示レイヤ」と呼びます。非表示レイヤに作図されている要素は、作図ウィンドウに表示されず、印刷もされません。また、消去などの編集操作の対象にもなりません。

◪「レイヤ一覧」ウィンドウを閉じましょう。

6 レイヤ一覧ウィンドウ右上の✕（閉じる）ボタンを🖱。

→「レイヤ一覧」ウィンドウが閉じる。

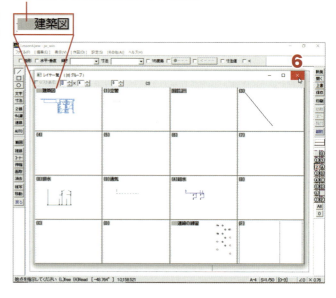

レイヤ番号なしは非表示レイヤを示す

Step3 非表示レイヤと表示のみレイヤ

◨ 前項で「0:建築図」レイヤを非表示レイヤにしたため、建築図は表示されません。「0:建築図」レイヤの表示状態を変更しましょう。

1. レイヤバーの番号が表示されていない「0」レイヤボタンを🖱。

    → 「0」レイヤボタンに数字「0」が表示され、作図ウィンドウにマウスポインタを移動すると「0」レイヤに作図されている建築図がグレーで表示される。

    Point このように、レイヤボタンの番号に○の付いていないレイヤを「表示のみレイヤ」と呼びます。

    ❓ 表示のみレイヤのグレーの線が薄くて見づらい → p.234 Q21

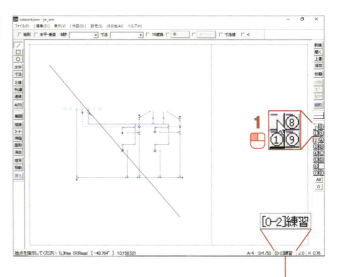

「書込レイヤ」ボタンには、現在の書込レイヤの番号とレイヤ名が表示される

◨ 表示のみレイヤの性質を学習するための操作をしましょう。

2. 「消去」コマンドを選択し、グレーで表示されている建築図の線を🖱。

    → |図形がありません|と表示され、消去されない。

    Point 表示のみレイヤの要素は作図ウィンドウでグレー表示され、印刷はされますが、消去・複写などの編集操作の対象にはなりません。

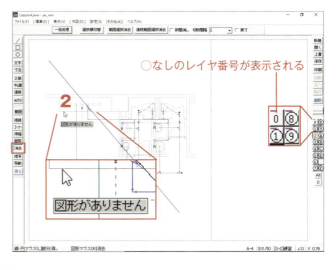

○なしのレイヤ番号が表示される

Point レイヤ操作を誤った場合は

レイヤ操作は作図操作と違い、「戻る」コマンドで元に戻すことはできません。
上記の**1**で誤って「0」レイヤボタンを🖱した場合、「0」レイヤが書込レイヤになります。書込レイヤの表示状態を変更することはできません。
そのような場合は、他のレイヤ(その前に書込レイヤであった「2」レイヤ)を🖱し、書込レイヤにした後、「0」レイヤを🖱して非表示にしたうえで、**1**からやり直してください。

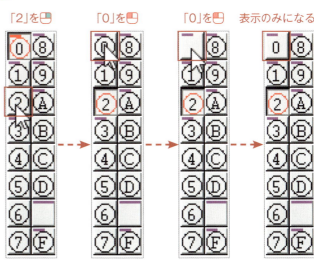

「2」を🖱 → 「0」を🖱 → 「0」を🖱 表示のみになる

◘ 平面図を拡大表示し、グレー表示の建築図の線の端点を結ぶ線を作図しましょう。

3 「／」コマンドを選択し、コントロールバー「水平・垂直」のチェックを外す。

4 始点として右図の壁の角を🖱。

> **Point** 表示のみレイヤの要素は編集できませんが、複線の基準線にすることや、端点・交点を読み取ることは可能です。

❓ 点がありません と表示され、点指示できない
→ p.234 Q22

5 終点としてパイプスペース左下角を🖱。

➡ **4**－**5**を結ぶ線が作図される。

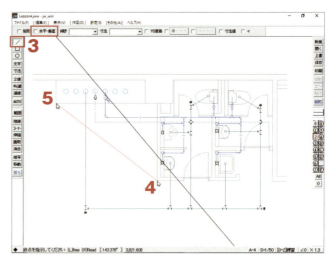

Step4 編集可能レイヤ

◘ 前項で表示レイヤにした「0」レイヤボタンを🖱し、表示状態を変更しましょう。

1 レイヤバーの「0」レイヤボタンを🖱。

➡ 「0」レイヤボタンの番号に○が付き、作図ウィンドウにマウスポインタを移動すると、「0」レイヤに作図されている建築図が元の線色で表示される。

> **Point** レイヤボタンの番号に○が付いているレイヤを「編集可能レイヤ」と呼びます。編集可能レイヤの要素は作図時の線色で表示され、消去・複写などすべての編集操作の対象になります。

2 「消去」コマンドを選択し、右図の躯体線を🖱。

➡ 🖱した線が消去される。

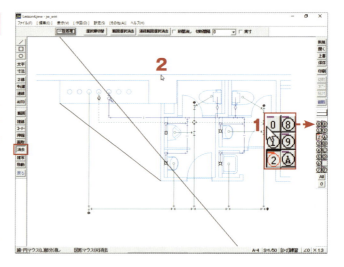

◘ 消した躯体線を元に戻し、作図した斜線2本を消しましょう。

3 「戻る」コマンドを🖱。

➡ **2**で消した躯体線が元に戻る。

4 右図の2本の斜線を🖱し、消す。

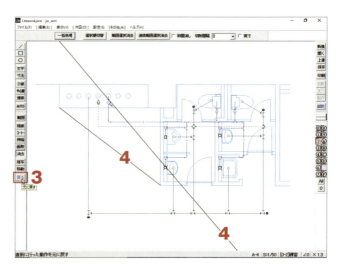

| Step 5 | カラーで拡大印刷 |

🔶 「0:建築図」レイヤを表示のみにし、平面図部分をA4用紙にカラーで拡大印刷しましょう。

1 レイヤバー「0」レイヤボタンを2回🖱し、表示のみ(番号に○なし)にする。
2 「印刷」コマンドを選択し、「印刷」ダイアログで「プリンタ名」を確認して「OK」ボタンを🖱。
3 コントロールバー「プリンタの設定」ボタンを🖱。
4 「プリンターの設定」ダイアログで用紙サイズ「A4」、印刷の向きを「横」にし、「OK」ボタンを🖱。
　➡ 印刷枠がA4・横向きになる。

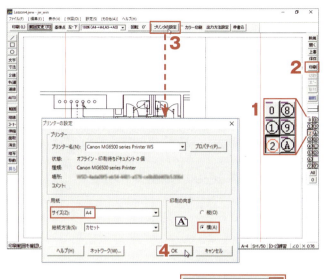

🔶 2倍の大きさに拡大印刷するため、印刷倍率の指定をしましょう。

5 コントロールバー「印刷倍率」ボックスの▼を🖱し、リストから「200％（A4→A2，A3→A1）」を🖱で選択する。
　➡ 印刷枠が右図の大きさになる。

🔶 印刷する範囲が印刷枠に入るよう、印刷枠を移動しましょう。

6 コントロールバー「範囲変更」ボタンを🖱。

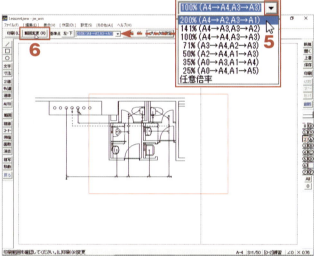

　➡ 印刷枠がマウスポインタに従い移動する。

　Point コントロールバー「範囲変更」ボタンを🖱することで印刷枠が移動できるようになり、印刷範囲を変更できます。このとき、コントロールバーの基準点「左・下」ボタンを🖱すると「中・下」→「右・下」→「左・中」→…となり、印刷枠に対するマウスポインタの位置（基準点）を変更できます。

7 印刷枠に、右図のように平面図が入る位置で🖱し、印刷範囲を確定する。

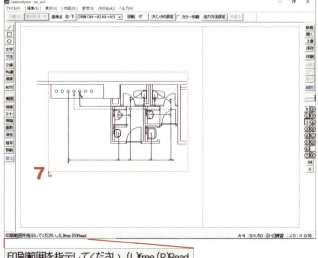

⚡ カラープリンタで印刷する場合は、線色の使い分けがわかるよう、カラーで印刷しましょう。

8 コントロールバー「カラー印刷」を🖱し、チェックを付ける。
   ➡ 作図ウィンドウの図面がカラー印刷色で表示される。

9 コントロールバー「印刷」ボタンを🖱。
   ➡ 印刷枠内の図面が、A4用紙に2倍に拡大されて印刷される。

10 「／」コマンドを🖱して「印刷」コマンドを終了する。

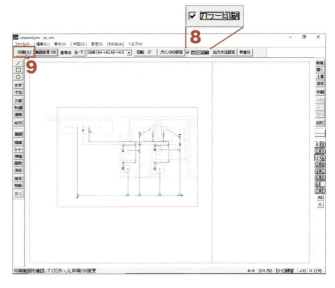

Point カラー印刷色の調整

カラー印刷では、表示のみレイヤの要素(ここでは建築図)はグレーで印刷されます。このグレーの色も含め、カラー印刷色の変更・調整は以下の操作で行います。ここでは表示のみレイヤの要素の印刷色「グレー」を変更する例で説明します。他の線色の印刷色を変更する場合も同様の手順で行えます。

1 メニューバー[設定]-「基本設定」を選択し、「jw_win」ダイアログの「色・画面」タブを🖱。

2 表示のみレイヤの印刷色「グレー」ボタンを🖱。
   ➡「色の設定」パレットが開く。

3 「色の設定」パレットの基本色「濃いグレー」を🖱(または明度スライダーを動かしてグレーの明度を変更する)。

4 「色の設定」パレットの「OK」ボタンを🖱。

5 「jw_win」ダイアログの「OK」ボタンを🖱。

カラー印刷色は「プリンタ出力要素」欄で「線色1」～「線色8」の線色ごとに指定する

明度スライダー

「グレー」ボタン右の「赤」「緑」「青」ボックスの数値が変わる

Step6　属性取得

➡ 排水配管が作図されているレイヤを書込レイヤにしましょう。

1 平面図を拡大表示し、メニューバー［設定］-「属性取得」を選択する。

> **Point** 線・円・弧などの要素の線色・線種・レイヤを「属性」と呼びます。「属性取得」とは、現在の書込線と書込レイヤを🖱した要素と同じ属性（線色・線種・レイヤ）に変更する機能です。

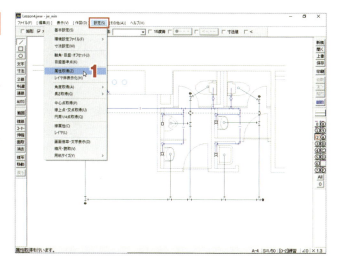

➡ 作図ウィンドウ左上に 属性取得 と表示され、ステータスバーには「属性取得をする図形を指示してください(L)」と表示される。

2 属性取得の対象とし、右図の排水管を🖱。

➡ 書込線が🖱した線と同じ「線色7・実線」になり、書込レイヤが「8：排水」になる。

❓ 画面から図が消えた → p.233　Q20

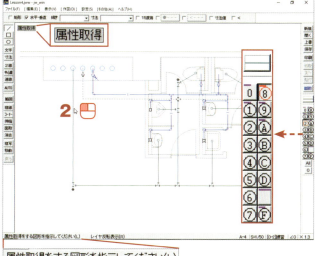

Step7　書込レイヤの要素を全消去

➡ 書込レイヤに作図されている排水配管を消去しましょう。はじめに、他の要素を消さないよう書込レイヤ以外を非表示にしましょう。

1 レイヤバー「All」ボタンを🖱。

> **Point** レイヤバー「All」ボタンを🖱することで、書込レイヤを除くすべてのレイヤが「非表示」⇒「表示のみ」⇒「編集可能」に切り替わります。

➡ 書込レイヤ以外のレイヤの番号が消え、非表示レイヤになる。マウスポインタを作図ウィンドウに移動すると、書込レイヤ以外の要素が作図ウィンドウから消える。

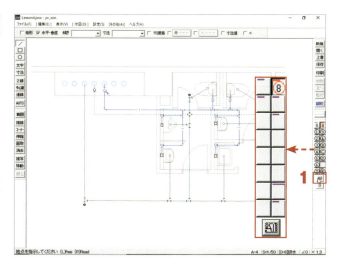

◪ 作図ウィンドウに表示されている要素をすべて消去しましょう。

2 「消去」コマンドを選択し、コントロールバー「範囲選択消去」ボタンを🖱。

3 コントロールバー「全選択」ボタンを🖱。

　Point 「全選択」ボタンを🖱することで、編集可能なすべての要素を選択します。

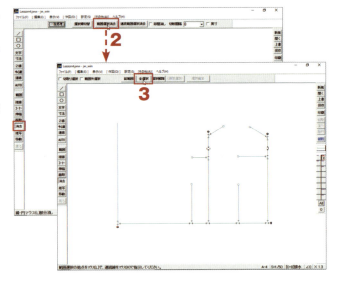

→ 編集可能な要素が、すべて消去対象として選択色になる。

4 コントロールバー「選択確定」ボタンを🖱。

→ 選択色の要素が消去される。

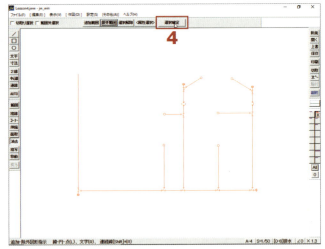

◪ すべてのレイヤを編集可能にしましょう。

5 レイヤバー「All」ボタンを🖱。

　Point レイヤバー「All」ボタンを🖱することで、書込レイヤを除くすべてのレイヤが編集可能レイヤになります。

→ すべてのレイヤが編集可能レイヤになり、作図ウィンドウにマウスポインタを移動すると、作図されている要素が表示される。

◌ 用紙全体を表示しましょう。
6 作図ウィンドウで🖱↗ 全体 。

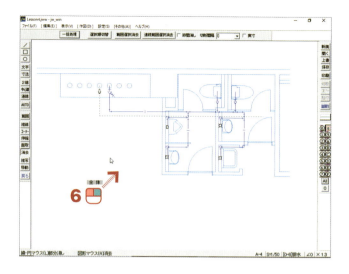

Step8 クロックメニュー

◌ 用紙右上に作図されているAの円と同じレイヤに同じ線色・線種で作図するため、属性取得を行いましょう。ここでは、クロックメニューによる属性取得を新たに学びます。

1 🖱↘ 拡大 で、用紙右上部分を右図のように囲み、拡大表示する。

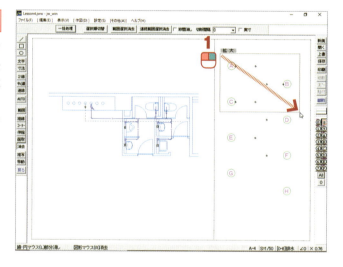

◌ クロックメニューを使用するための設定を行いましょう。

2 メニューバー［設定］-「基本設定」を選択し、「jw_win」ダイアログの「一般（1）」タブを🖱。

3 「クロックメニューを使用しない」のチェックを外す。

4 「クロックメニューに移行するドラッグ量」ボックスを「50」に変更する。

Point マウス操作に慣れない段階で誤ってクロックメニューを出すことのないよう、p.22の 2 で、このチェックを付けていました。また、ちょっとしたマウスのぶれをドラッグ操作扱いされないよう、4 で初期値より大きめの数値を指定します。

5 「OK」ボタンを🖱。

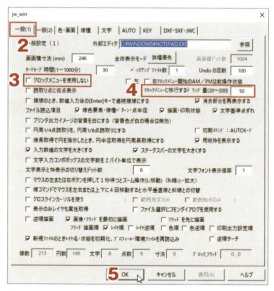

◪ クロックメニューを使って、Aの円を属性取得しましょう。

6 Aの円にマウスポインタを合わせ、🖱↓（左ボタンを押したまま下方向に移動）し、右図の時計の文字盤を模したクロックメニューと 属性取得 が表示されたら、ボタンをはなす。

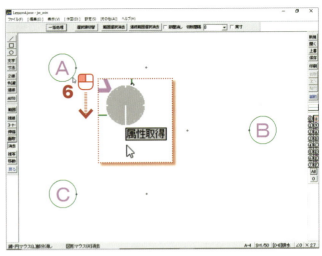

➡ 書込線が**6**の円と同じ「線色3・実線」、書込レイヤが**6**の円が作図されている「E」レイヤになる。

Point **6**の代わりにメニューバー［設定］-「属性取得」(→p.97)を選択して、Aの円を🖱しても結果は同じです。Jw_cadでは、ツールバーやメニューバーの他に、作図ウィンドウで🖱ドラッグ（または🖱ドラッグ）することで表示されるクロックメニューからもコマンドを選択できます。

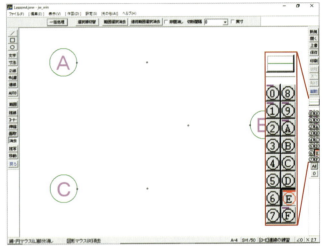

Point クロックメニューの操作とその表記

クロックメニューには🖱ドラッグ/🖱ドラッグの別があり、それぞれAM/PMの2面があります。AM/PMの切り替えは、ドラッグ操作でクロックメニューを表示した状態で他方のボタンをクリックするか、またはマウスポインタを文字盤内に移動し再び外に戻します。明るい文字盤を「AMメニュー」、暗い文字盤を「PMメニュー」と呼びます。以降、クロックメニュー操作の表記は、左右ボタンの別、ドラッグ方向、AM/PMメニューの別、コマンドが割り当てられた時間(0～11時)、コマンド名から、🖱↓AM6時 属性取得 のように表記します。クロックメニューには多くの便利な機能が割り当てられており、それらを習得することで作図効率が格段に上がります。この後の作図練習を通して、そうした便利なクロックメニューを習得していきましょう。

AMメニュー　　　　　　　　　　　　　　　　PMメニュー

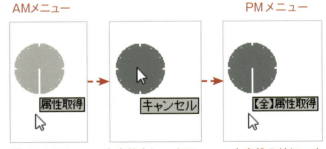

🖱↓でAMメニューを表示する

文字盤内にマウスポインタを移動すると キャンセル と表示される。
この時点でボタンをはなすとクロックメニューがキャンセルされる

文字盤の外にマウスポインタを移動するとPMメニューに切り替わる

Step9 連続線を作図

◎ A-B間の点を結ぶ連続線を、「連線」コマンドで作図しましょう。

1 「連線」コマンドを選択する。

Point 「連線」コマンドは、クリック指示した点をつなぐ連続線を作図します。

2 コントロールバー「丸面辺寸法」ボックスが空白で、作図ウィンドウ左上に 角度(無指定)【基準点:前線終点】 と表示されることを確認し、始点として円上の右図の点を🖱。

❓ 表示が右図と違う → p.235 Q23

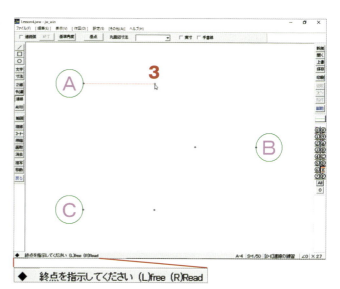

➡ 始点からマウスポインタまで赤い点線が仮表示され、操作メッセージは「◆ 終点を指示してください」になる。

3 終点として右図の点を🖱。

➡ 2-3の線の角度が確定し赤い実線になり、それに連続する点線がマウスポインタまで仮表示される。

4 次の終点として右図の点を🖱。

➡ 2-3の線が作図され、3-4の線の角度が確定して赤い実線になり、それに連続する点線がマウスポインタまで仮表示される。

5 終点としてBの円上の点を🖱🖱。

Point 連続線の作図を完了するには最後の点をダブルクリックします。またはコントロールバーの「終了」ボタンを🖱します。

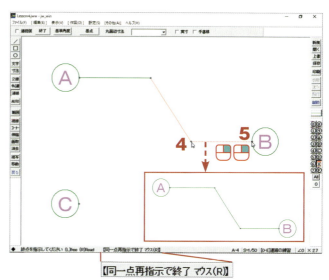

Step10 基準点：マウスで連続線を作図

⚪︎「連線」コマンドの設定を変更し、CからDへ連続線を作図しましょう。

1. 🖱移動 またはキーボードの↓キーを押して、CとDの円を作図ウィンドウに表示する。

2. コントロールバー「基準角度」ボタンを2回、「基点」ボタンを1回🖱し、作図ウィンドウ左上の表示を 角度45度毎《基準点：マウス位置》 にする。

   Point 「基準角度」ボタンを🖱すると作図線の角度を「無指定」⇒「15度毎」⇒「45度毎」に、「基点」ボタンを🖱すると連続線の接続部の位置を「前線終点」⇔「マウス位置」に切り替えます。

3. 始点としてCの円上の点を🖱。

   ➡ **3**を始点にした点線がマウスポインタまで仮表示される。線の角度はマウスポインタの位置により45°単位で変化する。

4. 終点として次の点を🖱。

   ➡ **3-4**の線の角度が確定し、それに連続する点線がマウスポインタまで仮表示される。**2**で基準点をマウス位置に指定したため、**3-4**の線の長さと接続部の位置はマウスポインタに従い変化する。

5. 終点として次の点を🖱。

   ➡ **3-4**の線が作図され、**4-5**の線の角度が確定して赤い実線になり、それに連続する点線がマウスポインタまで仮表示される。

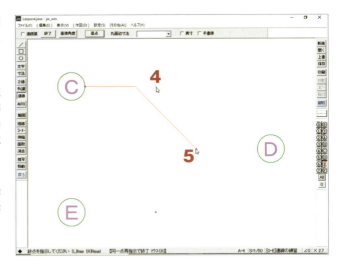

⚪︎ 🖱（Read）できる点がないDの円上左を終点にしましょう。

6. 終点としてDの円左にマウスポインタを合わせ、🖱↑AM0時 円上点&終了 。

   Point 「連線」コマンドの終点指示時に円・弧を🖱↑するとAM0時 円上点&終了 になり、点の存在しない円周上を終点として連続線の作図を終了します。

   ➡ Dの円上を終点として、作図が完了する。

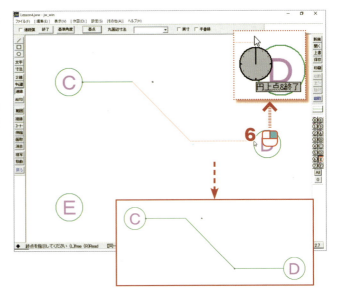

Step11 丸面辺寸法を指定して連続線を作図

◘ 接続部を丸く面取りした連続線を、EからFへ作図しましょう。

1 EとFの円を作図ウィンドウに表示する。

2 始点としてEの円にマウスポインタを合わせ、🖱↑ AMO時 円上点&終了 。

　Point 「連線」コマンドの始点指示時に円・弧を🖱↑するとAMO時 円上点&終了 になり、点の存在しない円周上を始点にできます。

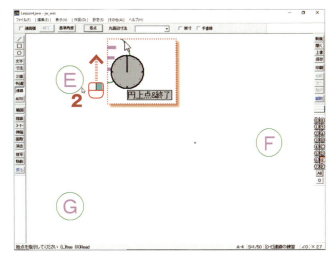

➡ **2**の円上を始点とする鉛直な点線（45度ごとに固定）がマウスポインタまで仮表示される。

3 コントロールバー「丸面辺寸法」ボックスを🖱し、「2」を入力する。

　Point コントロールバー「丸面辺寸法」ボックスに数値を入力すると、連続線の接続部が指定寸法（図寸mm）を半径として丸面取りされます。

4 終点として次の点を🖱。

➡ **2**−**4**の線の角度が確定し、半径2mm（図寸）の丸面で接続された点線（45°ごとに固定）がマウスポインタまで仮表示される。基準点がマウス位置に設定されているため、**2**−**4**の線の長さと接続部の位置は、マウスポインタに従い変化する。

5 終点として次の点を🖱。

6 終点としてFの円左にマウスポインタを合わせ、🖱↑ AMO時 円上点&終了 。

　➡ Fの円上を終点として、作図が完了する。

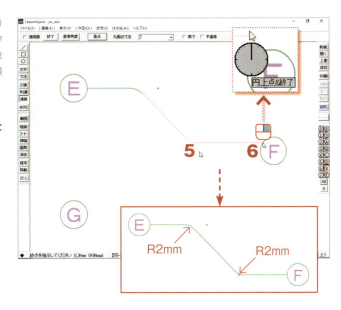

やってみよう！

GとHの円間に下図のように連続線を作図しましょう。

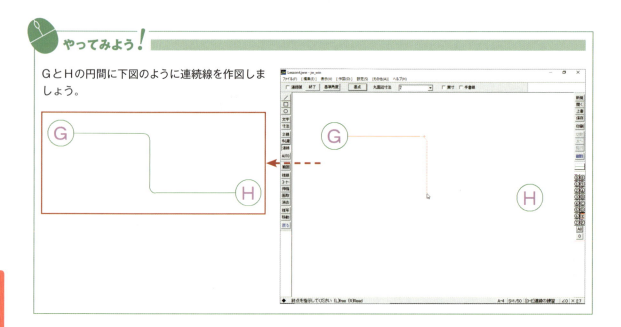

Step12 拡大範囲記憶

◆ 平面図での作図作業を集中して行うため、平面図を拡大表示し、その拡大範囲を範囲記憶しましょう。

1. 🖱↗ 全体 で用紙全体表示にする。
2. 🖱↘ 拡大 で平面図部分を右図のように囲み、拡大表示する。

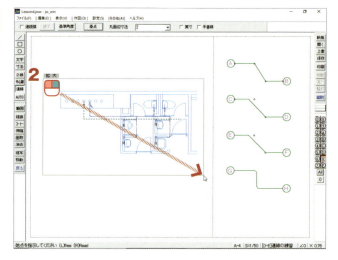

3. ステータスバー「表示倍率」ボタンを🖱。
   → 「画面倍率・文字表示　設定」ダイアログが開く。

4. ダイアログの「表示範囲記憶」ボタンを🖱。
   → ダイアログが閉じ、現在の表示範囲が記憶される。

   Point この表示範囲記憶により、🖱↗操作は用紙全体表示ではなく記憶した範囲の表示になります。具体的には作図操作を進めながら体験していきましょう。

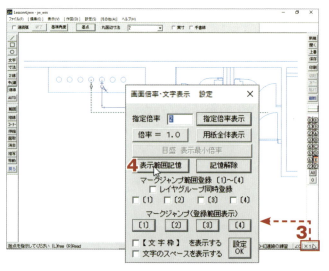

Step13 排水管ルートを作図

⚪ p.95で印刷した図面を参考に、「8」レイヤに「線色7・実線」で排水管のルートを作図しましょう。

1. 書込レイヤを「8：排水」にし、書込線を「線色7・実線」にする。
2. 右図の範囲を拡大表示し、「連線」コマンドのコントロールバー「丸面辺寸法」ボックスを「(無指定)」にする。
3. 立管の円中心を始点にするため、右図の円にマウスポインタを合わせ、🖱→AM3時 中心点・A点 。

   Point 既存の円・弧にマウスポインタを合わせ🖱→AM3時 中心点・A点 することで、その円・弧の中心点を指示できます。「連線」コマンドに限らず、他のコマンドの点指示時にも共通して利用できます。

   ➡ 3の円の中心点を始点とした線がマウスポインタまで仮表示される。

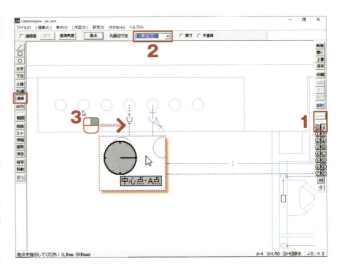

⚪ 先ほど記憶した拡大範囲を表示しましょう。

4. 作図ウィンドウで🖱↗ (範囲) 。

   Point 前ページで表示範囲記憶をしたため、🖱↗すると (範囲) と表示され、用紙全体表示ではなく記憶した範囲（平面図全体）の表示になります。

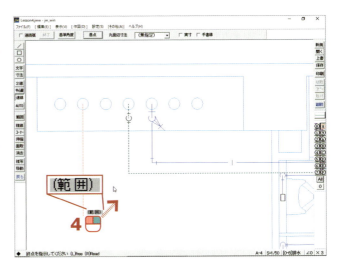

➡ 前ページで記憶した拡大範囲が表示される。

5. 終点として右図の位置で🖱。
6-7. 順次、終点位置を🖱。
8. 終点として右図の大便器の排水口の位置で🖱🖱。

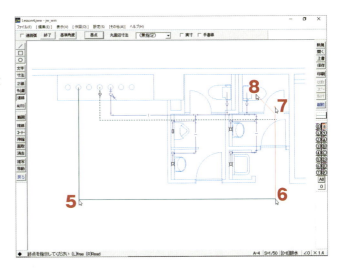

9 　始点としてもう一方の大便器の排水口の位置を🖱。
10 　終点を🖱。
11 　終点として右図の位置で🖱🖱。

> **Point** 線が交差する個所には「線記号変形」コマンドで継手類を変形作図します。そのため、この段階で線の交差部を整える必要はありません。

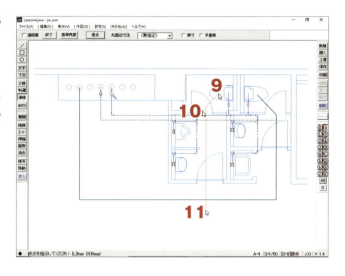

12 　「／」コマンドを選択し、コントロールバー「水平・垂直」にチェックを付ける。
13 　小便器、2つの手洗器、流しからの排水ルートを右図のように作図する。

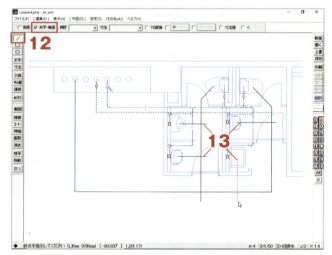

Step14 　排水口を作図

🔶 「線記号変形」コマンドで、便器、手洗器の排水口を作図しましょう。

1 　メニューバー［その他］－「線記号変形」を選択する。

> **Point** 「線記号変形」コマンドは、図面上の線を選択した記号の形状に変形します。

2 　「ファイル選択」ダイアログのフォルダツリーで「jww-m」フォルダを🖱🖱し、その下に表示される「【線記号変形M】継手類」を🖱。
3 　記号一覧で「－－－－○」を🖱🖱。

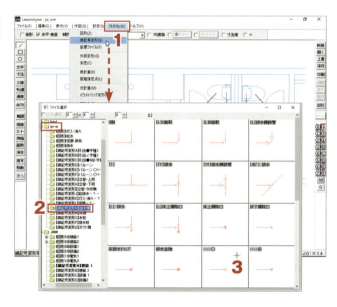

4 誤って排水以外の線を指示しないよう、レイヤバー「All」ボタンを2回🖱し、書込レイヤ以外を表示のみにする。
5 指示直線（1）として大便器からの排水管を右図の位置で🖱。

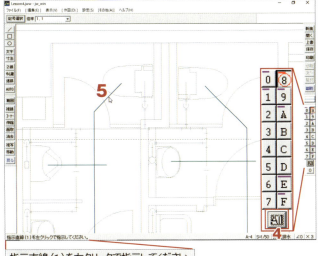

➡ 5の線が仮表示色になり、マウスポインタに従い、5の線の端部に○が仮表示される。5の🖱位置より右に移動すると大便器側の端部に、左に移動すると排水管との交点側の端部に○が仮表示される。

Point 線記号「————○」は、変形対象の直線と記号の作図位置を指示することで変形作図します。

6 記号の作図位置として便器の排水口の位置で🖱。

➡ 6の位置を○の中心として5の線の端部が変形作図される。

7 同様（5－6）にして、残り5カ所も同じ線記号を作図する。

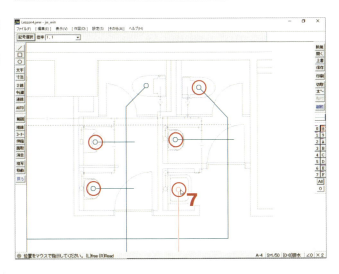

Step15 継手類「TY排水」を作図

◘ 線記号「[TY]排水」を作図しましょう。

1 コントロールバー［記号選択］ボタンを🖱。

2 「ファイル選択」ダイアログの記号一覧で「[TY]排水」を🖱🖱。

> **Point** 「[TY]排水」は、図面上の2本の直線を指示することで2本の直線の交差部を変形作図します。一覧表示の水平方向の線が指示直線（1）になります。

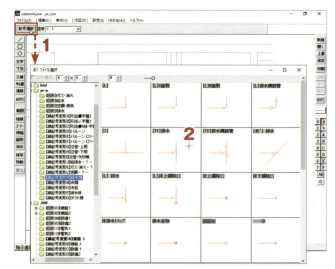

3 指示直線（1）として小便器からの排水管を🖱。

> **Point** ここで用意されている継手類の線記号の指示直線（1）（2）は水の流れる順（上流→下流）に指示してください。

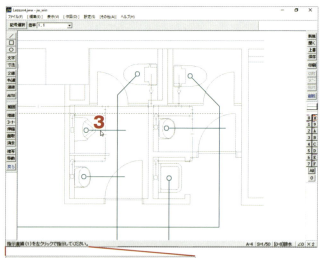

➡ **3**の線が仮表示色になり、記号「[TY]排水」がマウスポインタに従い仮表示される。

4 指示直線（2）として**3**から流れ込む先の排水管を🖱。

➡ **3**と**4**の交差部が線記号「[TY]排水」の形状に変形作図される。

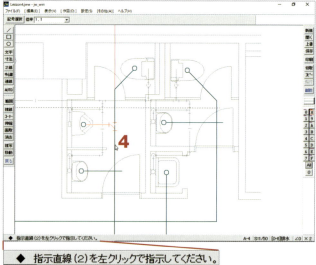

◪ 書込線を変えて、同じ線記号を作図してみましょう。

5　書込線を「線色2・実線」にする。
6　指示直線（1）として右図の排水管を🖱。
7　指示直線（2）として6から流れ込む先の排水管を🖱。

　➡ 6と7の交差部が線記号「[TY]排水」の形状に変形作図される。継手のヒゲは書込線（線色2・実線）で作図される。

　Point 線記号の要素には、書込線で作図される要素、指示直線と同じ線色・線種で作図される要素、決まった線色・線種で作図される要素の別があります。

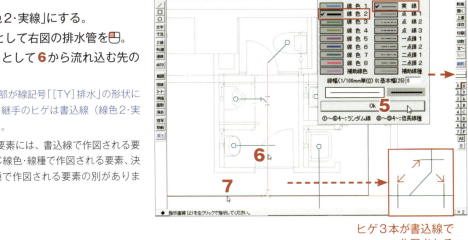

ヒゲ3本が書込線で作図される

8　同様にして、残り3カ所も同じ線記号を作図する。

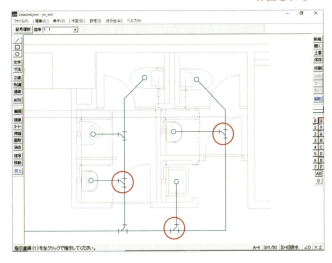

Step16　床上掃除口を作図

◪ 床上掃除口を作図しましょう。

1　コントロールバー「記号選択」ボタンを🖱し、「ファイル選択」ダイアログで線記号「[L]床上掃除口」を🖱🖱で選択する。
2　指示直線（1）として右図の大便器からの排水管を🖱。

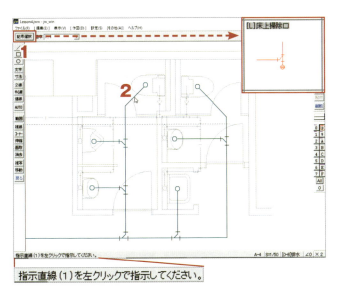

➡ **2**の線が仮表示色になり、記号「[L]床上掃除口」がマウスポインタに従い仮表示される。

3 記号を小さくするため、コントロールバー「倍率」ボックスに「0.7」を入力する。

Point 線記号は基本的に図寸で管理され、作図される大きさは図面の縮尺にかかわらず同じです。大きさ変更はコントロールバー「倍率」ボックスで指定します。

➡ 仮表示の記号が0.7倍の大きさになる。

4 指示直線（2）として**2**から流れ込む先の排水管を🖱。

➡ **2**と**4**の線の交差部に線記号「[L]床上掃除口」が作図される。

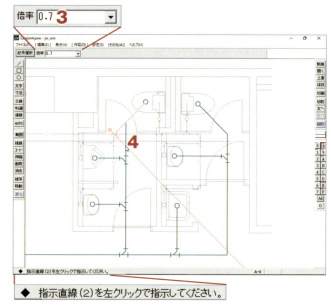

5 同様にして、残り3カ所も同じ線記号「[L]床上掃除口」を作図する。

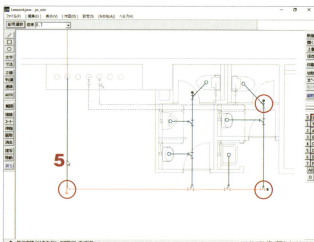

Step17 立上り記号を作図

🔶 排水と通気の交差部に立上り記号を作図しましょう。

1 レイヤバー「9」ボタンを🖱し、「9:通気」レイヤを編集可能にする。

2 コントロールバー「記号選択」ボタンを🖱。

3 「ファイル選択」ダイアログ右のスクロールバーのスライダーを🖱↓して一覧をスクロールし、「[T]立上」を選択する。

Point 一画面で表示できない線記号がある場合、右側にスクロールバーが表示されます。スライダーを上下に動かすことで画面がスクロールされ、表示されていない線記号が表示されます。

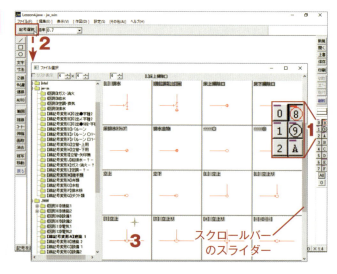

4 指示直線(1)として右図の排水管を🖱。
5 指示直線(2)として通気管を🖱。
　➡ **4**と**5**の交差部が線記号「[T]立上」に変形作図される。

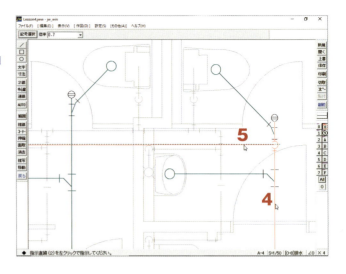

6 コントロールバー「記号選択」ボタンを🖱し、「[＋]立上り」を選択する。
7 指示直線(1)として右図の通気管を🖱。
8 指示直線(2)として右図の排水管を🖱。
　➡ **7**と**8**の交差部が線記号「[＋]立上り」に変形作図される。

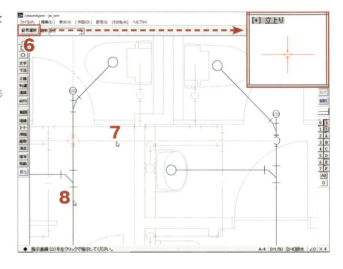

Step 18　表示範囲記憶を解除

▶ 表示範囲記憶を解除して用紙全体を表示しましょう。

1 ステータスバー「表示倍率」ボタンを🖱。
2 「画面倍率・文字表示　設定」ダイアログの「記憶解除」ボタンを🖱。

　Point 表示範囲記憶を解除せずに用紙全体を表示する場合には、ダイアログの「用紙全体表示」ボタンを🖱します。

　➡ ダイアログが閉じ、表示範囲記憶が解除される。

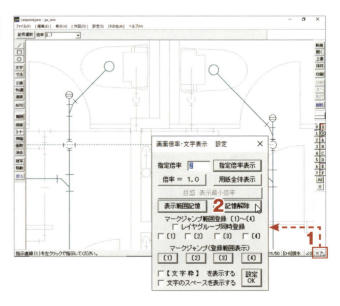

3 作図ウィンドウで🖱️↗ 全体 。

Point 表示範囲記憶を解除したため、🖱️↗は (範囲) ではなく 全体 と表示されます。

➡ 用紙全体が表示される。

以上で練習は終了です。練習した図面を保存せずにJw_cadを終了してよいです。

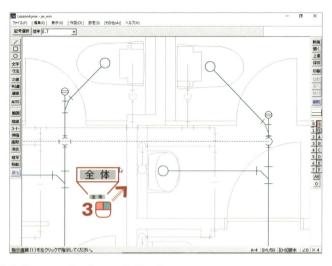

Point レイヤバーと「レイヤ一覧」ウィンドウのまとめ

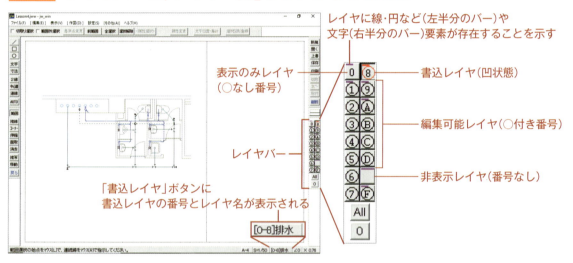

▼ レイヤ一覧ウィンドウ：レイヤバーの書込レイヤを🖱️することで開く

表示のみレイヤ：レイヤ番号が( )なし　　編集可能レイヤ：レイヤ番号が( )付き

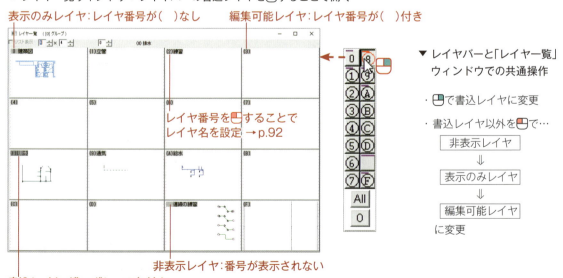

▼ レイヤバーと「レイヤ一覧」ウィンドウでの共通操作

・🖱️で書込レイヤに変更

・書込レイヤ以外を🖱️で…

非表示レイヤ
⇩
表示のみレイヤ
⇩
編集可能レイヤ

に変更

非表示レイヤ：番号が表示されない

書込レイヤ：濃いグレーの色付き

建築図面を開き、設備図作図の準備をする

Lesson 5

「Lesson6」と「Lesson7」の完成見本を開き、印刷しましょう。また、Jw_cadで作図された建築図面「Lesson5.jww」を開き、以下の加工を行い、「Lesson6」と「Lesson7」で設備図を作図するための準備をしましょう。

▼ 建築図面「Lesson5.jww」を開く

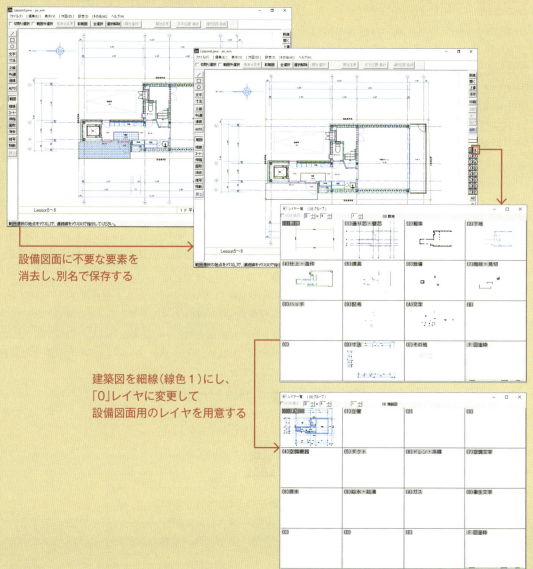

設備図面に不要な要素を消去し、別名で保存する

建築図を細線（線色1）にし、「0」レイヤに変更して設備図面用のレイヤを用意する

Step1 完成見本「S-Lesson6_7.jww」

◇ 「Lesson6」と「Lesson7」で作図する図面の完成見本「S-Lesson6_7.jww」を開きましょう。

1 「開く」コマンドを選択する。
2 「jw-m」フォルダの図面「S-Lesson6_7」を🖱🖱し、開く。

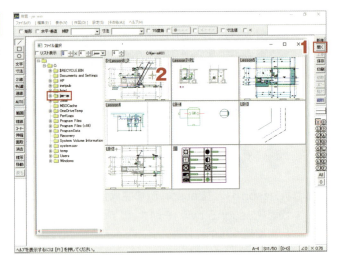

Point 図面「S-Lesson6_7.jww」のレイヤの使い分けとプロテクトレイヤ

図面「S-Lesson6_7.jww」では、右図のようにレイヤを使い分けることで、1つの図面ファイルに2枚の図面を収録しています。

共通する「0:建築図」「1:立管」「F:図面枠」レイヤ+「4:空調機器」「5:ダクト」(この図面では未使用)「6:ドレン・冷媒」「7:空調文字」レイヤを表示することで空調換気設備図に、共通する「0:建築図」「1:立管」「F:図面枠」レイヤ+「8:排水」「9:給水・給湯」「A:ガス」「B:衛生文字」レイヤを表示することで、給排水衛生設備図になります。

このような使い方は建築図の修正が必要な場合に一度の修正で済むことや給排水衛生設備図の排水ルートを確認しながら空調換気設備図のドレン配管を作図するなど、作図途中において便利な点が多々あります。

「Lesson6」「Lesson7」では、レイヤ操作の練習も兼ね、このようなレイヤ分けで作図します。

「Lesson8」では、このレイヤ分けで作図した給排水衛生設備図と空調換気設備図を、それぞれ別々の図面ファイルに分けて保存する方法を学習します。

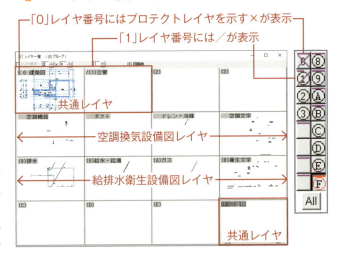

● プロテクトレイヤとは

レイヤ番号に／や×の付いたレイヤを「プロテクトレイヤ」と呼びます。プロテクトレイヤを書込レイヤにすることや、プロテクトレイヤに作図されている要素を消したり編集することはできません。×の付いたプロテクトレイヤはその表示状態を変更することもできません。

● プロテクトレイヤの解除方法

／、×どちらのプロテクトレイヤも Ctrl キーを押したままレイヤボタンを🖱してください。

● プロテクトレイヤの設定

Ctrl キーを押したまま🖱 ──────────／付きのプロテクトレイヤ
Ctrl キーと Shift キーを押したまま🖱 ──×付きのプロテクトレイヤ

Step2 2枚の図面を印刷

◘ 給排水衛生設備図をA3用紙にカラー印刷しましょう。

1 「印刷」コマンドを選択し、「印刷」ダイアログの「プリンター名」を確認して、「OK」ボタンを🖱。

2 コントロールバー「プリンタの設定」ボタンを🖱。

3 「プリンターの設定」ダイアログで用紙サイズを「A3」に、印刷の向きを「横」に設定する。

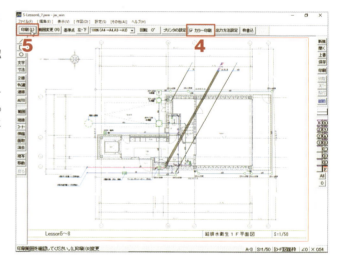

4 コントロールバー「カラー印刷」にチェックを付ける。

5 印刷枠に図面が入っていることを確認し、「印刷」ボタンを🖱。

> Point A4用紙に印刷する場合は、コントロールバー「印刷倍率」ボックス（→p.95）で「71%（A3→A4、A2→A3）」を指定して、「A4・横」に縮小印刷してください。

◘ 開いた図面ファイルにはレイヤを変えて、空調換気設備図も作図されています。レイヤの表示状態を変更して、空調換気設備図を印刷しましょう。

6 レイヤバーの「8」「9」「A」「B」レイヤを🖱して非表示に、「4」「6」「7」レイヤを2回ずつ🖱して編集可能にする。

➡ 作図ウィンドウにマウスポインタを移動すると給排水衛生設備図が消え、右図のように空調換気設備図が表示される。

7 コントロールバー「印刷」ボタンを🖱して印刷する。

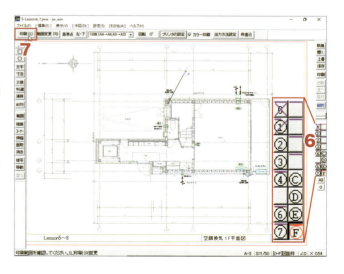

Step3 不要な要素の消去

○「jw-m」フォルダに収録されている建築図（1階平面図）「Lesson5.jww」を開き、不要な要素（ここではハッチング）を消去しましょう。

1 「開く」コマンドを選択し、「jw-m」フォルダの「Lesson5」を開く。

○ 図面のレイヤ分けを確認し、消去する要素だけを表示しましょう。

2 レイヤバーの書込レイヤボタンを🖱。
3 「レイヤ一覧」ウィンドウの「8:ハッチ」レイヤ枠内で🖱し、書込レイヤにする。

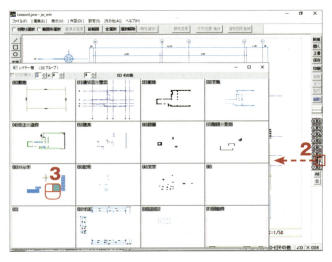

「文字サイズ」ボックス

Point レイヤ名が小さくて見づらい場合は「文字サイズ」ボックス右の▲を🖱し、数値を大きく（最大「3」）してください。レイヤ番号・レイヤ名の表示が大きくなります。

4 消さずに残しておく要素のある「0」「1」「2」「3」「4」「5」「6」「7」「9」「A」「D」「E」「F」レイヤを🖱し、非表示にする。
5 ✕ボタンを🖱し、「レイヤ一覧」ウィンドウを閉じる。
  → 「8」レイヤの要素（ハッチング）のみが作図ウィンドウに表示された状態になる。

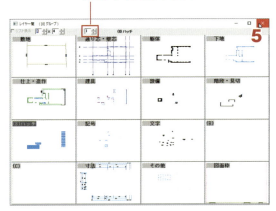

○ 表示されている要素をまとめて消去しましょう。

6 「範囲」コマンドのコントロールバー「全選択」ボタンを🖱。
  → 編集可能なすべての要素が選択色になる。

Point 「消去」コマンドを選択してから消去対象を選択する（→p.46）以外に、「範囲」コマンドで操作対象を選択した後に「消去」コマンドを選択することでも、範囲選択消去できます。

7 「消去」コマンドを🖱。
  → 選択色の要素が消去される。

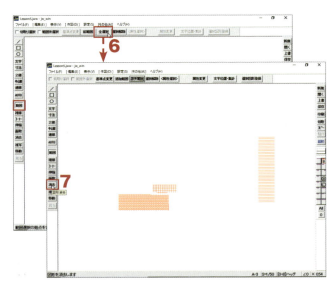

Step4 別の名前で保存

◘ 開いた建築図「Lesson5.jww」をそのまま残しておくため、加工したこの図面を別名で保存しましょう。

1. レイヤバーの「All」ボタンを🖱。
   ➡ すべてのレイヤが編集可能（番号に○が付く）になり、作図ウィンドウにマウスポインタを移動すると、すべてのレイヤの要素が表示される。

2. 「保存」コマンド（またはメニューバー［ファイル］－「名前を付けて保存」）を選択する。

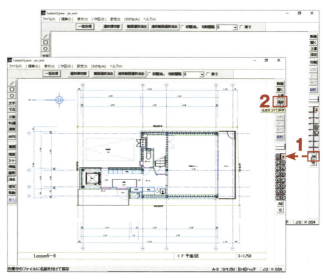

3. 「ファイル選択」ダイアログで、「jw-m」フォルダが開いていることを確認し、「新規」ボタンを🖱。
   ➡ 「新規作成」ダイアログが開く。「名前」ボックスには現在開いている図面の名前「Lesson5」が色反転して表示される。

◘ 名前を「Lesson6」に変更しましょう。

4. 「名前」ボックスの「Lesson5」の末尾を🖱。
   ➡ 🖱位置に入力ポインタが移動する。

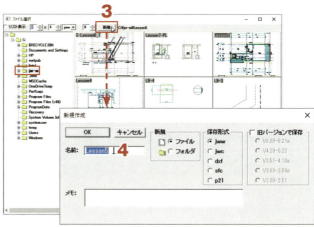

5. Backspaceキーを押して「5」を消し、「6」を入力して「名前」ボックスの名前を「Lesson6」に変更する。

6. 「OK」ボタンを🖱。

➡ 「jw-m」フォルダに「Lesson6.jww」として保存される。

タイトルバーのファイル名も「Lesson6」に変更される

Step5 建築図のレイヤ変更

◳ 複数のレイヤに分かれている建築図を「0」レイヤにまとめましょう。

1. レイヤバーの書込レイヤボタンを🖱し、「レイヤー覧」ウィンドウを表示する。
2. 移動先とする「0」レイヤ枠内で🖱し、書込レイヤにする。
3. 移動しない要素が作図されている「F:図面枠」レイヤの枠内で2回🖱し、表示のみにする。
4. ×ボタンを🖱し、レイヤー覧ウィンドウを閉じる。

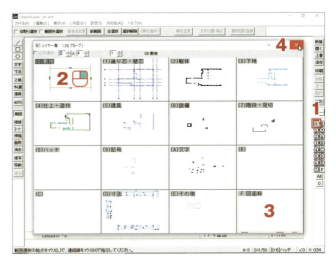

5. 「範囲」コマンドのコントロールバー「全選択」ボタンを🖱。

   Point レイヤの移動（変更）は「範囲」コマンドの「属性変更」で行います。ここでは、作図ウィンドウ上の編集可能なすべての要素のレイヤを変更するため「全選択」ボタンで選択します。一部の要素のレイヤを変更する場合は、始点を指示して表示される選択範囲枠で対象要素を囲むことで選択します。

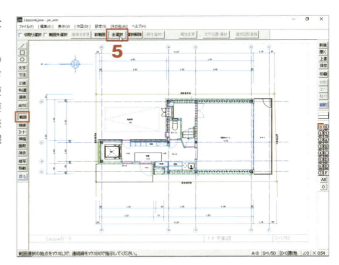

➡ 編集可能なすべての要素が選択色になる。

6. 「0」レイヤが書込レイヤになっていることを確認し、コントロールバー「属性変更」ボタンを🖱。

   ➡ 属性変更のダイアログが開く。

7. 「書込【レイヤ】に変更」を🖱しチェックを付け、「OK」ボタンを🖱。

   ➡ 選択色の要素が書込レイヤ「0」に変更され、元の表示色に戻る。

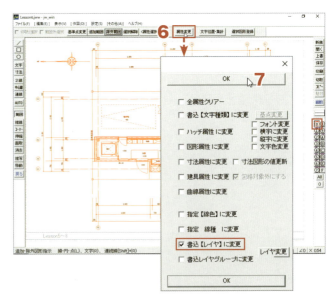

Step6 レイヤ名を変更

◨「0」レイヤのレイヤ名を「建築図」に変更しましょう。

1. 書込レイヤ「0」を🖱し、「レイヤ一覧」ウィンドウを開く。
2. レイヤ名部分「(0) 敷地」にマウスポインタを合わせ🖱。
   ➡「レイヤ名設定」ダイアログが開き、「レイヤ名」ボックスには現在のレイヤ名「敷地」が色反転して表示される。
3. 「建築図」を入力し、「OK」ボタンを🖱。
   Point 「OK」ボタンを🖱する代わりにEnterキーを押しても、同じ結果が得られます。

   ➡「0」レイヤのレイヤ名が「建築図」に変更される。

4. 同様にして「1」レイヤのレイヤ名を「立管」に変更する。

◨「2」レイヤのレイヤ名を消去（レイヤ名なし）しましょう。

5. レイヤ名部分「(2)躯体」を🖱。
   ➡「レイヤ名設定」ダイアログが開き、「レイヤ名」ボックスには現在のレイヤ名が色反転して表示される。
6. Deleteキーを押してレイヤ名を消し、「OK」ボタンを🖱。

   ➡「2」レイヤのレイヤ名がブランク（なし）になる。

7. 同様にして「3」～「E」レイヤのレイヤ名を下表のように変更する。

3		9	給水・給湯
4	空調機器	A	ガス
5	ダクト	B	衛生文字
6	ドレン・冷媒	C	
7	空調文字	D	
8	排水	E	

8. ✕ボタンを🖱し、「レイヤ一覧」ウィンドウを閉じる。

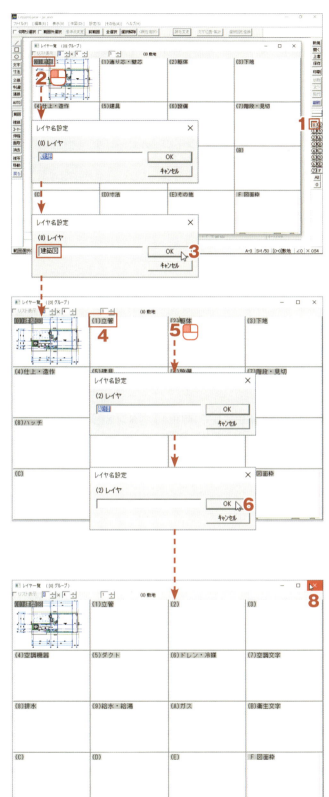

Lesson 5　建築図面を開き、設備図作図の準備をする

Step7 線色を一括変更

◪ 建築図の線を細線で印刷するため、その線色をすべて線色1に変更しましょう。

1 図面枠の線色を変更しないよう、図面枠が作図されている「F」レイヤが表示のみレイヤになっていることを確認する。

2 「範囲」コマンドのコントロールバー「全選択」ボタンを🖱。

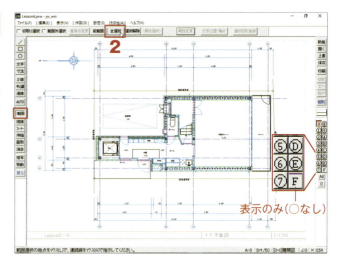

→ 編集可能なすべての要素が選択色になる。

3 コントロールバー「属性変更」ボタンを🖱。

→ 属性変更のダイアログが開く。

4 「指定【線色】に変更」を🖱。

→ 「線属性」ダイアログが開く。

5 変更後の線色として「線色1」ボタンを🖱で選択し、「Ok」ボタンを🖱。

→ 「線属性」ダイアログが閉じる。

6 属性変更のダイアログで「指定【線色】に変更」にチェックが付いていることを確認し、「OK」ボタンを🖱。

→ 2で選択した文字以外の要素が線色1に変更される。

Point この変更操作では文字の色は変更されません。また、印刷される文字の太さはフォントによるもので線色は関係ありません。

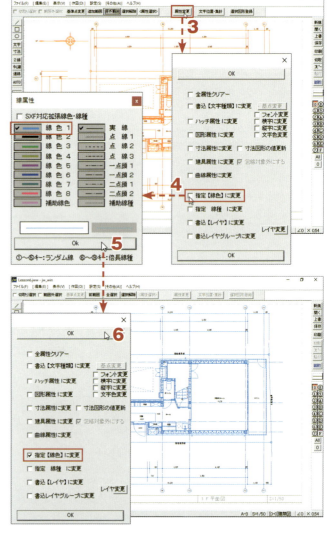

Step8 文字フォントを一括変更

◯ 設備図での記入文字（MSゴシックで記入）と建築図の文字を区別するため、建築図の文字のフォントをMSゴシックよりも細く印刷されるMS明朝に変更しましょう。

1 「範囲」コマンドのコントロールバー「全選択」ボタンを🖱。

　➡ 編集可能なすべての要素が選択色になる。

　Point この段階で文字以外の要素が選択されていても支障はありません。

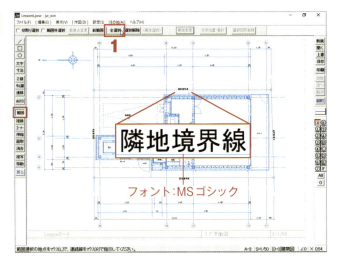

フォント：MSゴシック

2 コントロールバー「属性変更」ボタンを🖱。

3 属性変更のダイアログの「フォント変更」を🖱。

　➡「書込み文字種変更」ダイアログが開く。

4 「書込み文字種変更」ダイアログの「フォント」ボックスの▼ボタンを🖱し、表示されるリストから「MS明朝」を🖱で選択する。

　Point リストにはパソコンに収録されているTrueTypeフォントが一覧表示されます。「MS P明朝」など名前に「P」を含むプロポーショナルフォントは、文字の位置にずれが生じる可能性があるため、選択しないでください。

5 「OK」ボタンを🖱。

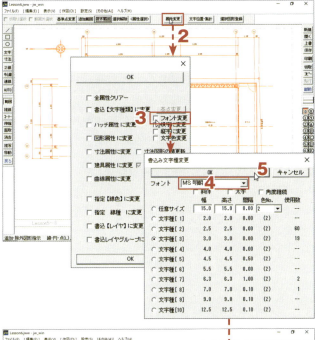

6 属性変更のダイアログの「フォント変更」にチェックが付いていることを確認し、「OK」ボタンを🖱。

　➡ 1で選択した文字のフォントがMS明朝に変更される。

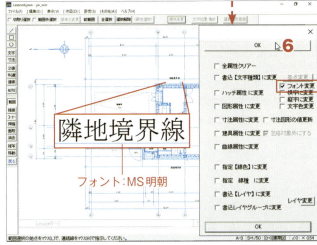

フォント：MS明朝

Step9 印刷線幅を設定

⬛ 設備図面で使用する線色の印刷線幅を下表の幅に設定しましょう。

種類	線色番号	線幅(mm)	入力値
細線	線色1	0.18	18
中線	線色2・3	0.23	23
太線	線色5・6・7・8	0.45	45
極太線	線色4	1	100

1. メニューバー［設定］-「基本設定」を選択し、「色・画面」タブの「実点を指定半径（mm）でプリンタ出力」と「線幅を1/100 mm単位とする」にチェックを付ける。

2. 「プリンタ出力要素」欄の各線色の「線幅」を右図のように変更し、「OK」ボタンを🖱。

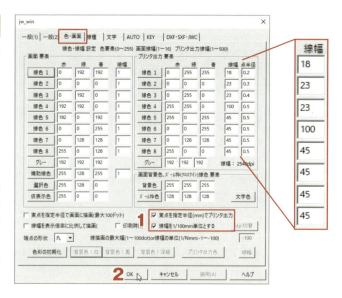

Step10 データ整理と上書き保存

⬛ 同じレイヤに同じ線色・線種で重複して作図されている線と同一線上の複数の線を1本に整理したうえで、上書き保存しましょう。

1. 「範囲」コマンドのコントロールバー「全選択」ボタンを🖱。
   → 編集可能なすべての要素が選択色になる。

2. メニューバー［編集］-「データ整理」を選択する。

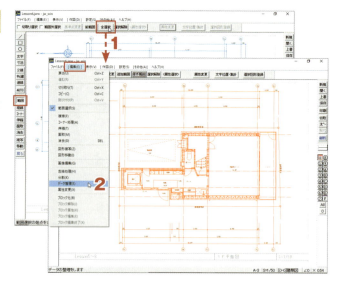

3. コントロールバー「連結整理」ボタンを🖱。

   Point「連結整理」では、重複した同じ線色・線種の線を1本にするほか、「伸縮」コマンドや「コーナー」コマンドで🖱して切断された同じ線や、同一点で連続して作図された同一線上の同じ線色・線種の線（画面上1本の線に見えるが実際は複数の連続した線）も、1本に連結します。「重複整理」を選択した場合は重複した線の整理のみで線の連結処理は行いません。

   → 重複・連結整理され、画面左上に整理された線本数が表示される。

4. 「上書」コマンドを🖱。

以上で「Lesson 5」は終了です。

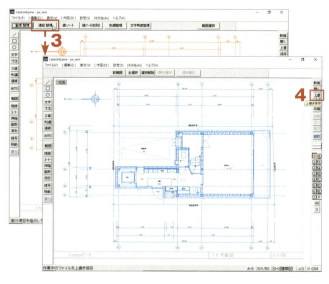

給排水衛生設備図

Lesson 6

「Lesson5」で準備した図面「Lesson6.jww」を開き、下表のレイヤ・線色で給排水衛生設備図を作図しましょう。
お手元に「Lesson5」（→p.115）で印刷した図面をご用意ください。この単元からは特に上書き保存の指示は記載しません。適宜、上書き保存してください。

レイヤ番号	レイヤ名
0	建築図
1	立管
8	排水
9	給水・給湯
A	ガス
B	衛生文字
F	図面枠

名　称	線　色
建築図	線色1
排水管	線色7
給水管	線色6
給湯管	線色5
ガス管	線色8
立上り	線色2

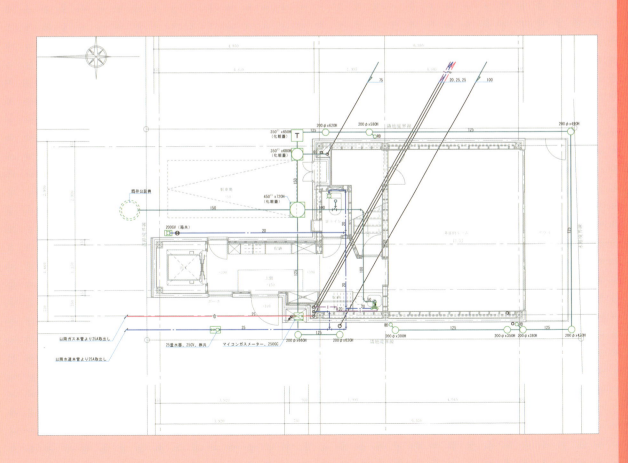

参考図面 給排水衛生[2F・3F・PH・屋上]平面図

3F

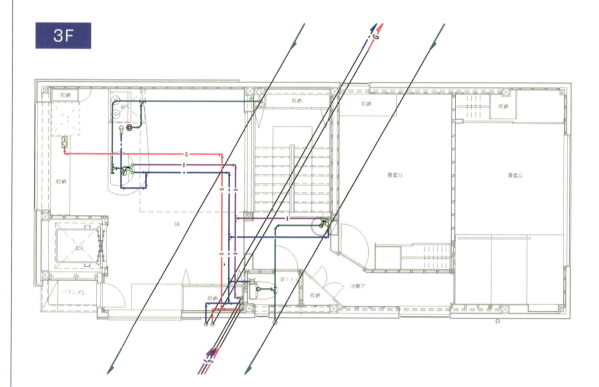

2F

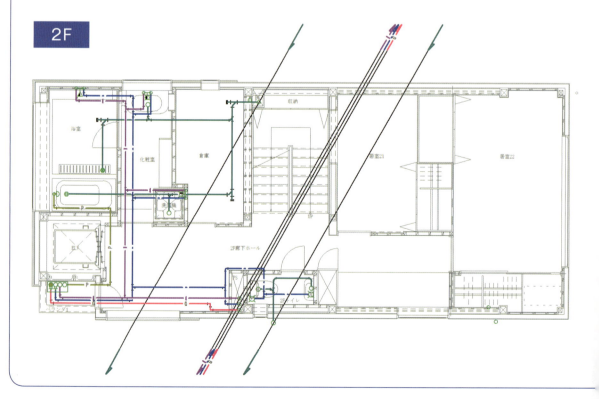

屋上

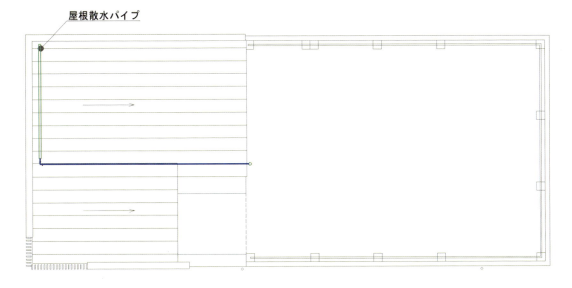

屋根散水パイプ

PH

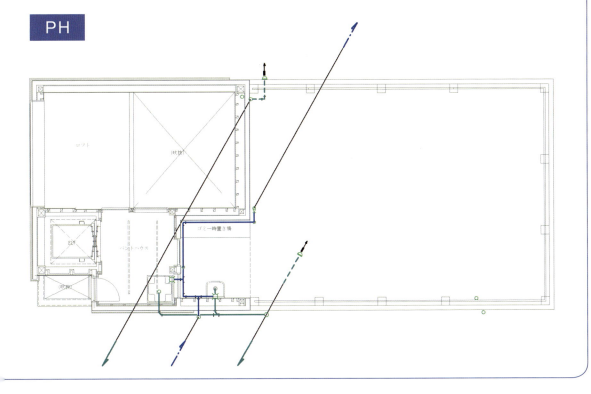

Lesson 6 給排水衛生設備図

Step1 図面名を変更

🔶 「Lesson5」で「jw-m」フォルダに保存した1階平面図「Lesson6.jww」を開き、「F:図面枠」レイヤに記入されている図面名「1F平面図」を「給排水衛生1F平面図」として、「B:衛生文字」レイヤに変更しましょう。

1. 「開く」コマンドを選択し、図面「Lesson6」を開く。
2. 書込レイヤを「B:衛生文字」レイヤにし、「F:図面枠」レイヤを編集可能にする。
3. メニューバー［編集］－「属性変更」を選択し、コントロールバー「線種・文字種変更」のチェックを外す。
4. 図面枠の文字「1F平面図」を🖱。
   → 作図ウィンドウ左上に ◆書込レイヤに変更 と表示され、4の文字が書込レイヤに変更される。

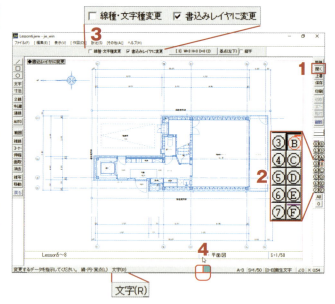

🔶 文字「1F平面図」を「給排水衛生1F平面図」に書き換えましょう。

5. 「文字」コマンドを選択する。
6. 文字「1F平面図」を🖱。

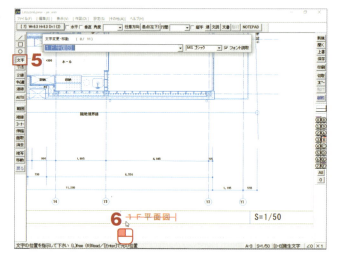

7. コントロールバーの「基点（左下）」を確認し、「文字変更・移動」ボックスの文字を「給排水衛生1F平面図」に変更してEnterキーを押す。
   → 文字の左下を基準に6の文字が「給排水衛生1F平面図」に書き換えられる。

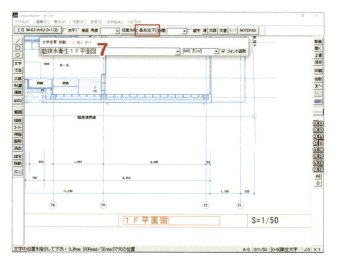

Step2 分割点を作図

◪ 玄関脇のPS（パイプスペース）に立管を作図するための目安としてPSの中心線を作図しましょう。

1 書込レイヤを「1：立管」レイヤにし、「All」ボタンを2回㋐して、他のすべてのレイヤを表示のみにする。
2 「複線」コマンドを選択し、玄関脇（X1－Y4付近）のPSを拡大表示する。
3 基準線としてPS左の壁を㋐。

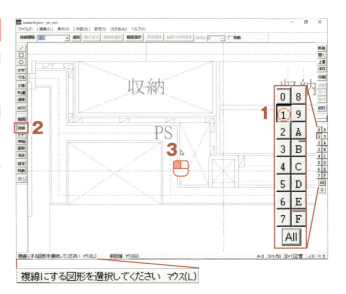

➡ コントロールバー「複線間隔」ボックスが空白になり、操作メッセージは「間隔を入力するか、複写する位置(L) free (R) Readを指定してください」になる。

Point 基準線を㋐するとコントロールバー「複線間隔」ボックスが空白になり、作図ウィンドウ上でクリックすることで基準線からクリック位置までの間隔を「複線間隔」ボックスに入力して、その間隔で複線を仮表示します。

4 複写する位置として右図の交点を㋐。

➡ コントロールバー「複線間隔」ボックスに3－4間の間隔が入力され、その間隔はなれたマウスポインタ側に複線が仮表示される。操作メッセージは「作図する方向を指示してください」になる。

5 基準線の右側で作図方向を決める㋐。

Point この線はすぐ消すため、書込線「線色2・実線」のまま作図してかまいません。

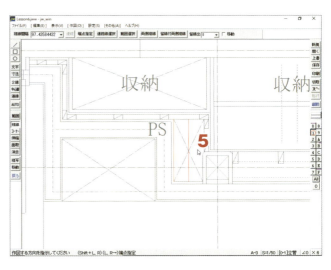

◼ 作図した中心線を6つに等分割する点を作図しましょう。

6 メニューバー［編集］－「分割」を選択し、コントロールバー「仮点」にチェックを付ける。

> Point 仮点は印刷されない点で、編集操作の対象にもなりません。コントロールバー「仮点」にチェックを付けない場合は、書込線色の実点が作図されます。

7 「分割数」ボックスに「6」を入力する。

8 分割の始点として中心線の上端点を🖱。

9 分割の終点として中心線の下端点を🖱。

10 分割する線として中心線を🖱。

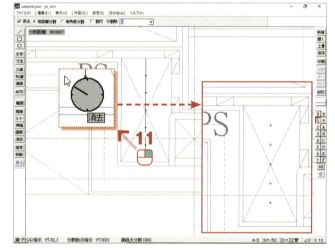

➡ **10**の線上の**8**－**9**間を6つに等分割する書込線色の仮点が作図される。

◼ 不要になった中心線を消去しましょう。

11 中心線にマウスポインタを合わせ🖱、AM10時 消去 。

> Point 消去対象にマウスポインタを合わせ🖱、AM10時 消去 することで、「消去」コマンドを選択し、消去対象を🖱した場合と同じ結果を得られます。

➡ **11**の線が消え、「消去」コマンドに移行する。

Step 3 立管を作図

◼ 作図した仮点を中心点とする半径40mmの立管を「線色3・実線」で作図しましょう。

1 書込線を「線色3・実線」にする。

2 「○」コマンドを選択し、コントロールバー「半径」ボックスに「40」を入力する。

3 円の中心位置として仮点を🖱して、立管を右図の3カ所に作図する。

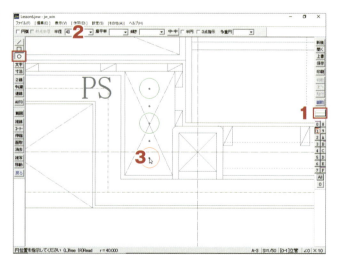

◨ 上階からの汚水用の外部立管（半径50mm）を作図しましょう。ここでは、通り芯と外壁の交点から右へ600mm、下へ100mmの位置に立管の中心を合わせて作図します。

4 「○」コマンドのコントロールバー「半径」ボックスに「50」を入力する。

5 円の中心位置として右図の通り芯と外壁の交点を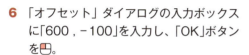。
→「オフセット」ダイアログが開く。

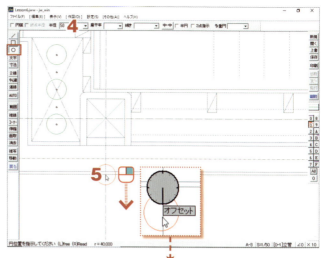

6 「オフセット」ダイアログの入力ボックスに「600，-100」を入力し、「OK」ボタンを🖱️。

Point 既存点から🖱️↓AM6時 オフセット することで、「オフセット」ダイアログが開き、🖱️↓した点からの相対座標を指定して点指示できます。「オフセット」ダイアログでの入力値は、🖱️↓した点の位置を「0,0」（原点）とし、「，」（半角カンマ）で区切って「X,Y」の順に入力します。右と上は＋（プラス値）、左と下は－（マイナス）値で指定します。

→ 右図の位置に半径50mmの円が作図される。

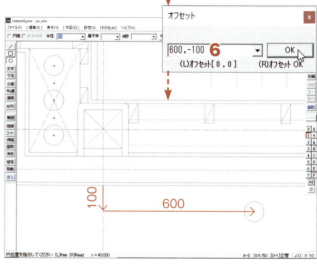

🖱️ やってみよう！

同様に、🖱️↓AM6時 オフセット を利用して、X3-Y4のPS（パイプスペース）の右図の位置に半径40mmの立管を作図しましょう。

Step 4 メーター類を配置

🔶 メーター類の配置目安とする補助線を作図しましょう。

1. 書込線を「線色2・補助線種」にする。
2. 「複線」コマンドを選択し、道路境界線から2100mm右に補助線を作図する。
3. 西隣地境界線から300mm上に補助線を作図する。
4. 「／」コマンドを選択し、ガスの立管の中心点から左に水平線を作図する。
5. 作図した水平線に交差する垂直線を右図のように適当な位置に作図する。

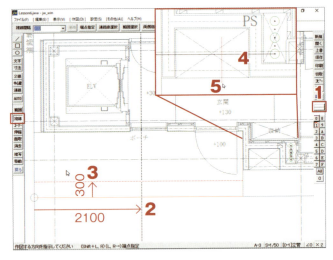

🔶 図形として用意されている量水器を配置しましょう。

6. メニューバー［その他］－「図形」を選択する。
7. 「ファイル選択」ダイアログのフォルダツリーで「jw-m」フォルダ下の「《図形》給水」フォルダを選択する。

    Point 「レイヤ一覧」ウィンドウと同様に、「文字サイズ」ボックス右の▲を🖱し、数値を大きく(最大「3」)すると、図形名の表示が大きくなります。

8. 図形「量水器＋止水」を🖱🖱で選択する。

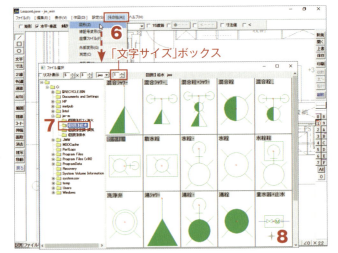

9. 書込レイヤを「9:給水・給湯」にする。

    Point 作図ウィンドウ左上に●書込レイヤに作図と表示されています。これから配置位置を指示する図形は書込レイヤ「9:給水・給湯」に作図されます。

    ❓ ●書込レイヤに作図と表示されない、または◆元レイヤに作図と表示される → p.235 Q24

10. 配置位置として**2**と**3**で作図した右図の補助線の交点を🖱。

    → 🖱位置に基準点を合わせ、図形「量水器＋止水」が書込レイヤ「9」に作図される。

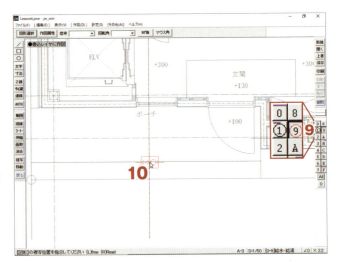

◆ ガスメーターを配置しましょう。

11 コントロールバー「図形選択」ボタンを🖱。

12 「ファイル選択」ダイアログのフォルダツリーで「jw-m」フォルダ下の「《図形》ガス・消火」フォルダを選択する。

13 「ガスメーター+」を🖱🖱で選択する。

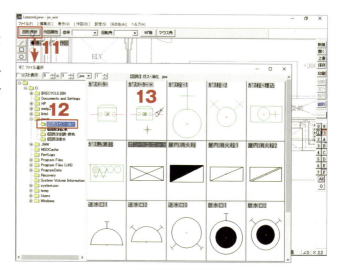

14 書込レイヤを「A：ガス」にする。

15 コントロールバー「90°毎」ボタンを2回🖱。

> Point コントロールバー「90°毎」ボタンを🖱することで、回転角度が左回りに90°ごと（90°⇒180°⇒270°⇒0°）に切り替わります。

➡ 仮表示の図形が180°回転し、コントロールバー「回転角」ボックスの数値が「180」になる。

16 配置位置として4と5で作図した補助線の交点を🖱。

➡ 180°回転した図形が書込レイヤ「A：ガス」に作図される。

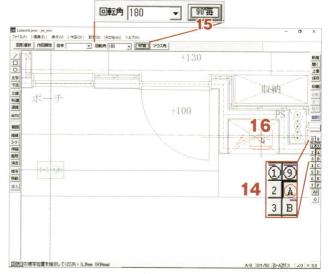

Point 配置した図形の特性「曲線属性」について

ここで配置した図形「量水器+止水」と「ガスメーター+」は両端の配管以外の要素に「曲線属性」と呼ぶ特別な性質を持っています。
「消去」コマンドで、「量水器+止水」と「ガスメーター+」の外形線の1本を🖱すると、右図のようにメーター全体が消去され、両端の配管の線だけが残ります。これは消去された要素全体にひとまとまりとして扱われる「曲線属性」が付随しているためです。

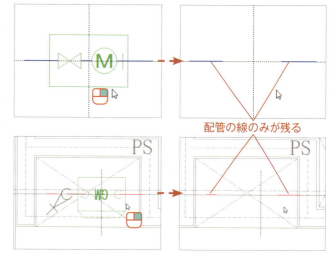

配管の線のみが残る

Step5　逆さの文字を修正

■ 180°回転して配置したため逆さになった文字「GM」を正しい角度に直しましょう。

1 「文字」コマンドを選択し、逆さの文字「GM」を🖱(文字の移動)。
2 コントロールバー「水平」にチェックを付け、「基点」を「中中」にする。
3 Enterキーを押す。
　→ 文字の「中中」を基準に文字「GM」が水平(0°)になる。

Point 文字の編集操作を行ったため、文字要素「GM」が曲線属性から外れます。前ページの「Point」の消去操作をすると、文字「GM」は消えずに残ります。

Step6　補助線を消去

■ 不要になった補助線を消去しましょう。

1 「消去」コマンドを選択する。
2 「Step4」で作図した消去対象の補助線4本を🖱で消去する。

Point 補助線が他の線と重なって指示しにくい場合には、書込線が消す対象と同じ「線色2・補助線種」であることを確認したうえで、Ctrlキーを押したまま🖱してください。Ctrlキーを押したままクリックすると現在の書込線と同じ線色・線種の要素のみを読み取り、他の線色・線種の要素は読み取りません。

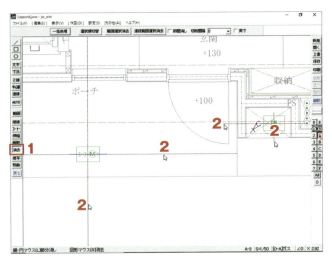

Step7　メーター類までの引込管を作図

■ メーター類の図形にあらかじめ作図されている配管の線を延長して、引込管を作図しましょう。

1 メニューバー［その他］-「線記号変形」を選択する。
2 「ファイル選択」ダイアログのフォルダツリーで「jw-m」フォルダ下の「【線記号変形J】給排水-?-」を選択する。
3 線記号［-----/］を🖱🖱で選択する。

Point 「レイヤ一覧」ウィンドウと同様に「文字サイズ」ボックスの数値を大きくすると、線記号名の表示が大きくなります。

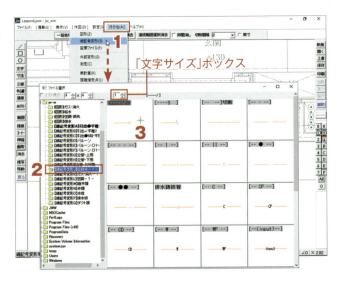

4 指示直線（1）として量水器左の給水管（線色6・実線）を🖱️。

> **Point** 線記号「―――――／」は、指示直線（1）を次に指示する位置まで伸縮し、その端部に／を作図します。端部に作図される／は、書込レイヤにかかわりなく指示直線（1）と同じレイヤに、「線色2・実線」で作図されます。

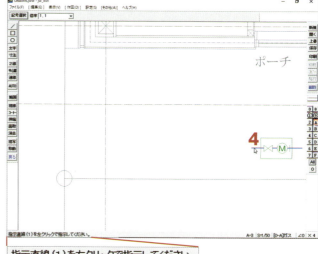

➡ **4**の線がマウスポインタまで仮表示され、操作メッセージは「◎　位置をマウスで指示してください」になる。

5 作図位置として右図の位置で🖱️。

➡ **4**の線が**5**の位置まで延長され、その端部に／が作図される。

6 指示直線（1）としてガスメーター左の給ガス管（線色8・実線）を🖱️。

➡ **6**の線がマウスポインタまで仮表示され、操作メッセージは「◎　位置をマウスで指示してください」になる。

7 作図位置として給水管の端点を🖱️。

➡ **6**の線が**7**と同じ位置まで延長され、その端部に／が作図される。

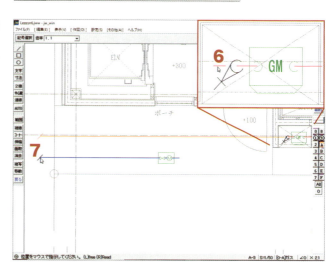

Step8 公共桝配置のための補助線を作図

🔸 既存公共桝配置の目安として、道路境界線から510mm左、東隣地境界線から2400mm下に交差する補助線を作図しましょう。

1 書込レイヤを「8：排水」にし、書込線の「線色2・補助線種」を確認する。

2 「複線」コマンドを選択し、道路境界線から510mm左に複線を作図する。

3 コントロールバー「複線間隔」ボックスに「2400」を入力する。

4 複線の基準線として東隣地境界線を🖱。

→ 基準線と同じ長さの複線が仮表示され、操作メッセージは「複線方向を指示マウス(L)…」になる。

5 コントロールバー「端点指定」ボタンを🖱。

Point 複線の作図方向を指示する段階でコントロールバー「端点指定」ボタンを🖱し、始点・終点を指示することで基準線とは異なる長さの複線を作図できます。

→ 操作メッセージは「【端点指定】始点を指示してください」になる。

6 端点指定の始点として右図の位置で🖱。

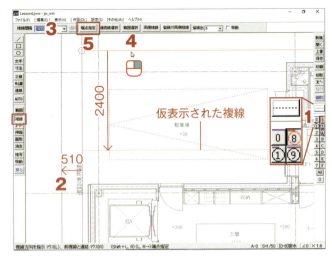

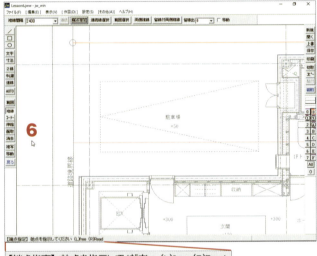

→ 6からマウスポインタまで複線が仮表示される。操作メッセージは「【端点指定】◆終点を指示してください」になる。

7 端点指定の終点として右図の位置で🖱。

→ 操作メッセージは「作図する方向を指示してください」になる。

8 基準線の下側に複線が仮表示された状態で、作図方向を決める🖱。

→ 4の基準線から2400mm下の6－7間に複線が作図される。

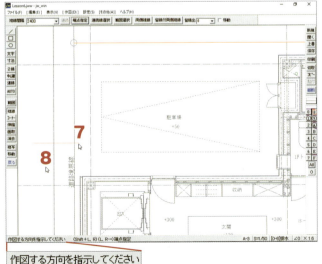

Step9 公共桝を配置

🔶 図形として用意されている公共桝を配置しましょう。

1. メニューバー［その他］-「図形」を選択する。
2. 「ファイル選択」ダイアログのフォルダツリーで「jw-m」フォルダ下の「《図形》排水」フォルダを選択する。
3. 「公共桝」を🖱️🖱️で選択する。

> Point 通常、図形は登録時（ファイル一覧表示）の線色・線種で書込レイヤに作図されます。

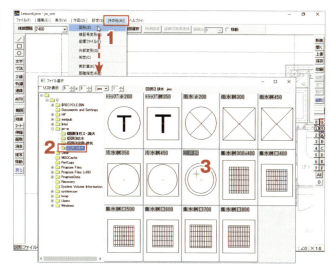

🔶 既存公共桝として「線色3・点線2」で作図しましょう。

4. 書込線を「線色3・点線2」にする。
5. コントロールバー「作図属性」ボタンを🖱️。
   ➡「作図属性設定」ダイアログが開く。
6. 「●書込み【線色】で作図」と「●書込 線種で作図」にチェックを付け、「Ok」ボタンを🖱️。

> Point 6の設定をすることで、図形が書込線色・線種で作図されます。この設定は再度「作図属性設定」ダイアログを開いて設定を変更するか、Jw_cadを終了するまで有効です。

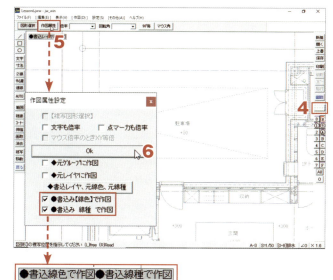

➡ 作図ウィンドウ左上に ●書込線色で作図 ●書込線種で作図 と表示される。

7. 図形の配置位置として「Step 8」で作図した補助線の交点を🖱️。

➡ 7の位置に基準点を合わせ図形「公共桝」が線色3・点線2で作図される。

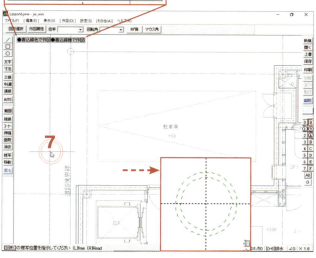

Step10　RD（ルーフドレン）を作図

◆ 平面図の縦樋に重ねて、φ100mmのルーフドレンを線色3・実線で「8：排水」レイヤに作図しましょう。

1. 書込線を「線色3・実線」にする。
2. 「○」コマンドを選択し、コントロールバー「半径」ボックスに「50」を入力する。
3. 円の位置として「0：建築図」レイヤに作図されている縦樋の円にマウスポインタを合わせ、🖱️→AM3時 中心点・A点。

   Point 「○」コマンドに限らず、点指示時に円・弧を🖱️→AM3時 中心点・A点 することで、円・弧の中心点を指示できます。

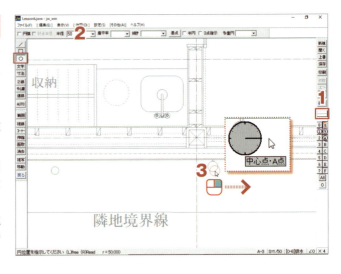

➡ 3の円の中心点に中心を合わせ、半径50mmの円が作図される。

4. 同様に🖱️→AM3時 中心点・A点 を利用して、残り2カ所にも同じ大きさのルーフドレンを作図する。

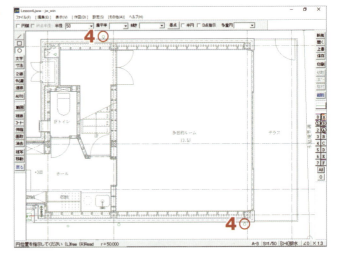

Step11　立管に引出線を作図

◆ X3-Y4のPSに作図した立管に上階からの排水を示す引出線を線色2・実線で作図しましょう。

1. 書込線を「線色2・実線」にする。
2. 「／」コマンドを選択し、コントロールバー「傾き」ボックスに「60」を入力する。
3. 始点としてX3-Y4のPSに作図した立管の円にマウスポインタを合わせ🖱️→AM3時 中心点・A点。

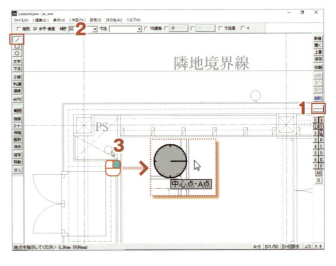

➡ 円の中心点を始点とした傾き60°の線がマウスポインタまで仮表示される。

❓ 「2点間中心　◆◆B点指示◆◆」と操作メッセージが表示される → p.235 Q25

🔶 終点を指示するため、画面を縮小表示しましょう。

4　作図ウィンドウにマウスポインタをおき🖱↖ 縮小 。

Point 🖱↖ 縮小 では🖱↖位置が作図ウィンドウの中心になるよう画面を縮小表示します。縮小表示された範囲に終点指示位置が入っていない場合は、再度、🖱↖ 縮小 してさらに縮小表示してください。

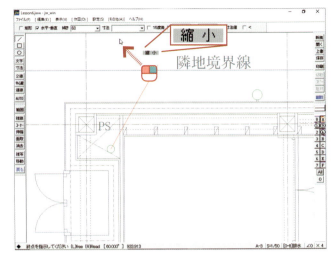

5　終点として右図の位置（1段目の寸法線より上側）で🖱。

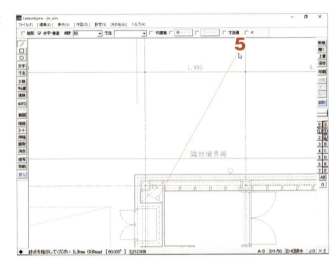

🔶 X1-Y4付近の屋外の立管にも上階からの排水を示す引出線を線色2・実線で作図しましょう。

6　始点として立管の円にマウスポインタを合わせ🖱→ AM3時 中心点・A点 。

Point 6の操作は立管付近を充分に拡大表示したうえで行ってください。

➡ 円の中心点を始点とした傾き60°の線がマウスポインタまで仮表示される。

7　終点として右図の位置（1段目の寸法線より上側）で🖱。

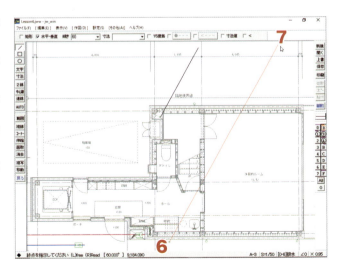

Step12 立下りの記号を作図

🔶 作図した引出線に排水の立下り管を示す記号を作図しましょう。

1. 書込線を「線色7・実線」にする。
2. メニューバー［その他］－「線記号変形」を選択する。
3. 「ファイル選択」ダイアログのフォルダツリーで「jw-m」フォルダ下の「【線記号変形G】立管－上用」を選択する。
4. 線記号「［・←］」を  で選択する。

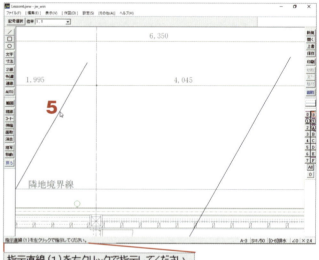

5. 指示直線（1）として右図の引出線を🖱。

   Point 線記号「［・←］」は指示直線（1）の端部を次に指示する位置を原点として一覧の線記号に変形作図します。**5**の指示は次に指示する位置（**7**）よりも左側で🖱してください。

   → **5**の線の先端が線記号「［・←］」になりマウスポインタに従い仮表示される。操作メッセージは「◎　位置をマウスで指示してください」になる。

🔶 矢印を少し小さく作図しましょう。

6. コントロールバー「倍率」ボックスに「0.8」を入力する。

   Point 線記号は基本的に図寸で管理されます。そのため、図面の縮尺にかかわりなく同じ大きさで作図されます。大きさの調整は倍率を指定することで行います。

7. 位置として右図の寸法線と引出線の交点を🖱。

   → **5**の線の先端が**7**の位置を原点として、**4**で選択した線記号に変形作図される。

   Point 先端の矢印記号は書込レイヤに書込線色・線種で作図されます。

8 指示直線（1）としてもう一方の引出線を🖱。

9 位置として右図の寸法線と引出線の交点を🖱。

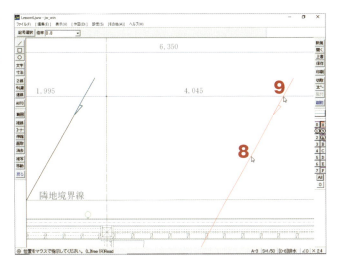

Step 13　排水配管ルートを作図

🔶 排水配管のおおまかなルートを線色7・実線で「8：排水」レイヤに作図しましょう。

1 書込線「線色7・実線」と書込レイヤ「8：排水」を確認する。

2 「／」コマンドを選択し、コントロールバー「水平・垂直」にチェックを付ける。

3 「Lesson 5」で印刷した図面を参考にして、おおまかな排水配管ルートを右図のように作図する。

> Point　線が交差する個所には「線記号変形」コマンドで排水桝や継手類を変形作図するため、この段階で整える必要はありません。

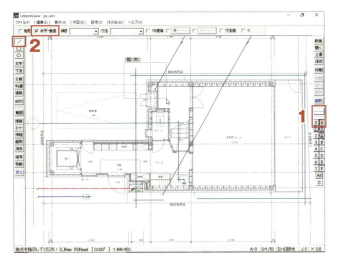

🔶 PSの立管からの配管を作図しましょう。

4 始点として立管の円の左にマウスポインタを合わせ🖱↑ AMO時 鉛直・円1/4点 。

　➡ 🖱↑した付近の円周上の1/4位置（ここでは円中心から180°の1/4位置）を始点とした線がマウスポインタまで仮表示される。

> Point　「／」コマンドのコントロールバー「水平・垂直」にチェックを付け、点指示時に円・弧を🖱↑すると 鉛直・円1/4点 と表示され、🖱↑位置に近い円周上の1/4位置（円・弧の中心から0°/90°/180°/270°の円周上の位置）を点指示できます。

5 終点として屋外排水配管と交差する位置で🖱。

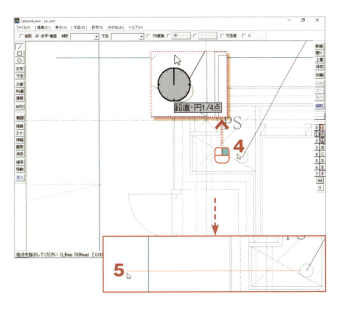

◐ 屋外西側の立管からの排水管を作図しましょう。

6 始点として立管の円の下にマウスポインタを合わせ🖱↑AM0時 鉛直・円1/4点 。
  → 🖱↑した付近の円周1/4位置（ここでは円中心から270°の1/4位置）を始点とした線がマウスポインタまで仮表示される。

7 終点として屋外排水管と交差する位置で🖱。

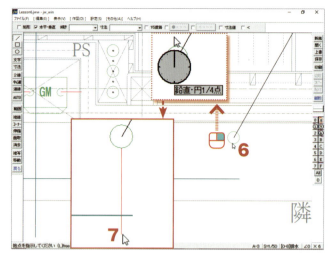

Step14 排水口を作図

◐ 便器、流し台の排水口を「線色7・実線」で「8：排水」レイヤに作図しましょう。

1 メニューバー［その他］－「線記号変形」を選択する。

2 「ファイル選択」ダイアログのフォルダツリーで「jw-m」フォルダ下の「【線記号変形M】継手類」を選択する。

3 線記号「－－－－○」を🖱🖱で選択する。

4 指示直線（1）として大便器からの配管を🖱。

  Point 線記号「－－－－○」は、次に指示する位置を端部○の中心点として指示直線（1）を変形作図します。4の指示は次に指示する位置よりも左側（右図では下側）で🖱してください。

  → 4の線の先端が線記号「－－－－○」になり、マウスポインタに従い仮表示される。操作メッセージは「◎　位置をマウスで指示してください」になる。コントロールバー「倍率」ボックスは前回指示した「0.8，0.8」（縦横ともに0.8倍）である。

5 右図の位置で🖱。
  → 4の線が伸縮され、5の位置に排水口の○が作図される。

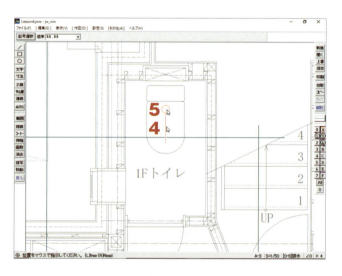

6 指示直線（1）として、流し台からの配管を🖱。

7 位置として、流し台排水口の円を🖱→AM3時 中心点・A点 。

➡ 6の線が伸縮され、7の円の中心に排水口の○が作図される。

❓「2点間中心　◆◆B点指示◆◆」と操作メッセージが表示される → p.235 Q25

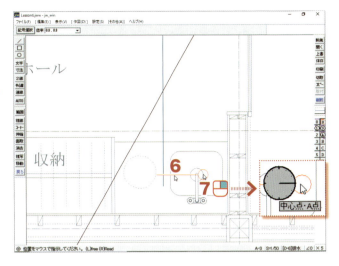

Step15　継手を作図

⚡ 屋内の排水配管ルートの角にL字の継手を作図しましょう。継手類のヒゲは線色2で作図します。

1 ヒゲを線色2で作図するため、書込線を「線色2・実線」にする。

2 コントロールバー「記号選択」ボタンを🖱し、「ファイル選択」ダイアログで「【線記号変形M】継手類」内の線記号「[L] C面取」を🖱🖱で選択する。

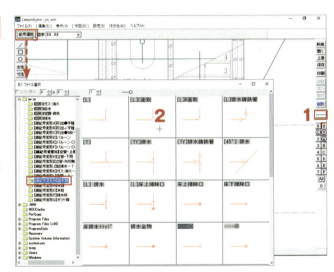

3 コントロールバー「倍率」ボックスで0.8倍に指定されていることを確認し、指示直線（1）として流し台排水口からの配管を🖱。

Point 線記号「[L] C面取」は指示直線（1）と指示直線（2）の交差部を変形作図します。「コーナー」コマンド同様、2つの線の交点に対し線を残す側で🖱してください。

➡ 3の線が仮表示色になり、線記号「[L] C面取」がマウスポインタに従い仮表示される。操作メッセージは「◆　指示直線（2）を左クリックで指示してください」になる。

4 指示直線（2）として3の排水が流れる先の管を🖱。

➡ 3と4の線の交差部が右の結果の図のように変形作図される。

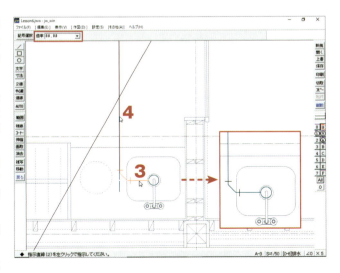

Lesson 6　給排水衛生設備図

5 指示直線(1)として**4**と同じ配管を🖱。
6 指示直線(2)として**5**の排水が流れる先の管を🖱。
　→ **5**と**6**の線の交差部が変形作図される。

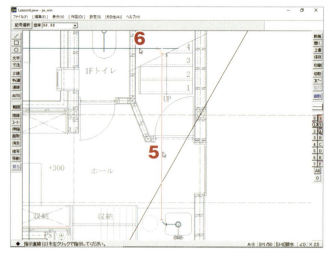

▶ 屋内排水配管のT字部分にTY排水継手を作図しましょう。

7 コントロールバー「記号選択」ボタンを🖱し、「ファイル選択」ダイアログで「【線記号変形M】継手類」の線記号「[TY]排水」を選択する。

8 指示直線(1)として大便器の排水口からの配管を🖱。
　Point 排水の流れる順に、指示直線(1)、(2)を指示してください。

9 指示直線(2)として**8**の排水が流れる先の管を🖱。

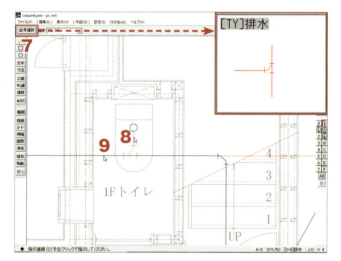

Step16 小口塩ビ桝を作図

▶ 屋外配管の角4カ所にφ200mm塩ビ桝を線色3・実線で作図しましょう。

1 書込線を「線色3・実線」にする。
2 コントロールバー「記号選択」ボタンを🖱し、「ファイル選択」ダイアログのフォルダツリーで「jw-m」フォルダ下の「【線記号変形P】排水桝」を選択する。
3 線記号「φ200L」を選択する。
　Point 「【線記号変形P】排水桝」の線記号は実寸法で作図されます。

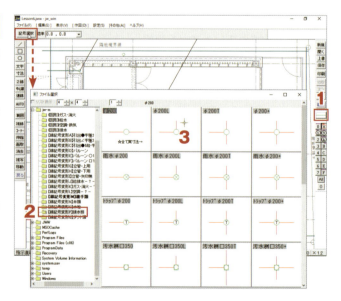

4 コントロールバー「倍率」ボックスに「1」を入力する。

5 指示直線（1）として右図の立管からの配管を🖱。

> **Point** 線記号「φ200L」は指示直線（1）と（2）の交差部にφ200mmの円（塩ビ桝）を作図します。水の流れる順に指示直線（1）⇒（2）を指示してください。

➡ **5**の線が仮表示色になり、線記号「φ200L」がマウスポインタに従い仮表示される。操作メッセージは「◆ 指示直線（2）を左クリックで指示してください」になる。

6 指示直線（2）として**5**の排水が流れる先の管を🖱。

➡ **5**と**6**の線の交差部にφ200mmの円が変形作図される。

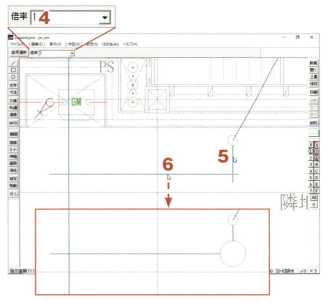

7 同様にして（**5**－**6**）、他の3カ所の角にも「φ200L」を変形作図する。

> ❓ 右上角の塩ビ桝が水路境界線からはみ出した
> → 次ページの**15**までを終えた後、p.226を参照して修正してください。

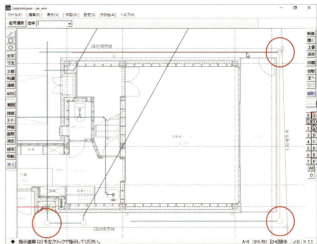

🔲 X1－Y3近くのRDの流れる先にφ200mm塩ビ桝を作図しましょう。

8 コントロールバー「記号選択」ボタンを🖱。

9 「ファイル選択」ダイアログで「【線記号変形P】排水桝」の線記号「－－φ200」を選択する。

> **Point**「－－φ200」を選択するには、ダイアログ右端スクロールバーのスライダーを🖱↓して一覧画面をスクロールしてください。

スクロールバーのスライダー

Lesson **6** 給排水衛生設備図

143

10 指示直線（1）として右図の配管を🖱。

　➡ **10** の線が仮表示色になり、線記号「－－φ200」がマウスポインタに従い仮表示される。操作メッセージは「◎ 位置をマウスで指示してください」になる。

11 作図位置として右図の位置で🖱。

　➡ **10** の線端部の **11** の位置にφ200の塩ビ桝が作図される。

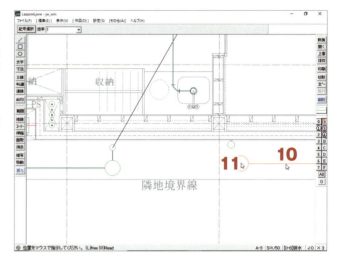

🔶 屋外排水配管上の必要な個所にφ200mmの塩ビ桝を作図しましょう。

12 コントロールバー「記号選択」ボタンを🖱し、線記号「φ200」を選択する。

13 指示直線（1）として排水配管を🖱。

　➡ **13** の線が仮表示色になり、線記号「φ200」がマウスポインタに従い仮表示される。操作メッセージは「◎ 位置をマウス指示してください」になる。

14 作図位置を🖱。

　➡ **14** の位置にφ200の塩ビ桝が作図される。

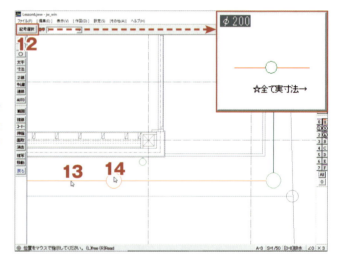

15 同様にして、完成図を参考に、残り3カ所に線記号「φ200」を作図する。

　Point ドレンを流す桝も、ここではおおよその位置に作図してください。Lesson7でドレン配管を作図する際に位置の調整を行います。

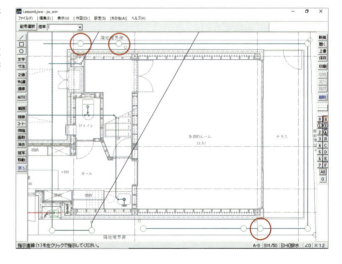

Step17　トラップ桝・汚水桝を作図

◆ トラップ桝を作図しましょう。

1. コントロールバー「記号選択」ボタンを🖱し、線記号「トラップ桝□350L」を選択する。

2. 指示直線（1）として右図の排水配管を🖱。

   Point　「【線記号変形P】排水桝」の線記号は、基本的には水の流れる順に指示直線（1）⇒（2）を指示してください。

3. 指示直線（2）として**2**の排水が流れる先の管を🖱。

   → **2**と**3**の線の交差部にトラップ桝が変形作図される。

   ❓ トラップ桝が隣地境界線からはみ出した → 次ページで調整

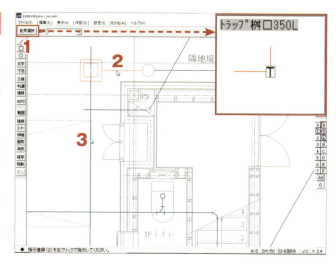

◆ 立管からの排水の合流点に□350mmの汚水桝を作図しましょう。

4. コントロールバー「記号選択」ボタンを🖱し、線記号「汚水桝□350T」を選択する。

5. 指示直線（1）として右図の立管からの排水配管を🖱。

6. 指示直線（2）として**5**の排水が流れる先の管を🖱。

   → **5**と**6**の線の交差部に□350mmの汚水桝が変形作図される。

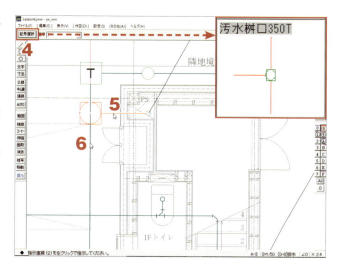

◆ トイレと西側からの排水の合流点に□450mmの汚水桝を作図しましょう。

7. コントロールバー「記号選択」ボタンを🖱し、線記号「汚水桝□450＋」を選択する。

8. 指示直線（1）として右図の排水配管を🖱。

9. 指示直線（2）として**8**の排水が流れる先の管を🖱。

   → **8**と**9**の交差部に□450mmの汚水桝が変形作図される。

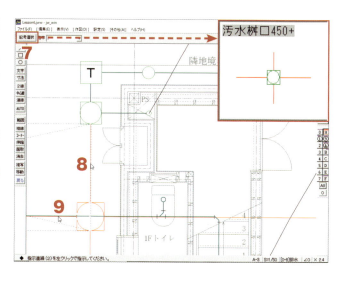

Step18 トラップ桝の位置を調整

◘ 隣地境界線からはみ出したトラップ桝の位置を調整しましょう。

1 メニューバー[その他]-「パラメトリック変形」を選択する。

   Point 「パラメトリック変形」コマンドは、図の一部の線を伸縮することで図全体の長さ（幅）を変更します。対象を範囲選択するときに伸縮する線の片端点が選択範囲枠に入るように囲みます。

2 選択範囲の始点として右図の位置で🖱。

   ➡ 2の位置を対角とする選択範囲枠がマウスポインタまで表示される。

3 選択範囲枠にトラップ桝全体が入るように囲み、終点を🖱（文字を含む）。

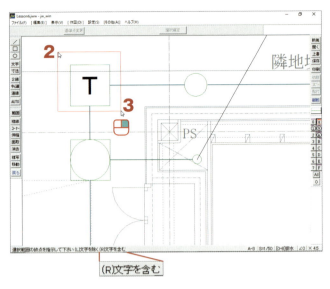

   Point 選択範囲枠内の文字要素も対象にするため終点を🖱します。

   ➡ 選択範囲枠に全体が入る要素が選択色で、片方の端点が入る線要素が選択色の点線で表示される。

   Point 選択色の点線で表示されている線が伸び縮みして、それに伴い選択色の要素が移動します。この段階で要素を🖱することで対象への追加や対象からの除外ができます。

4 選択色の点線になっている右の排水配管を🖱。

   ➡ 4の線が対象から除外され、元の色に戻る。

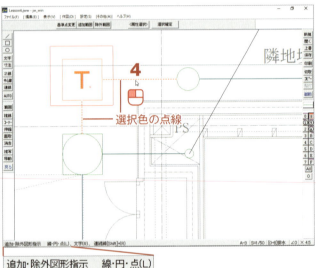

5 コントロールバー「基準点変更」ボタンを🖱。

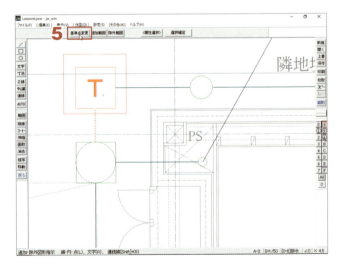

➡ パラメトリック変形の対象が確定し、操作メッセージが「基準点を指示して下さい」になる。

6 基準点としてトラップ桝の右上角を🖱。

➡ 基準点が確定し、マウスポインタに従い選択色の点線部分が伸び縮みし、それに伴い選択色の要素が移動する。操作メッセージは「移動先の点を指示してください」になる。

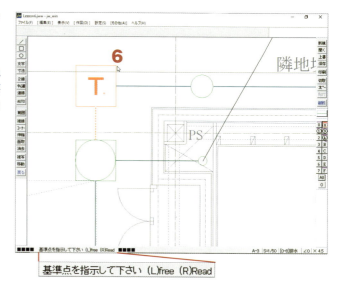

7 コントロールバーの「XY方向」を確認する。

Point 「XY方向」では移動方向が横または縦方向の移動距離が長い方に固定されます。「XY方向」ボタンを🖱すると、移動方向が「Y方向」(縦方向固定)⇒「X方向」(横方向固定)⇒「任意方向」(固定なし)に切り替わります。

8 移動先として仮表示のトラップ桝が敷地内に入る位置で🖱。

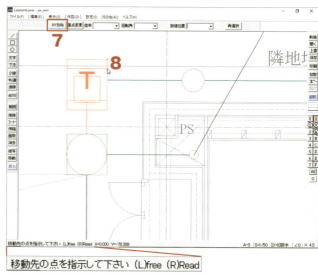

➡ 画面左上に【図形をパラメトリック変形しました】と表示される。操作メッセージは「移動先の点を指示して下さい」と表示され、マウスポインタの動きに従いパラメトリック変形要素が伸び縮みして仮表示される。

Point コントロールバー「再選択」ボタンか他のコマンドを選択するまでは、移動先の点を指示することで選択色の要素を再度パラメトリック変形できます。

9 コントロールバー「再選択」ボタンを🖱。

➡ パラメトリック変形が確定し、パラメトリック変形要素が元の色に戻る。

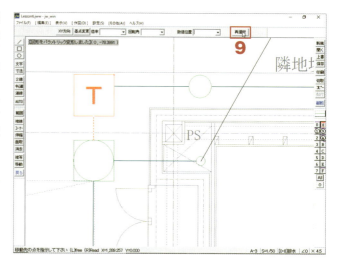

Step 19　RDから排水桝への配管を作図

🔶 RDから排水桝への排水配管を線色7・実線で作図しましょう。

1 排水配管の線を🖱↓AM6時 属性取得 し、書込線を「線色7・実線」にする。

　　　　　　　　　参考 属性取得 → p.100

2 「／」コマンドを選択し、コントロールバー「水平・垂直」のチェックを外す。

3 始点としてRDの円にマウスポインタを合わせ🖱↑AM0時 鉛直・円周点 。

> **Point** 「／」コマンドのコントロールバー「水平・垂直」にチェックがない状態で、線の始点または終点として円・弧を🖱↑すると、 鉛直・円周点 と表示され、その円周上を始点または終点とする鉛直線を作図できます。

➡ **3**の円周上を始点とした鉛直線がマウスポインタまで仮表示される。

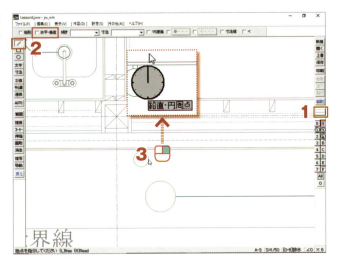

4 終点として排水桝の円にマウスポインタを合わせ🖱↑AM0時 鉛直・円周点 。

➡ **3**と**4**の円の中心を通る線が、**3**の円周上から**4**の円周上まで作図される。

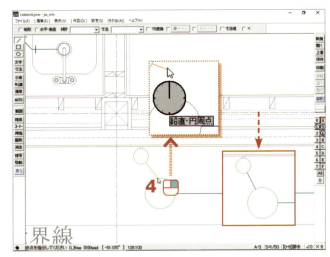

5 同様にして、他の2カ所のRDから塩ビ桝への排水配管を作図する。

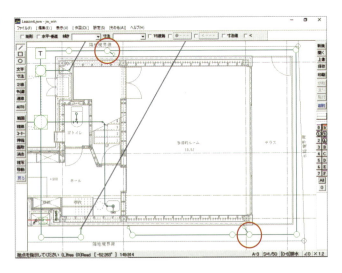

Step20 ガス配管・立上りを作図

🔶 ガスメーターから立管までガス配管を延長しましょう。

1. ガスの配管を🖱↓AM6時 属性取得 し、書込レイヤを「A:ガス」にし、「8」レイヤボタンを2回🖱して表示のみにする。
2. 「伸縮」コマンドを選択し、伸縮線として右図のガス配管を🖱。
3. 伸縮点としてPSの立管の左にマウスポインタを合わせ🖱↑AM0時 円周1/4点 。

   Point 選択コマンドにかかわらず点指示時に円・弧を🖱↑すると 円周1/4点 と表示され、🖱↑位置に近い円周上の1/4位置（円・弧の中心から0°/90°/180°/270°の円周上の位置）を点指示できます。

   ➡ **3**の円の左1/4位置まで**2**のガス配管が伸びる。

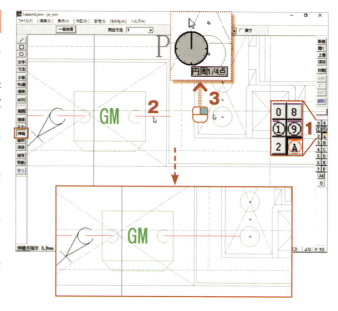

🔶 ガスの立管から60°の引出線を線色2・実線でガス配管と同じレイヤに作図しましょう。

4. 書込線を「線色2・実線」にする。
5. 「／」コマンドを選択し、コントロールバー「傾き」ボックスに「60」を入力する。
6. 始点としてガス立管の中心点（仮点）を🖱。
7. 終点として上1段目の寸法線と交差する位置で🖱。

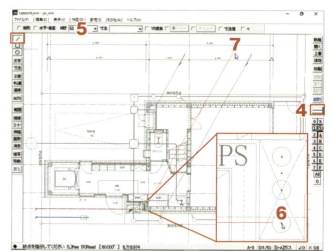

🔶 作図した引出線にガスの立上り管を示す記号を作図しましょう。

8. ガス配管を🖱↓AM6時 属性取得 し、書込線を「線色8・実線」にする。
9. メニューバー［その他］-「線記号変形」を選択する。
10. 「ファイル選択」ダイアログのフォルダツリーで「jw-m」フォルダ下の「【線記号変形G】立管-上用」を選択し、線記号「[・-G→]」を🖱🖱。

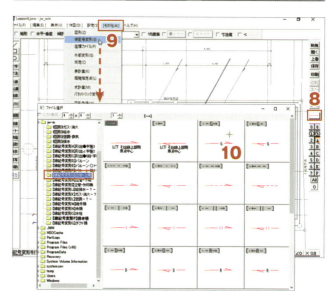

Lesson 6 給排水衛生設備図

Jw_cad空調給排水設備図面入門「Jw_cad8対応版」

149

11 排水の立下り記号と同じ大きさにするため、コントロールバー「倍率」ボックスに「0.8」を入力する。

12 指示直線(1)としてガスの引出線を🖱️。

13 位置として寸法線と引出線の交点を🖱️。

➡ 結果の図のように変形作図される。

> **Point** 先端の矢印記号と文字は書込レイヤに書込線色・線種で作図されます。線記号全体は0.8倍の大きさで作図されますが、文字要素の大きさは図寸の文字種で管理されていて倍率指定の対象にはならないため、1倍の時と同じ大きさで記入されます。

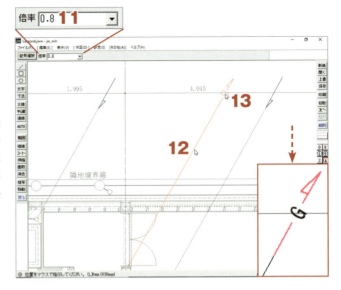

Step21 水栓を作図

🔶 図形として用意されている水栓を「9：給水・給湯」レイヤに作図しましょう。

1 書込レイヤを「9：給水・給湯」レイヤにし、「A」レイヤを表示のみにする。

2 メニューバー［その他］ー「図形」を選択する。

3 「ファイル選択」ダイアログのフォルダツリーで「jw-m」フォルダ下の「《図形》給水」フォルダを選択する。

4 図形「水栓」を選択する。

🔶 作図ウィンドウ左上に ●書込線色で作図 ●書込線種で作図 が表示される場合には、作図属性を元に戻しましょう。

5 コントロールバー「作図属性」ボタンを🖱️。

6 「作図属性設定」ダイアログの「◆書込レイヤ、元線色、元線種」ボタンを🖱️。

➡ ダイアログが閉じ、作図ウィンドウ左上に ●書込レイヤに作図 と表示される。

7 配置位置としてトイレ便器の右図の位置を🖱️。

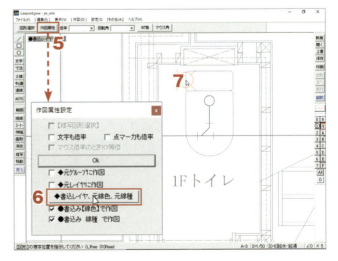

○ 散水栓と混合栓も配置しましょう。

8 コントロールバー「図形選択」ボタンを🖱し、「ファイル選択」ダイアログで「散水栓」を選択し、右図の位置に🖱で配置する。

9 コントロールバー「図形選択」ボタンを🖱し、「混合栓_」を選択する。

10 コントロールバー「回転角」ボックスを「180」にする。

11 流しの右図の位置を🖱。

12 「／」コマンドを選択し、「図形」コマンドを終了する。

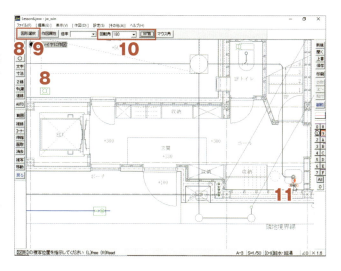

Step22 給水配管ルートを作図

○ 給水配管のおおまかなルートを線色6・実線で「9：給水・給湯」レイヤに作図しましょう。

1 「伸縮」コマンドで量水器からの給水配管を右図の位置まで伸ばす。

2 量水器からの給水管を🖱↓AM6時 属性取得 し、書込線を「線色6・実線」にする。

3 🖱↘ 拡大 で散水栓部分を囲み、拡大表示する。

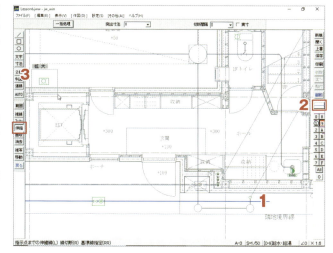

4 「／」コマンドを選択し、コントロールバー「水平・垂直」にチェックを付ける。

5 始点として散水栓の円の右にマウスポインタを合わせ🖱↑AM0時 鉛直・円1/4点 。

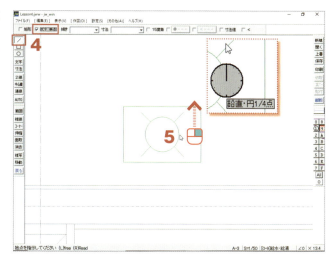

➡ 散水栓の円右1/4位置を始点とした線がマウスポインタまで仮表示される。

🔶 1つ前の拡大範囲に戻しましょう。

6 作図ウィンドウ上にマウスポインタをおき🖱✓ 前倍率 。

Point 🖱✓ 前倍率 とすることで1つ前の拡大範囲が表示されます。

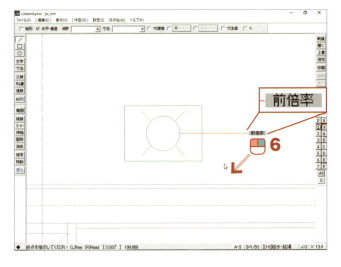

➡ 散水栓を拡大する前の拡大範囲になる。ズーム操作前同様、マウスポインタまで線が仮表示されている。

7 終点として右図の位置で🖱。

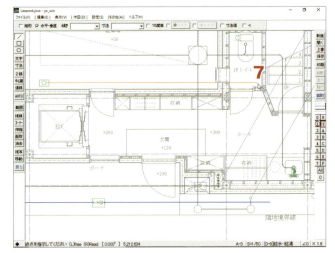

🔶 他の給水配管も作図しましょう。

8 「Lesson 5」で印刷した図面を参考にして、🖱↑AM0時 鉛直・円1/4点 や🖱✓ 前倍率 を利用して、右図のように他の給水配管も作図する。

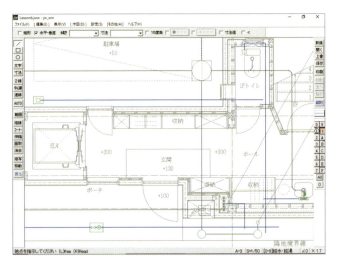

Step23 給湯配管ルートを作図

🔶 給湯配管のおおまかなルートを線色5・実線で「9：給水・給湯」レイヤに作図しましょう。

1. 書込線を「線色5・実線」にする。
2. 「連線」コマンドを選択し、角度45度毎《基準点：マウス位置》の設定にし、コントロールバー「丸面辺寸法」ボックスが空白（または（無指定））であることを確認する。
3. 始点として右図の立管を🖱↑AM0時 円上点＆終了 。
   - ❓ 円ではありません と表示され、始点指示できない → p.236 Q26

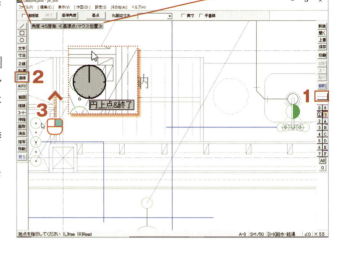

→ 3の立管の円周上を始点とした45度ごとに固定された点線がマウスポインタまで仮表示される。

4-5-6 順次、終点を🖱。

7. 給湯栓の円弧にマウスポインタを合わせ🖱↑AM0時 円上点＆終了 。
   → 7の円弧上を終点として連続線の作図が完了する。

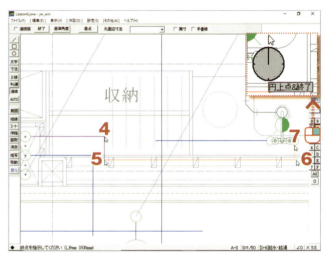

Step24 給水・給湯の立上り、立下りを作図

🔶 PSの給水と給湯の立管に引出線を線色2・実線で作図しましょう。

1. 書込線を「線色2・実線」にする。
2. 「／」コマンドを選択し、PSに作図した給水、給湯のそれぞれの立管の中心点の仮点から右図の位置まで、それぞれの引出線を傾き60°で作図する。

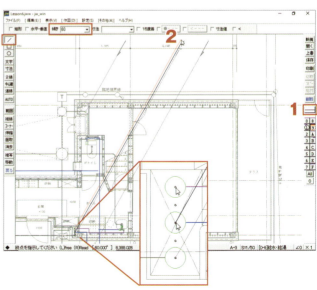

◘ 給湯の立下り管を示す記号を作図しましょう。

3 書込線を「線色5・実線」にする。

4 メニューバー［その他］－「線記号変形」を選択する。

5 「ファイル選択」ダイアログで「【線記号変形G】立管－上用」の線記号「[・←¦─]」を選択する。

6 コントロールバー「倍率」ボックスの「0.8,0.8」を確認し、指示直線（1）として給湯の引き出し線を🖱。

7 位置として寸法線との交点を🖱。

　➡ **6** の線の上端部が **5** の線記号に変形作図される。矢印部分は書込線色の線色5で作図される。

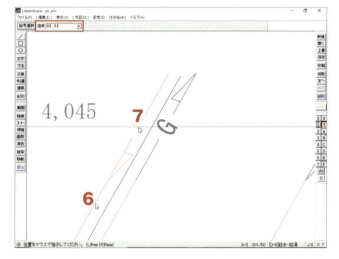

◘ 給水の立上がり管を示す記号を作図しましょう。

8 書込線を「線色6・実線」にする。

9 コントロールバー「記号選択」ボタンを🖱し、線記号「[・-- － →]」を選択する。

10 指示直線（1）として給水の引き出し線を🖱。

11 位置として寸法線との交点を🖱。

　➡ **10** の線の上端部が **9** の線記号に変形作図される。矢印部分は書込線色の線色6で作図される。

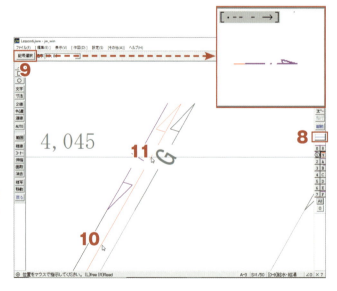

Step25 文字の大きさを変更

◘ 文字種3で記入されているガス管の立上り記号の文字「G」をひとまわり小さい文字種2に変更しましょう。

1. メニューバー［編集］－「属性変更」を選択する。
2. 変更対象の文字が記入されている「A」レイヤボタンを🖱し、編集可能レイヤにする。
3. コントロールバー「線種・文字種変更」にチェックを付け、「書込みレイヤに変更」のチェックを外す。

   Point 文字種の変更時に、そのレイヤを変更しないようチェックを外します。

4. コントロールバー「書込文字種」を「文字種2」に、「基点」を「(中中)」に指定する。
5. 変更対象の文字「G」を🖱(文字)。

   ➡ 作図ウィンドウ左上に 属性変更 と表示され、文字の基点（中中）を基準に文字種2に変更される。

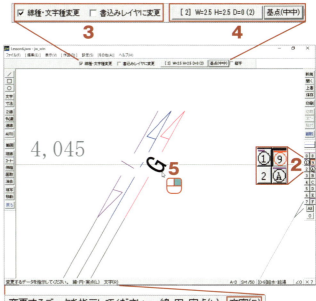

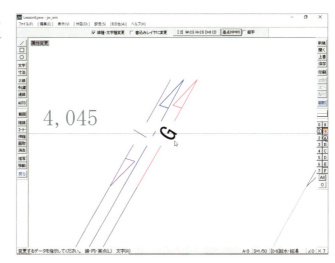

Step26 継手類・弁類を作図

◘ 給水・給湯配管に継手類を作図しましょう。

1. 書込線を「線色2・実線」にし、「A:ガス」レイヤを表示のみにする。
2. メニューバー［その他］－「線記号変形」を選択し、「ファイル選択」ダイアログのフォルダツリーで「jw-m」フォルダ下の「【線記号変形M】継手類」を選択する。
3. 線記号「[L]」を選択する。

4 コントロールバー「倍率」ボックスの数値「0.8,0.8」を確認し、指示直線(1)、(2)を水(湯)の流れる順に指定し、給水配管、給湯配管の曲がる部分に線記号「[L]」を変形作図する。

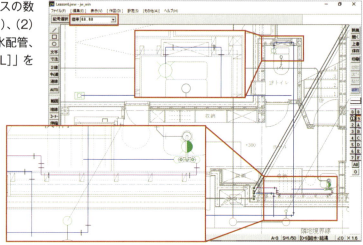

5 コントロールバー「記号選択」ボタンを📱し、「ファイル選択」ダイアログから記号「[T]」を選択する。

6 指示直線(1)、(2)を水(湯)の流れる順に指定し、給水配管のT字に分岐する部分に線記号「[T]」を変形作図する。

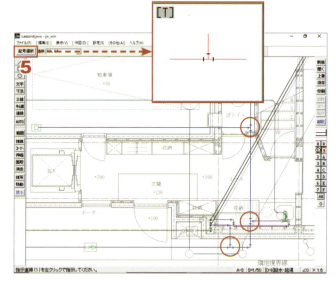

🔶 散水栓手前の給水配管に仕切弁（ボックス付き）を作図しましょう。

7 コントロールバー「記号選択」ボタンを📱し、「ファイル選択」ダイアログのフォルダツリーで「jw-m」フォルダ下の「【線記号変形N】弁類」を選択する。

8 線記号「仕切弁BOX」を📱📱。

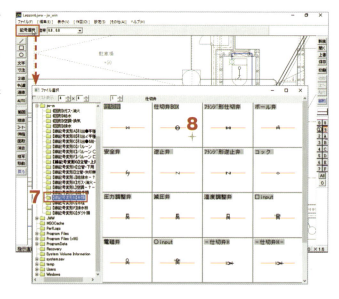

9 指示直線（1）として散水栓への給水配管を🖱。

10 位置として右図の位置で🖱。

　➡ 9の給水配管上の10の位置に線記号「仕切弁BOX」が書込線で作図される。

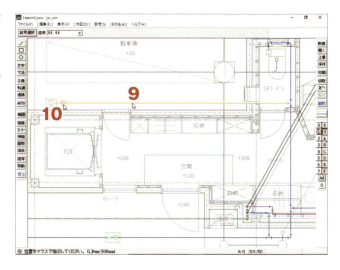

Step27　交差個所を切断処理

🔶 排水管、給水管、給湯管などの交差個所で、下を通る配管を部分消ししましょう。

1 コントロールバー「記号選択」ボタンを🖱。

2 「ファイル選択」ダイアログで「jw-m」フォルダ下の「【線記号変形J】給排水-？-」を選択し、線記号「[-- --]切断」を🖱🖱。

3 「8:排水」「A:ガス」レイヤを編集可能にする。

4 コントロールバー「倍率」ボックスに「1」を入力する。

5 指示直線（1）として右図排水配管を🖱。

6 位置として給水配管との交点を🖱。

　➡ 6の位置を中心に、図寸1.6mmの間隔で5の線が切断される。

7 他の交差する個所も同様に処理する。

　Point 図面全体を表示するなどして切断が必要な個所を探して処理してください。切断間隔は、コントロールバー「倍率」ボックスに倍率を指定することで調整できます。

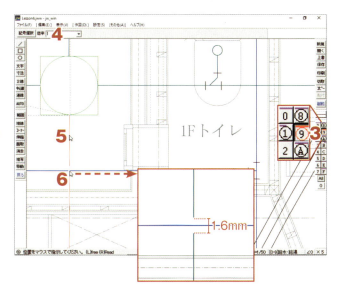

◪ ガスメーターに重なる排水配管も部分消ししましょう。

8 指示直線（1）としてガスメーターに重なる排水配管を🖱。

9 コントロールバー「倍率」ボックスに「3.5」を入力する。

10 仮表示を目安にガスメーターが切断部分に入る位置で🖱。

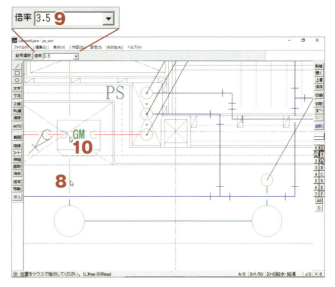

Step 28 給水・給湯・ガス記号を作図

◪ 給水管を示す記号を作図しましょう。

1 「8:排水」レイヤを表示のみにする。

　Point 目的とは違う線要素を指示しないよう、編集対象にしないレイヤは表示のみにしておきます。

2 コントロールバー「記号選択」ボタンを🖱。

3 「ファイル選択」ダイアログの「【線記号変形J】給排水ー？ー」の線記号「[ー　ーー]」を選択する。

4 指示直線（1）として給水配管を🖱。

5 コントロールバー「倍率」ボックスに「0.8」を入力する。

6 位置として記号を作図する位置を🖱。

　➡ 4の給水配管上の6の位置に線記号「ーー　ーー」が作図される。

　Point 「【線記号変形J】給排水ー？ー」の線記号（「ーーーーー/」と「ーーーーS」は除く）は、指示直線（1）と同じレイヤに同じ線色・線種で変形作図します。

7 同様にして、他の給水配管の必要な個所に同じ線記号を作図する。

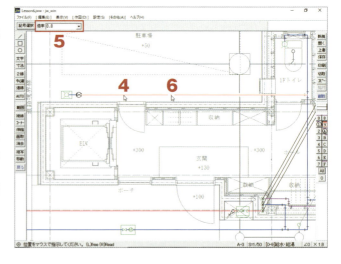

◪ 給湯管を示す記号を作図しましょう。

8 コントロールバー「記号選択」ボタンを🖱し、「ファイル選択」ダイアログで線記号「[-- | --]」を選択する。

9 指示直線(1)として給湯配管を🖱。

10 記号の作図位置を🖱。

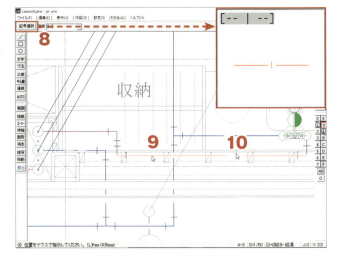

◪ ガス管を示す記号を作図しましょう。

11 コントロールバー「記号選択」ボタンを🖱し、「ファイル選択」ダイアログのフォルダツリーで「【線記号変形K】ガス・消火-?-」を選択する。

12 線記号「[-- G --]」を🖱🖱。

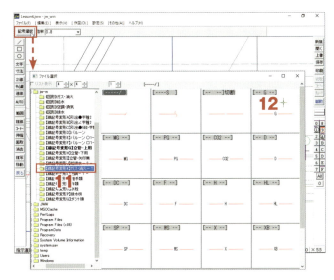

13 指示直線(1)としてガス配管を🖱。

　Point　指示直線(1)は次に指示する位置よりも左側で🖱してください。右側で🖱すると文字「G」が逆さに記入されます。

14 記号の作図位置を🖱。

→ **13**の線上の**14**の位置に**12**で選択した線記号が変形作図される。

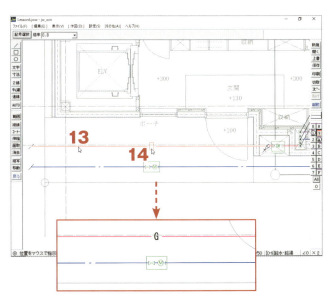

Lesson **6**
給排水衛生設備図

Jw_cad空調給排水設備図面入門[Jw_cad8対応版]

159

Step 29 配管のサイズを記入

▸ 排水配管上に管のサイズを文字種2で記入しましょう。

1. 「8:排水」レイヤを書込レイヤにする。
2. 「文字」コマンドを選択し、「書込文字種」を「文字種2」に、「基点」を「中下」にする。
3. 「文字入力」ボックスに「150」を入力する。
4. 記入位置として右図の排水配管にマウスポインタを合わせ🖱→AM3時 中心点・A点 。

   Point 点指示時に線を🖱→AM3時 中心点・A点 することで、その線の中点を指示できます。

   ➡ 4の線の中点に基点（中下）を合わせ文字「150」が記入される。

▸ 垂直方向の排水管上にサイズを記入しましょう。

5. コントロールバー「垂直」ボックスにチェックを付ける。

   Point コントロールバー「垂直」にチェックを付けると、文字を90°の角度で記入します。

6. 「文字入力」ボックスに「150」を入力する。
7. 記入位置として右図の排水配管にマウスポインタを合わせ🖱→AM3時 中心点・A点 。

   ➡ 7の線の中点に基点(中下)を合わせ、垂直方向に文字「150」が記入される。

▸ 配管上の見やすい位置にサイズを記入しましょう。

8. 「文字入力」ボックスに「100」を入力する。
9. 記入位置として、右図の排水配管にマウスポインタを合わせ🖱←AM9時 線上点・交点 。

   Point 点指示時に線・円・弧を🖱←AM9時 線上点・交点 し、次に位置を指示することで、線上（または円周上）の任意位置を点指示できます。

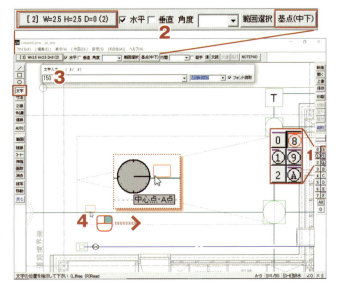

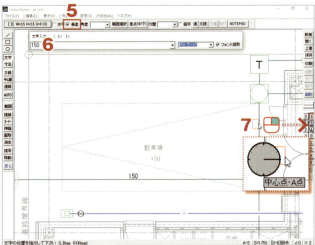

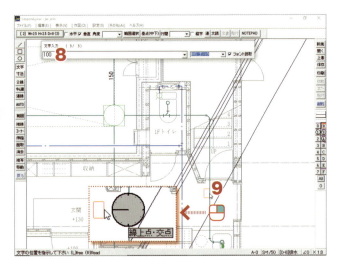

➡ **9**で🖱←した線上に記入することが確定し、ステータスバーには「■■線上点指示■■」と線上の位置指示を促すメッセージが表示される。

10 作図位置として右図の位置で🖱。

➡ **9**の線上の**10**の位置に基点（中下）を合わせ、文字「100」が記入される。

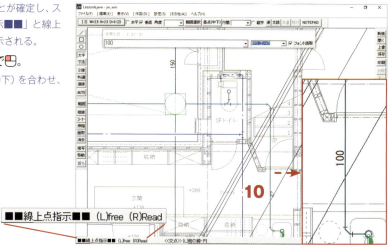

 やってみよう！

「Lesson5」で印刷した完成図を参考に、🖱→AM3時 中心点・A点 や🖱← AM9時 線上点・交点 を利用して、残りの排水配管のサイズを記入しましょう。

また、書込レイヤを「9:給水・給湯」にして給水・給湯管のサイズを、書込レイヤを「A:ガス」にしてガス管のサイズを記入しましょう。

❓ 🖱→AM3時 中心点・A点 すると、文字が記入されずに「2点間中心　◆◆B点指示◆◆」と操作メッセージが表示される → p.235 Q25

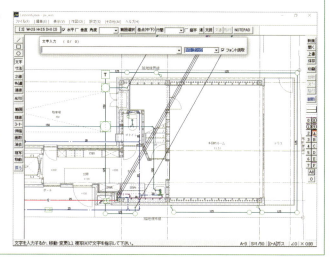

Step 30　立管の引出線にサイズを記入

▶ 排水の立管の引出線から引き出して、管のサイズ「75」を記入しましょう。

1 「B:衛生文字」レイヤを書込レイヤにし、書込線を「線色1・実線」にする。

2 メニューバー［その他］－「線記号変形」を選択する。

3 「ファイル選択」ダイアログで「jw-m」フォルダ下の「【線記号変形A】引出●字種2」を選択し、線記号「●ーー右引出」を🖱。

Point 線記号「●ーー右引出」は、指示位置に書込線色の実点を作図し、そこから右方向に書込線で水平な引出線と文字種2の文字を記入します。

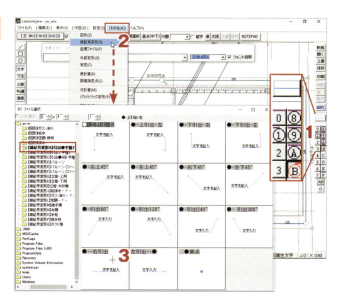

4 コントロールバー「倍率」ボックスに「1」を入力する。

5 引出線の先端位置としてPSへの排水の立下り記号先端を🖱。

➡ **5**からマウスポインタまで引出線と文字外形枠が仮表示され、位置指示を促す操作メッセージが表示される。

6 文字の記入位置として右図の位置で🖱。

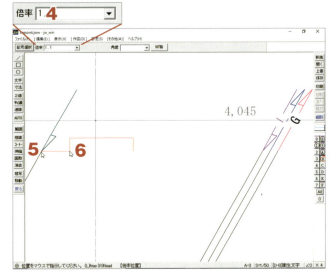

➡ **5**に実点と**5**から**6**までの水平線が書込線で作図され、「文字入力」ダイアログが開く。

7 「文字入力」ボックスに記入文字「75」を入力し、Enterキーを押す。

➡ 右の結果の図のように引き出しと文字「75」が記入される。

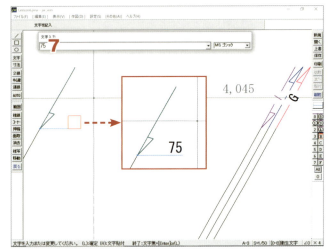

8 同様にして、屋外の立管への立下りの排水管にも、右図のようにサイズ「100」を記入する。

🔶 左隣の3本の引出線にも、同じ線記号を利用して3本の管のサイズ「20,25,25」を記入しましょう。

9 引出線の先端位置として給湯の立下り記号の先端を🖱。

10 文字の記入位置として右図の位置で🖱。

11 「文字入力」ボックスに「20，25，25」を入力し、Enterキーを押す。

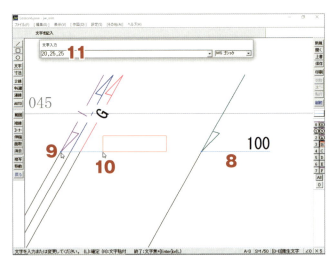

○ 給水管、ガス管と引出線の交点に実点を作図しましょう。

12 コントロールバー「記号選択」ボタンを🖱し、「ファイル選択」ダイアログで「●実点」を選択する。

13 給水管、ガス管と引出線のそれぞれの交点を🖱し、実点を作図する。

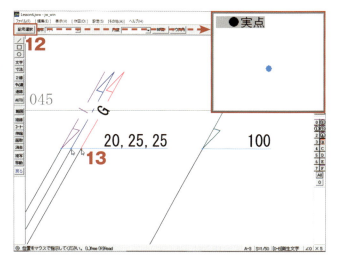

Step31 排水桝のサイズ等を2行で記入

○ トラップ桝のサイズなどを、文字種2の大きさで2行の文字で記入しましょう。

1 「文字」コマンドを選択し、コントロールバーで書込文字種「文字種2」、「基点（中下）」を確認する。

2 「行間」ボックスに「2.7」を入力する。

Point コントロールバー「行間」ボックスに行間を図寸で指定することで複数行の文字を記入できます。ここでは書込文字種2の高さが図寸2.5mmのため、行間を2.7mmに指定します。

3 「文字入力」ボックスを🖱し、「350^u□x650H」を入力する。

Point □（しかく）の前に半角小文字で「^u」を入力することで、□を数値「350」の右上に小さく記入できます。

4 1行目の記入位置として右図の位置を🖱。

→ 文字「350□x650H」が記入され、図寸2.7mm下に文字外形枠が仮表示される。

5 「文字入力」ボックスに2行目の文字「（化粧蓋）」を入力し、Enterキーを押す。

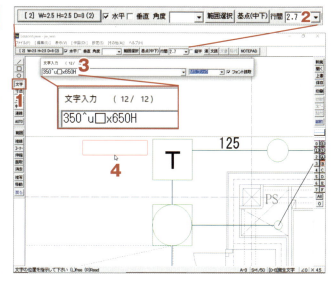

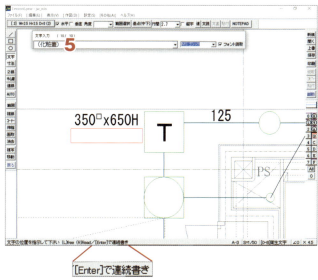

➡ 2行目に文字「(化粧蓋)」が記入され、図寸2.7mm下に文字外形枠が仮表示される。

🔄 その下の排水桝にも、同様に2行の文字を記入しましょう。

6 「文字入力」ボックスの▼を🖱し、履歴リストから「350^u□x650H」を🖱。

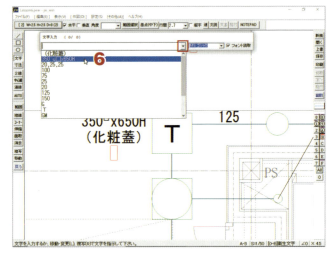

7 「文字入力」ボックスに入力した「350^u□x650H」の「650」を「680」に変更する。

8 記入位置として右図の位置を🖱。

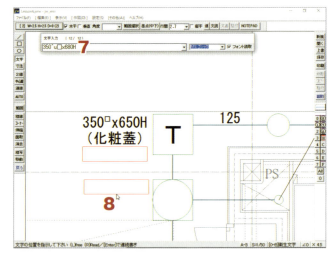

➡ 文字「350□x680H」が記入され、図寸2.7mm下に文字外形枠が仮表示される。

9 「文字入力」ボックスの▼を🖱し、履歴リストから「(化粧蓋)」を🖱で選択し、Enterキーを押す。

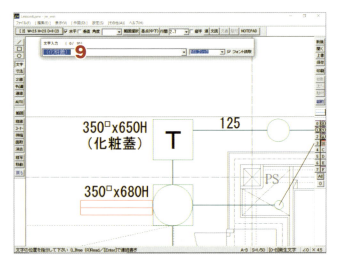

➡ 2行目に文字「（化粧蓋）」が記入され、図寸2.7mm下に文字外形枠が仮表示される。

10「文字入力」ボックスに入力せずに「文字」コマンドを🖱し、連続入力を終了する。

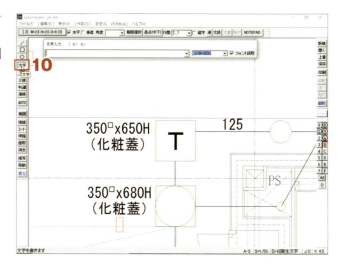

Step32　引き出して2行の文字を記入

🔶 その下の排水桝には、引き出して2行でサイズなどを記入しましょう。

1 書込線が「線色1・実線」であることを確認し、メニューバー［その他］－「線記号変形」を選択する。

2「ファイル選択」ダイアログで「jw-m」フォルダ下の「【線記号変形C】引出●5段・字種2」を選択し、線記号「●-Free左」を🖱🖱。

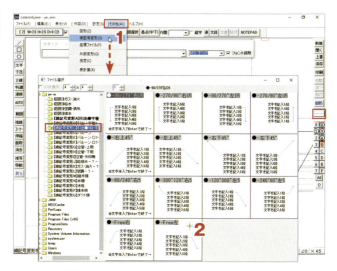

3 引き出し位置として右図の位置で🖱。

➡ **3**からの引き出し線と5行分の文字の外形枠がマウスポインタに仮表示され、位置指示を促す操作メッセージが表示される。

4 仮表示を目安に文字の記入位置を🖱。

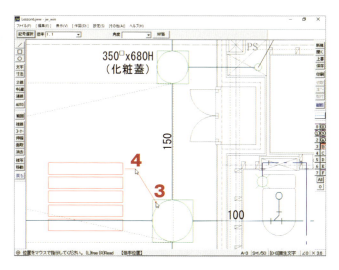

➡ **3**に実点と**3**からの引き出し線が書込線で作図され、「文字入力」ダイアログが開く。

5 「文字入力」ボックスに1行目の文字「450^u□x720H」を入力し、Enterキーを押す。

> Point　p.164の**6**-**7**と同様に、「文字入力」ボックスの▼を🖱し、履歴リストから前項で記入した文字「350^u□x680H」を選択してそれを変更して利用することもできます。

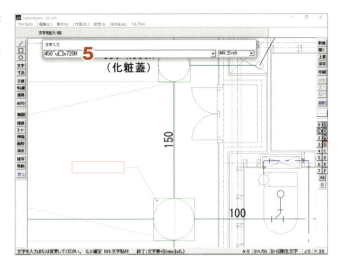

➡ 1行目の文字が記入され、2行目の文字を入力する状態になる。

6 「文字入力」ボックスに2行目の文字「(化粧蓋)」を入力し、Enterキーを押す。

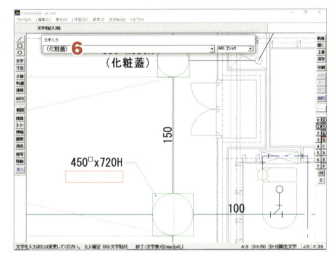

➡ 2行目の文字が記入され、3行目の文字を入力する状態になる。

7 「文字入力」ボックスに入力せずにEnterキーを押す。

> Point　線記号「●-Free左」は文字を5行まで記入できます。文字を入力せずにEnterキーを押すことで終了します。

➡ 線記号「●-Free左」の記入が終了する。

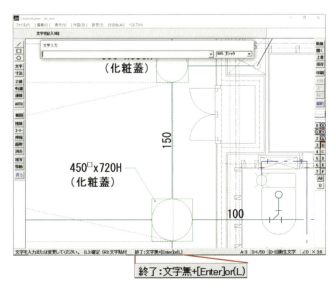

| Step 33 | 塩ビ桝のサイズを記入 |

◨ トラップ桝右の塩ビ桝に、文字種2で「200φx620H」と記入しましょう。

1 「文字」コマンドを選択し、「文字種2」「基点(中下)」を確認する。
2 「文字入力」ボックスに「200φx620H」を入力する。
   Point 「φ」は「ふぁい」と入力し、変換キーを押して変換します。
3 記入位置を🖱。

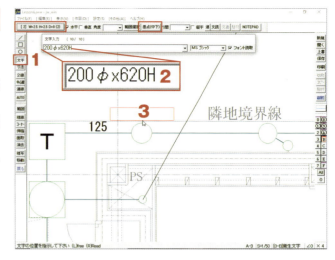

◨ 記入した文字を複写・変更することで、さらに右の塩ビ桝に「200φx580H」と記入しましょう。

4 記入した文字「200φx620H」を🖱（複写）。
   → 現在の基点（中下）をマウスポインタに合わせて文字外形枠が仮表示される。「文字入力」ダイアログのタイトルは「文字変更・複写」になり、入力ボックスには「200φx620H」が色反転して表示される。
5 コントロールバー「任意方向」ボタンを🖱し、「X方向」にする。
   Point 「任意方向」ボタンを🖱で「X方向」(横方向固定)⇒「Y方向」(縦方向固定)⇒「XY方向」(横または縦方向固定)と、文字の複写方向を固定できます。

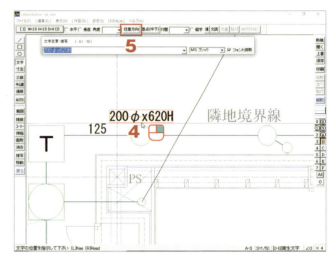

   → 文字外形枠の動きが横方向に固定される。
6 「文字変更・複写」ボックスの文字を「200φx580H」に書き換える。
7 複写先の位置を🖱。
   Point 建築図の文字「隣地境界線」に重なってかまいません。後（→p.191）で建築図の文字を移動して調整します。
   → 文字「200φx580H」が7に記入される。
8 「Lesson 5」で印刷した完成図を参照し、他の排水桝のサイズおよびルーフドレンに「RD」を文字種2で記入する。

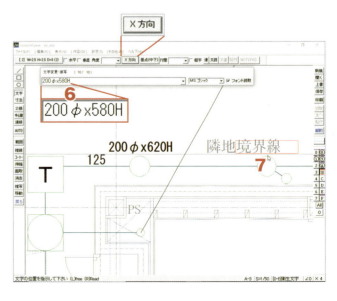

Step 34 その他の文字を記入

◯ ガスメーターからの引出付き文字を記入しましょう。

1. メニューバー［その他］－「線記号変形」を選択する。
2. 「ファイル選択」ダイアログで「jw-m」フォルダ下の「【線記号変形A】引出●字種2」を選択し、線記号「●-引出240°」を🖱🖱。

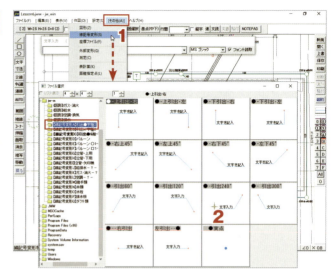

3. 引出位置としてガスメーターを🖱。
   → 3からの角度が240°に固定された引き出し線と文字の外形枠がマウスポインタに仮表示され、位置指示を促す操作メッセージが表示される。
4. 仮表示を目安に文字の記入位置を🖱。
   → 3に実点と3からの引き出し線が書込線で作図され、「文字入力」ダイアログが開く。
5. 「文字入力」ボックスに「マイコンガスメーター、250GC」を入力し、Enterキーを押す。

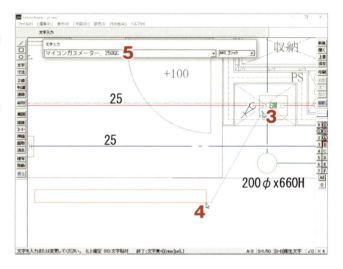

6. 同様にして、適宜、線記号を選択し、量水器、ガス管、給水管、既存公共桝からの引出付き文字も記入する。
7. 「文字」コマンドを選択し、文字種2で散水栓の文字を記入する。
8. 上書き保存する。

以上で「Lesson 6」は終了です。

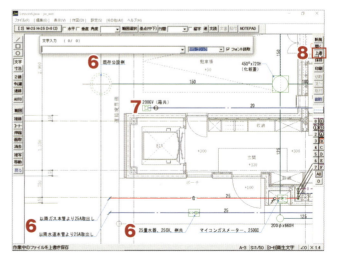

空調換気設備図

Lesson 7

「Lesson6」で作図した給排水衛生設備図「Lesson6」を開き、下表のレイヤ・線色で空調換気設備図を作図しましょう。
お手元に「Lesson5」(→p.115)で印刷した空調換気設備図をご用意ください。

レイヤ番号	レイヤ名
0	建築図
1	立管
4	空調機器
5	ダクト
6	ドレン・冷媒
7	空調文字
F	図面枠

名　称	線　色
建築図	線色1
空調機器	線色3
ダクト	線色7
ドレン	線色5
冷媒	線色6
立上・立下引出線	線色2

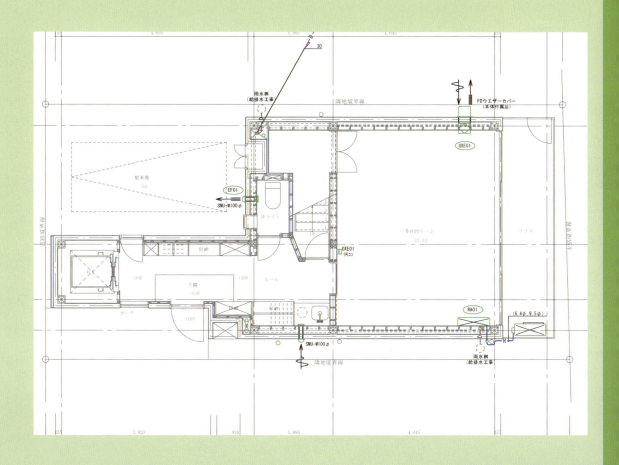

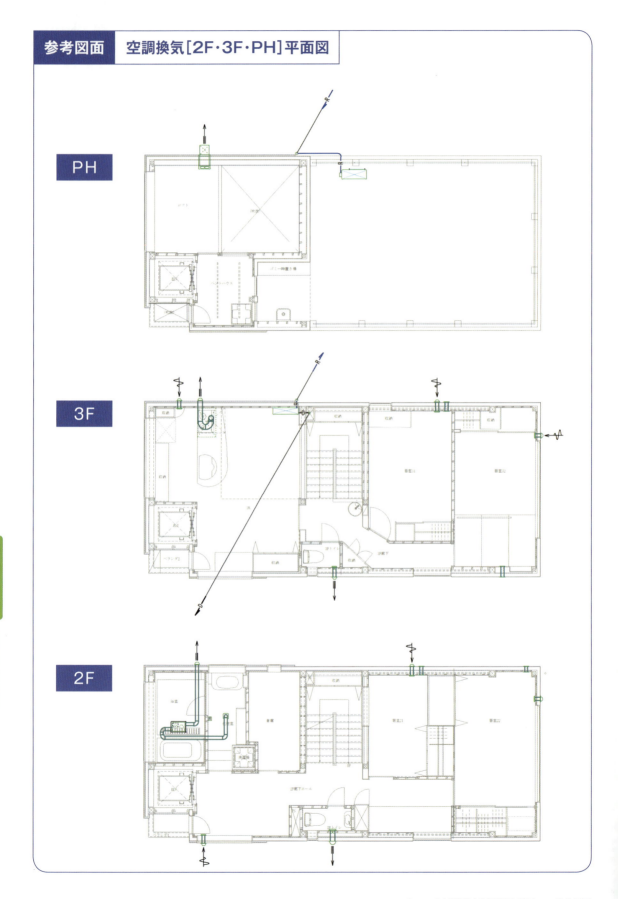

Step1 図面名を記入

○「Lesson6」で「jw-m」フォルダに上書き保存した給排水衛生設備図「Lesson6」を開き、記入されている図面名「給排水衛生1F平面図」と同じ大きさで、「7:空調文字」レイヤに図面名「空調換気1F平面図」を記入しましょう。

1. 「開く」コマンドを選択し、図面「Lesson6」を開く。
2. 「文字」コマンドを選択し、図面右下の文字「給排水衛生1F平面図」にマウスポインタを合わせ🖱↓AM6時 属性取得 。
   → 書込レイヤが**2**の文字の「B:衛生文字」になり、コントロールバーの「書込文字種」ボタンが**2**の文字と同じ文字種7になる。

3. 書込レイヤを「7:空調文字」にし、「B」レイヤを表示のみにする。
4. 「文字入力」ボックスに「空調換気1F平面図」を入力する。
5. 「基点(左下)」を確認し、記入位置として表示のみレイヤの文字「給排水衛生1F平面図」の左下を🖱。

   Point 既存の文字の左下と右下は🖱で読み取りできます。

   → 🖱した文字と同じ位置に文字「空調換気1F平面図」が記入される。

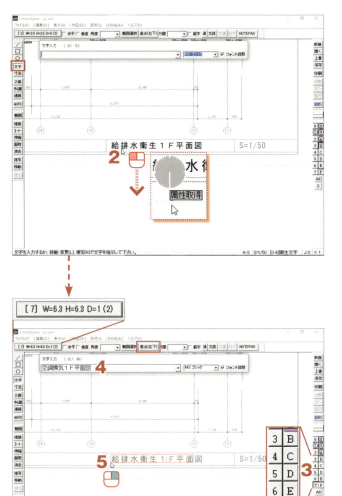

Step2 レイヤの表示状態を変更

○ 給排水衛生設備図を作図したレイヤを非表示にし、「All」ボタンを🖱しても表示状態が変更されないよう×のプロテクトレイヤにしましょう。

1. 「8」「9」「A」「B」レイヤを非表示にする。
2. Ctrlキーと Shiftキーを押したまま「8」レイヤを🖱。

   Point Ctrlキーと Shiftキーを押したままレイヤボタンを🖱すると、レイヤボタンに×が付いたプロテクトレイヤ(→p.114)に設定されます。

   → 「8」のレイヤボタンに×が表示され、プロテクトレイヤになる。

3. 「9」「A」「B」レイヤも、同様に Ctrlキーと Shiftキーを押したまま🖱してプロテクトレイヤにする。

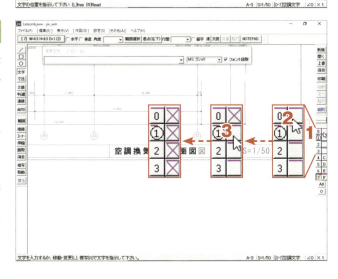

Step3 空調機器の配置目安を作図

▶ 空調機器の配置目安となる補助線を作図しましょう。

1. 書込レイヤを「4:空調機器」レイヤにし、書込線を「線色2・補助線種」にする。
2. 「中心線」コマンドを選択する。
3. トイレ、流しの給排気、多目的ルームのロスナイ配置位置の目安として、間柱間に中心線を作図する。

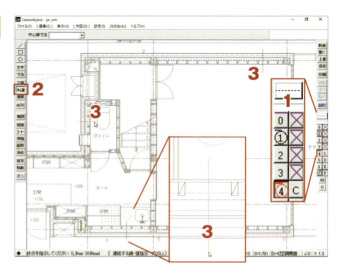

Step4 給排気機器を作図

▶ 1Fトイレのダクトファンを作図しましょう。

1. 書込線を「線色3・実線」にする。
2. メニューバー[その他]-「線記号変形」を選択する。
3. 「ファイル選択」ダイアログで「jw-m」フォルダ下の「【線記号変形Q】ダクト類」を選択し、線記号「ダクトファンφ100 1/50用」を🖱🖱。

   Point 線記号「ダクトファンφ100 1/50用」は、指示する2点の間隔を壁厚としてダクトファン(S=1/50の図面ではφ100mm)を作図します。壁断面を示す2本の線は線色7・実線で、その他の部分は書込線で作図されます。

4. コントロールバー「倍率」ボックスの指定が1倍であることを確認し、「90°毎」ボタンを🖱して「角度」ボックスの数値を「90」にする。
5. 位置として右図のトイレの内壁と補助線の交点を🖱。

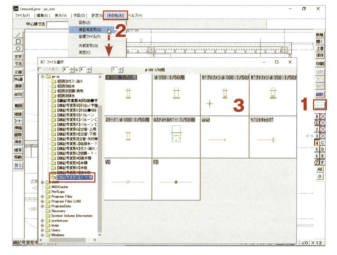

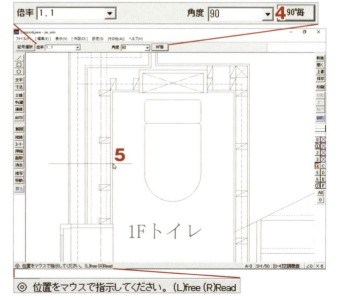

➡ **5**からマウスポインタまでダクトファンが仮表示される。

6 位置として外壁と補助線の交点を🖱。

➡ **5**－**6**の長さで「ダクトファンφ100 1/50用」が作図される。

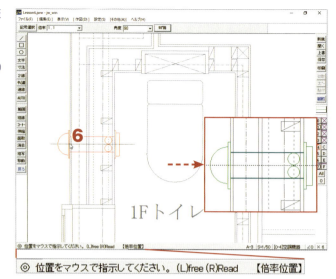

🔷 流し横の給気口を作図しましょう。

7 コントロールバー「記号選択」ボタンを🖱し、「ファイル選択」ダイアログで線記号「φ100 1/50用」を選択する。

8 コントロールバー「90°毎」ボタンを🖱し、「角度」ボックスの数値を「180」にする。

9 位置として内壁と補助線の交点を🖱。

➡ **9**からマウスポインタまで線記号「φ100 1/50用」が仮表示される。

10 位置として外壁と補助線の交点を🖱。

➡ **9**－**10**に「φ100 1/50用」が作図される。

🔷 ウェザーカバー付きのロスナイを作図しましょう。

11 コントロールバー「記号選択」ボタンを🖱し、「ファイル選択」ダイアログで線記号「ロスナイ＋カバー 1/50用」を選択する。

12 コントロールバー「角度」ボックスを「0」（または空白）にし、位置として内壁と補助線の交点を🖱。

➡ **12**からマウスポインタまで線記号「ロスナイ＋カバー 1/50用」が仮表示される。

13 位置として外壁と補助線の交点を🖱。

➡ **12**－**13**に「ロスナイ＋カバー 1/50用」が作図される。

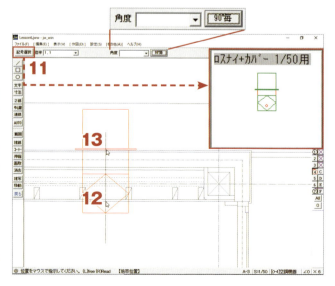

Step 5 エアコンを作図

◪「図形」としてあらかじめ用意されているエアコンの室内機を多目的ルームのX1通りの壁面に配置しましょう。

1. メニューバー［その他］－「図形」を選択する。
2. 「ファイル選択」ダイアログで「jw-m」フォルダ下の「《図形》空調・換気」フォルダを選択し、図形「AC室内」を🖱🖱。

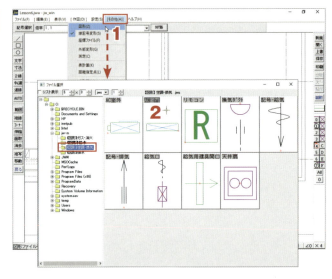

3. 配置位置として右図の内壁を🖱← AM9時 線上点・交点 。

   Point 点指示時に線・円・弧を🖱← AM9時 線上点・交点 し、次に位置を指示することで、線上（または円周上）の任意位置を点指示できます。

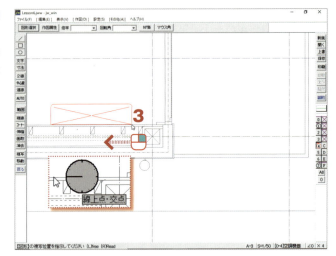

→ 3で🖱←した線上に配置することが確定し、ステータスバーには「線上点指示」と線上の位置指示を促すメッセージが表示される。

4. 作図位置として右図の位置で🖱。

   → 3の線上の4の位置に基準点を合わせ、図形「AC室内」が作図される。

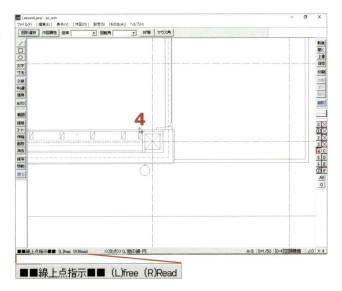

🔲 エアコンの室外機をテラスに配置しましょう。

5 コントロールバー「図形選択」ボタンを🖱️し、「ファイル選択」ダイアログで図形「AC室外」を選択する。

6 右図の位置を🖱️して配置する。

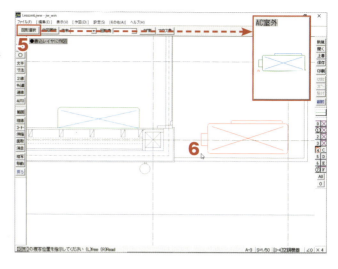

🔲 エアコンのリモコンを多目的ルーム入り口左手の壁面に配置しましょう。

7 コントロールバー「図形選択」ボタンを🖱️し、「ファイル選択」ダイアログで図形「リモコン」を選択する。

8 🖱️← AM9時 線上点・交点 を利用して、右図の壁面に配置する。

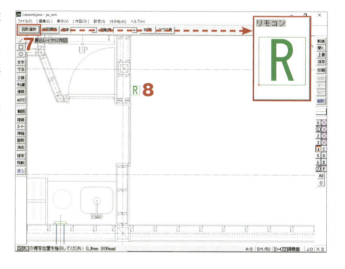

Step6 吹出・吸引記号を作図

🔲 「図形」としてあらかじめ用意されている吹出記号を1Fトイレのダクトファンに配置しましょう。

1 コントロールバー「図形選択」ボタンを🖱️し、「ファイル選択」ダイアログで図形「記号-排気」を選択する。

2 コントロールバー「90°毎」ボタンを🖱️し、「回転角」ボックスを「90」にする。

3 配置位置としてベントキャップと補助線の交点を🖱️。

Point ベントキャップの円弧が補助線と交差していない場合は、ベントキャップの円弧を🖱️↑ AM0時 円周1/4点 することで配置してください。

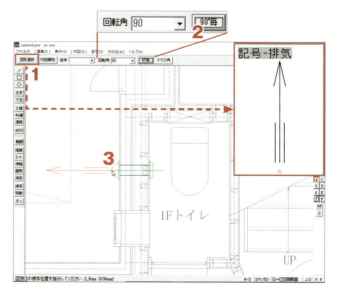

◘ 同じ吹出記号を多目的ルームのロスナイにも配置しましょう。

4 コントロールバー「90°毎」ボタンを🖱し、「回転角」ボックスを空白(0°)にする。

Point 「90°毎」ボタンを🖱することで、「回転角」ボックスの角度が90⇒0⇒270⇒180と、右回りに90°ごとに切り替わります。

5 配置位置としてロスナイのカバー右上角を🖱。

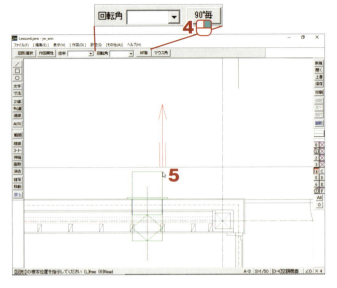

◘ 吸引記号をロスナイに配置しましょう。

6 コントロールバー「図形選択」ボタンを🖱し、「ファイル選択」ダイアログで、図形「記号－給気」を選択する。

7 配置位置としてロスナイのカバー左上角を🖱。

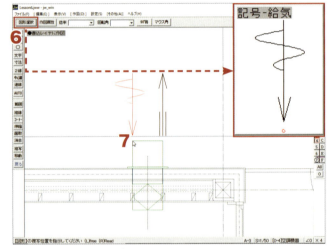

◘ 同じ吸引記号を給気口に配置しましょう。

8 コントロールバー「90°毎」ボタンを2回🖱し、「回転角」ボックスを「180」にする。

9 配置位置として給気口のベントキャップと補助線の交点を🖱。

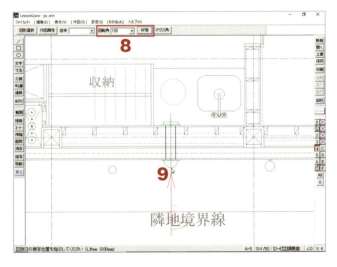

Step7 立管を作図

◯ 半径40mmの立管を「線色3・実線」で作図しましょう。

1. 書込線を「線色3・実線」にし、書込レイヤを「1：立管」にする。
2. 「○」コマンドを選択し、コントロールバー「半径」ボックスに「40」を入力する。
3. PSの右図の位置に作図する。

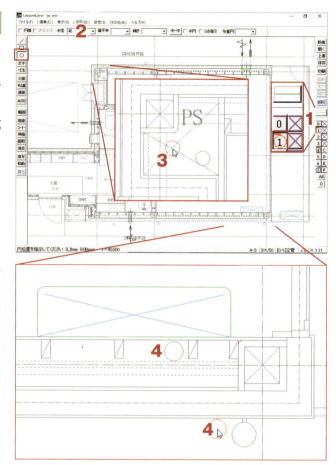

4. エアコン近くの右図2カ所にドレン用の立管と冷媒用の立管を作図する。

◯ PSに3で作図した立管に上階からのドレンを示す引出線を線色2・実線で作図しましょう。

5. 書込線を「線色2・実線」にし、書込レイヤを「6：ドレン・冷媒」にする。
6. 「／」コマンドを選択し、コントロールバー「傾き」ボックスに「60」を入力する。
7. 立管の円の中心を始点として右図のように引出線を作図する。

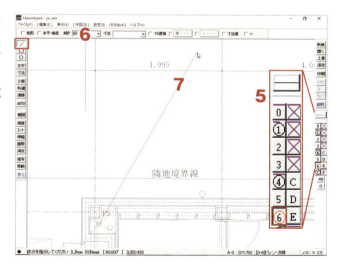

Step8　立下りの記号を作図

⬇ 作図した引出線にドレンの立下り管を示す記号を作図しましょう。

1. 書込線を「線色5・実線」にする。
2. メニューバー［その他］－「線記号変形」を選択する。
3. 「ファイル選択」ダイアログで「jw-m」フォルダ下の「【線記号変形G】立管－上用」を選択する。
4. 線記号「[・←D-］」を🖱🖱。

5. コントロールバー「倍率」ボックスに「0.8」を入力する。
6. 指示直線(1)として引出線を🖱。

   Point　6の指示は次に指示する位置よりも左側で🖱してください。

   ➡ 6の線の先端が線記号「[・←D-］」になりマウスポインタに従い仮表示される。操作メッセージは「◎　位置をマウスで指示してください」になる。

7. 位置として右図の寸法線と引出線の交点を🖱。

   ➡ 6の線の先端が7の位置を原点として線記号「[・←D-］」に変形作図される。

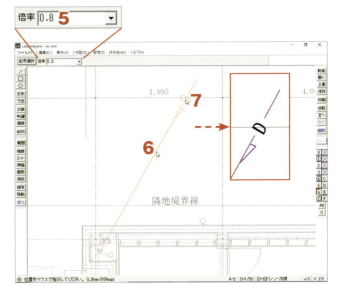

Step9　ドレンのための排水桝を作図

⬇ 衛生設備図を参照し、ドレンを流すための排水桝を「線色3・点線2」で作図しましょう。

1. Ctrlキーを押したまま×の付いた「8」レイヤボタンを🖱し、プロテクトレイヤを解除する。
2. さらに「8」レイヤボタンを🖱し、表示のみにする。

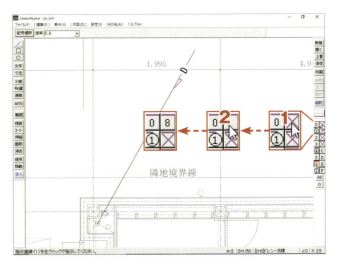

3 書込線を「線色3・点線2」にする。

4 「○」コマンドを選択し、コントロールバー「半径」ボックスの▼を🖱し、履歴リストから「(無指定)」を🖱で選択する。

5 円の中心位置として表示のみレイヤの排水桝の円にマウスポインタを合わせ🖱→AM3時 中心点・A点 。

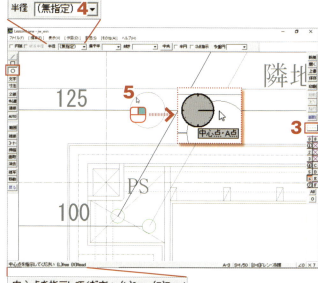

➡ 🖱→した円の中心点がこれから作図される円の中心点に確定し、円がマウスポインタまで仮表示される。

6 円位置として円周上の点を🖱。

➡ **5**を中心とした**6**を通る円が書込線で作図される。

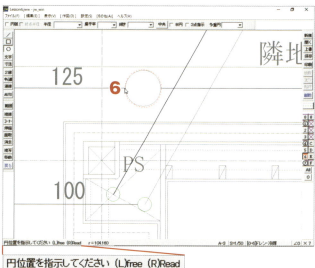

7 同様にして、エアコンのドレンを流す排水桝も右図のように作図する。

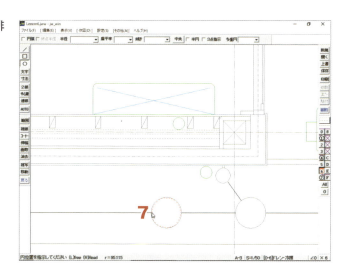

Step10 塩ビ桝の位置を調整

◘ 必要に応じて、ドレンを流す塩ビ桝の位置を調整しましょう。ここではエアコンのドレン立管の中心点位置に塩ビ桝の中心点位置を揃えましょう。

1 「8:排水」レイヤを🖱し、編集可能にする。
2 メニューバー［その他］－「パラメトリック変形」を選択する。
3 選択範囲の始点として右図の位置で🖱。
   ➡ 3の位置を対角とする選択範囲枠がマウスポインタまで表示される。
4 選択範囲枠に塩ビ桝全体が入るよう囲み、終点を🖱。

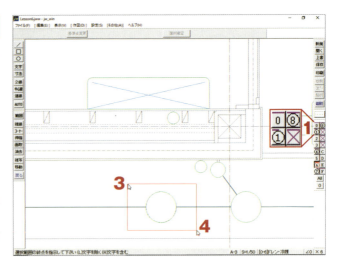

➡ 選択範囲枠に全体が入る要素が選択色で、片方の端点が入る線要素が選択色の点線で表示される。

Point 以降の指示で選択色の点線で表示されている線が伸び縮みし、それに伴い選択色の要素が移動します。

5 コントロールバー「基準点変更」ボタンを🖱。

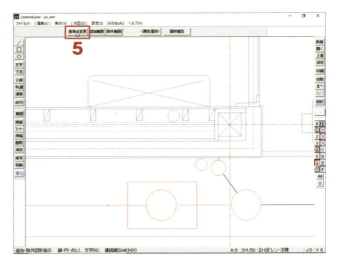

➡ パラメトリック変形の対象要素が確定し、基準点を指示する状態になる。

6 基準点として塩ビ桝にマウスポインタを合わせ🖱 → AM3時 中心点・A点 。

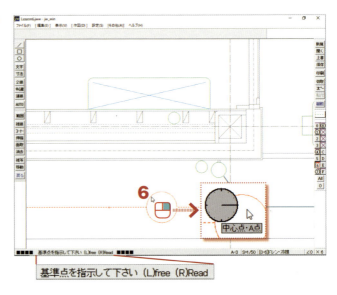

基準点を指示して下さい (L)free (R)Read

➡ **6**の塩ビ桝の円中心が基準点になり、マウスポインタに従い塩ビ桝が動き、その左右の排水配管が追従する。操作メッセージ「移動先の点を指示して下さい」になる。

7 コントロールバー「XY方向」ボタンを2回⊟し、「X方向」にする。

Point 「XY方向」ボタン（水平または垂直方向固定）を⊟で「任意方向」⇒「X方向」（水平方向固定）⇒「Y方向」（垂直方向固定）と、移動方向の固定指示を切り替えられます。

8 移動先の点としてドレン立管にマウスポインタを合わせ⊟→AM3時 中心点・A点 。

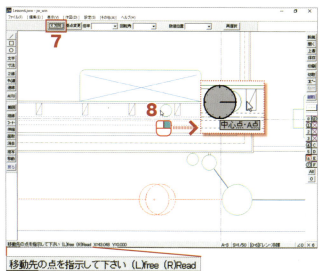

➡ 塩ビ桝の中心位置がドレン立管の中心位置と揃い、作図ウィンドウ左上に【図形をパラメトリック変形しました】と、そのX，Y方向の移動距離が表示される。

Point コントロールバー「再選択」ボタンか他のコマンドを選択するまでは、移動先を指示することで再度パラメトリック変形できます。

9 コントロールバー「再選択」ボタンを⊟。

➡ パラメトリック変形が確定し、パラメトリック変形要素が元の色に戻る。

🟢 編集可能になっている「8:排水」レイヤを再び非表示にし、表示状態が変更されないよう、×が付いたプロテクトレイヤに設定しましょう。

10 「8」レイヤボタンを⊟し、非表示にする。

11 Ctrlキーと Shiftキーを押したまま「8」レイヤボタンを⊟し、×が付いたプロテクトレイヤにする。

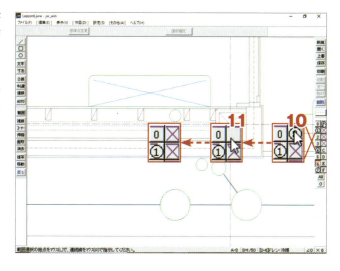

181

Step11 ドレン配管を作図

○ エアコンから排水桝へのドレン配管を線色5・実線で「6:ドレン・冷媒」レイヤに作図しましょう。

1. 書込レイヤが「6:ドレン・冷媒」であることを確認し、書込線を「線色5・実線」にする。
2. 「／」コマンドを選択し、コントロールバー「水平・垂直」にチェックを付ける。
3. 始点として排水桝の上にマウスポインタを合わせ🖱↑AM0時 鉛直・円1/4点 。

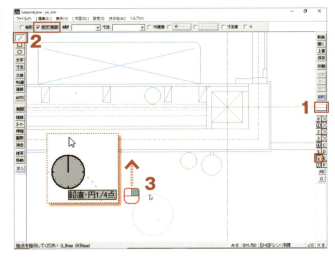

➡ 3の円の上1/4位置からマウスポインタまで角度が固定された線が仮表示される。

4. 終点として立管の半分より下側にマウスポインタを合わせ🖱↑AM0時 線・円交点 。

   Point 「／」コマンドで、角度が固定された線の終点指示時に線・円・弧を🖱↑すると 線・円交点 になり、現在表示されている仮線と🖱↑した線・円・弧の仮想交点を終点にします。

   ➡ 3の円の上1/4位置を始点とし、仮線と4の円の交点を終点とする垂直線が作図される。

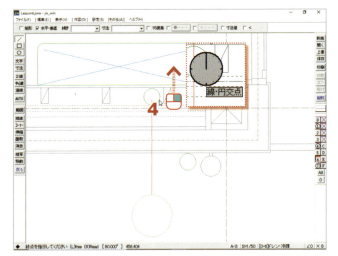

5. 始点として立管にマウスポインタを合わせ🖱→AM3時 中心点・A点 。

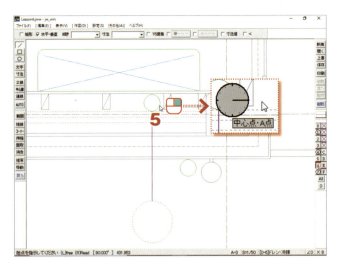

➡ **5**の円の中心を始点とした線がマウスポインタまで仮表示される。

6 終点としてエアコンの下辺にマウスポインタを合わせ🖱↑AM0時 線・円交点 。

➡ **5**の円の中心から**6**の線上までの垂直線が作図される。

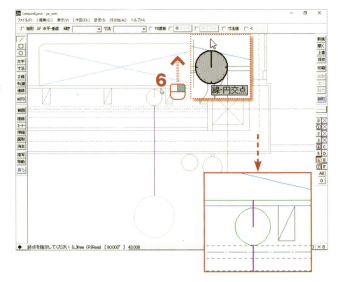

◘ X3-Y4のPSの立管から排水桝へのドレン配管を作図しましょう。

7 🖱↑AM0時 鉛直・円1/4点 や🖱↑AM0時 線・円交点 を利用し、右図のようにドレン配管ルートを作図する。

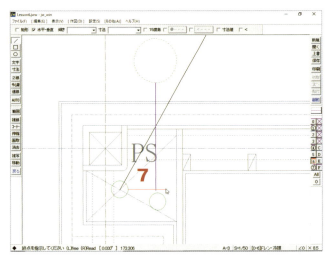

Step 12 継手を作図

◘ ドレン配管に継手を作図しましょう。

1 継手のヒゲの線色・線種として、書込線を「線色2・実線」にする。

2 メニューバー［その他］－「線記号変形」を選択する。

3 「ファイル選択」ダイアログで「jw-m」フォルダ下の「【線記号変形M】継手類」を選択し、線記号「[L] C面取」を🖱🖱。

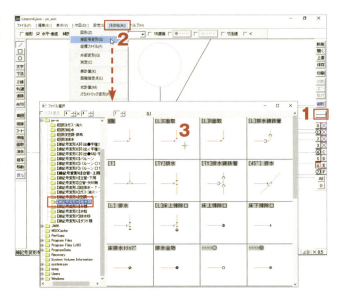

4 コントロールバー「倍率」ボックスに「0.7」を入力する。

Point 短い線（立管からのドレン配管の線）上に線記号「[L] C面取」を収めるため、0.7倍にして作図します。

5 指示直線（1）として立管からのドレン配管を🖱。

6 指示直線（2）として5の先の配管を🖱。

➡ 右の結果の図のように、継手が作図される。

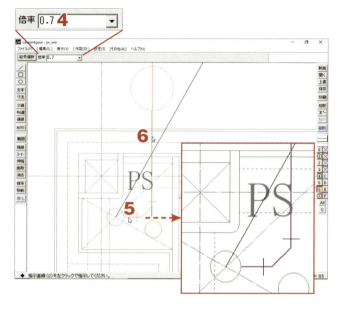

Step 13　冷媒配管を作図

◯ エアコン室内機と室外機間の冷媒配管を線色6・実線で「6：ドレン・冷媒」レイヤに作図しましょう。

1 書込線を「線色6・実線」にする。

2 「／」コマンドを選択し、コントロールバー「水平・垂直」にチェックが付いた状態で、右図の立管中心からエアコン室内機下辺まで垂線を作図する。

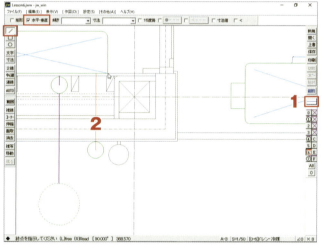

3 「連線」コマンドを選択し、角度45度毎《基準点：マウス位置》の設定にし、コントロールバー「丸面辺寸法」ボックスに「1」を入力する。

4 始点として右図の立管を🖱↑AM0時 円上点&終了 。

➡ 4の立管の円周上を始点とした45度ごとに固定された点線がマウスポインタまで仮表示される。

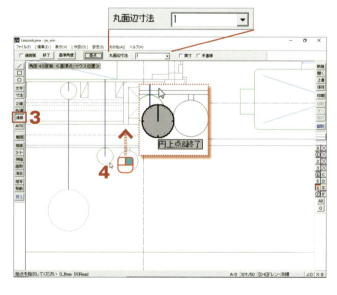

5 終点として右図の位置で🖱。
→ 4 − 5の線の角度が確定し、半径1mm（図寸）の丸面で接続された点線がマウスポインタまで仮表示される。

6 終点として右図の位置を🖱。

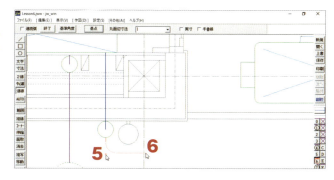

7-8 終点として順次右図の位置を🖱。

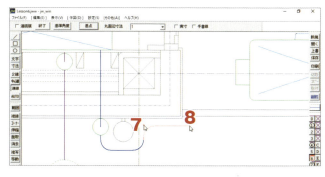

9 終点として右図の位置を🖱。
10 室外機の右図の線にマウスポインタを合わせ🖱 →AM3時 中心点・A点。
11 コントロールバー「終了」ボタンを🖱し、連線の作図を完了する。

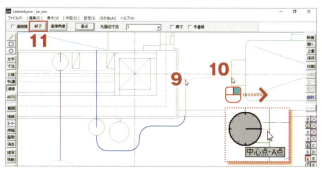

Step14 ドレン・冷媒記号を作図

🔷 冷媒管を示す記号を作図しましょう。

1 メニューバー［その他］−「線記号変形」を選択する。
2 「ファイル選択」ダイアログで「jw-m」フォルダ下の「【線記号変形L】空調-？-」を選択する。
3 線記号［-- R --］を🖱🖱。

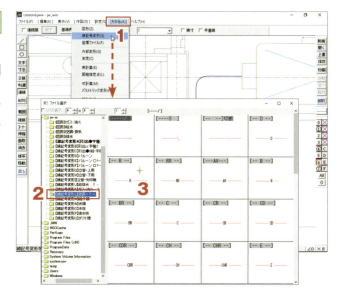

4 指示直線(1)として冷媒配管を🖱。

　Point 指示直線(1)は、記号を作図する位置よりも左で指示してください。

5 コントロールバー「倍率」ボックスに「0.4」を入力する。

　Point 4で🖱した配管が短いため、倍率0.4を指定して線を部分消しする部分の間隔を0.4倍にしました。文字の大きさは倍率の影響は受けないため、変更されません。

6 位置として記号を作図する位置を🖱。

　➡ 4の配管上の6の位置に線記号「-- R --」が変形作図される。

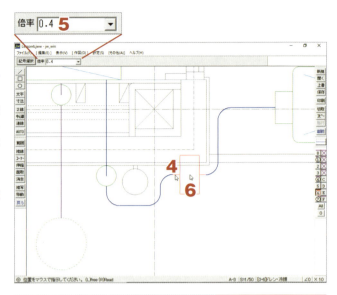

◻ ドレン管を示す記号を作図しましょう。

7 コントロールバー「記号選択」ボタンを🖱し、「ファイル選択」ダイアログで線記号「[-- D --]」を選択する。

8 指示直線(1)として右図のドレン管を🖱。

9 線記号の作図位置を🖱。

　➡ 8の配管上の9の位置に線記号「-- D --」が変形作図される。

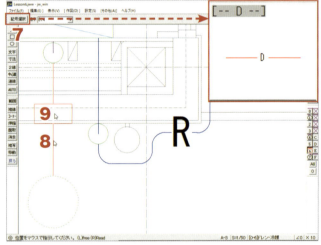

10 同様にして、PS立管からのドレン配管にも記号を作図する。

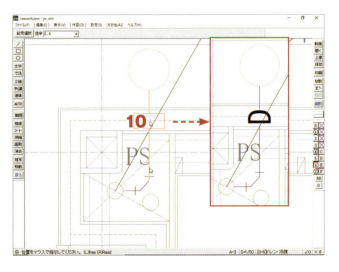

Step15 配管のサイズを記入

◪ 冷媒配管から引き出してサイズを記入しましょう。

1. 書込線を「線色1・実線」、書込レイヤを「7:空調文字」にする。
2. コントロールバー「記号選択」ボタンを🖱。
3. 「ファイル選択」ダイアログで「jw-m」フォルダ下の「【線記号変形A】引出●字種2」を選択し、線記号「●-上引出・右」を🖱🖱。

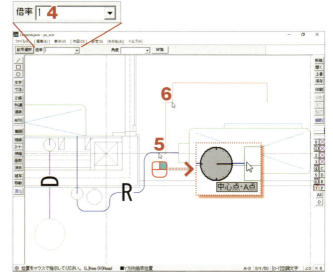

4. コントロールバー「倍率」ボックスに「1」を入力する。
5. 引出位置として右図の冷媒配管を🖱→AM3時 中心点・A点 。
   ➡ 5の線の中点から90°に固定された引き出し線と文字の外形枠がマウスポインタに仮表示され、位置指示を促す操作メッセージが表示される。
6. 仮表示を目安に文字の記入位置を🖱。
   ➡ 5に実点と5からの引き出し線が書込線で作図され、「文字入力」ダイアログが開く。

7. 「文字入力」ボックスに「(6.4φ, 9.5φ)」を入力し、Enterキーを押す。
   ➡ 右の結果の図のように作図される。

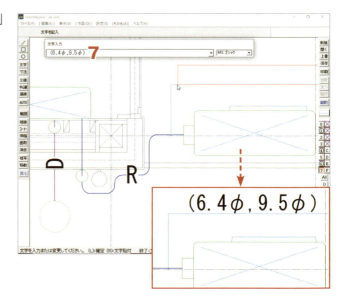

◪ PSのドレン立管の引出線から引き出して、管のサイズ「30」を記入しましょう。

8 コントロールバー「記号選択」ボタンを🖱し、「ファイル選択」ダイアログで線記号「●--右引出」を選択する。

9 引出線の先端位置としてPSへのドレンの立下り記号先端を🖱し、右の結果の図のように記入する。

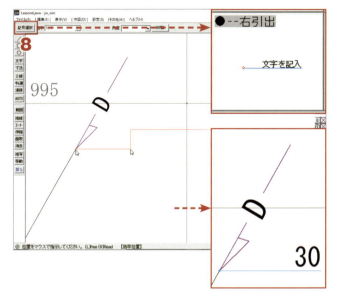

Step 16 空調機器の記号を作図

◪ 空調機器の記号を「線記号変形」コマンドで作図しましょう。

1 書込線を「線色3・実線」にする。

2 コントロールバー「記号選択」ボタンを🖱。

3 「ファイル選択」ダイアログで「jw-m」フォルダ下の「【線記号変形D】バルーン」を選択し、線記号「楕円」を🖱🖱。

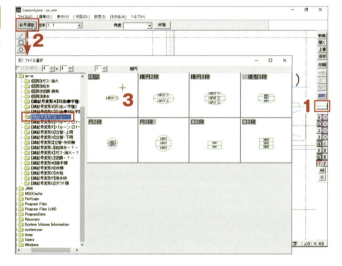

4 エアコンの記号の作図位置として右図の位置を🖱。
　➡「文字入力」ダイアログが開く。

5 「文字入力」ボックスに「RA01」を入力し、Enterキーを押す。
　➡ 右の結果の図のように作図される。

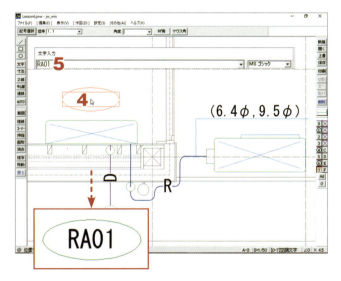

6 同じ線記号「楕円」を利用して、多目的ルームのロスナイに記号「OXE01」を、1Fトイレのダクトファンに記号「EF01」を作図する。

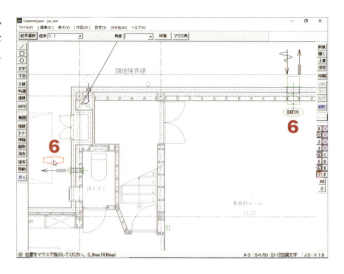

Step17 文字を記入

◯ 雨水桝や空調機器の名称などを文字種2で記入しましょう。

1 「文字」コマンドを選択し、書込文字種を文字種2にする。
2 給気口、排気口に「SNU－M100φ」を記入する。
3 コントロールバー「基点(中下)」とし、「行間」ボックスに「2.7」を入力する。
4 雨水桝、ロスナイ、リモコンの2行に渡る名称、説明文を記入する。

参考 複数行の記入 → p.163

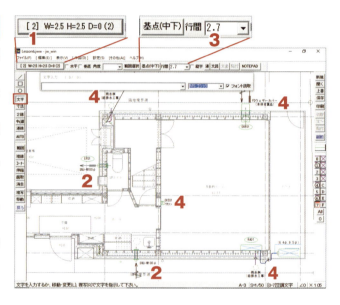

Step18 仮点をすべて消去

◯ すべての仮点を消去しましょう。仮点は「消去」コマンドでは消せません。「点」コマンドで消去します。

1 プロテクトレイヤを解除し、すべてのレイヤを編集可能にする。

参考 プロテクトレイヤの解除 → p.178

2 メニューバー[作図]－[点]を選択し、コントロールバー「全仮点消去」ボタンを(L)。

Point 個別に消去する場合は、「仮点消去」ボタンを(L)して消去対象の仮点を(L)します。

→ すべての仮点が消去される。

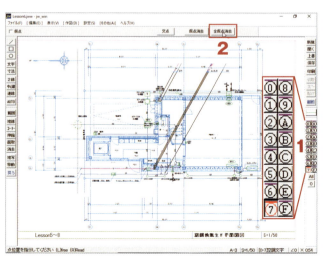

Step 19 補助線を一括消去

◯ 印刷枠以外の補助線を一括して消去しましょう。

1. 印刷枠が作図されている「F」レイヤを🖱して非表示にする。
2. 「範囲」コマンドを選択する。
3. コントロールバー「全選択」ボタンを🖱。
   ➡ 編集可能なすべての要素が選択色になる。

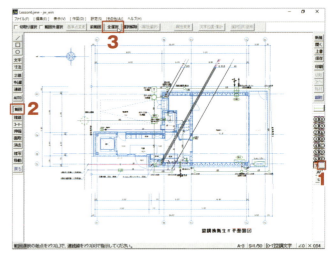

◯ 選択色の要素から補助線だけを選択しましょう。

4. コントロールバー「〈属性選択〉」ボタンを🖱。
   ➡ 属性選択のためのダイアログが開く。
5. 「補助線指定」にチェックを付ける。
6. 「【指定属性選択】」にチェックが付いていることを確認し、「OK」ボタンを🖱。

   ➡ ダイアログが閉じ、補助線種の要素のみが選択色になり、他の要素は元の表示色に戻る。

7. 「消去」コマンドを🖱。
   ➡ 選択色の補助線種の要素が消去される。

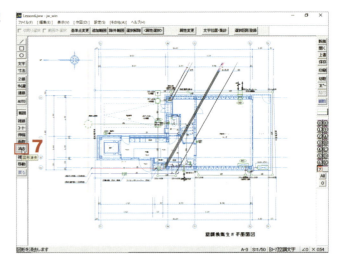

Step20 建築図の文字の位置を調整

🟢 設備図に重なる建築図の文字を移動して調整しましょう。

1. 「0：建築図」レイヤを書込レイヤにし、「All」ボタンを2回🖱して、それ以外のレイヤを表示のみにする。
2. 「文字」コマンドを選択し、設備図の文字に重なる建築図の文字（右図では「隣地境界線」）を🖱（移動・変更）。

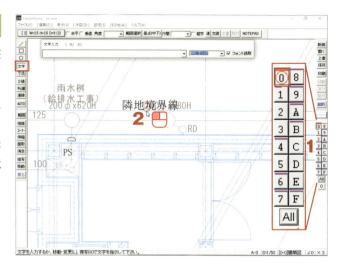

3. コントロールバー「任意方向」ボタンを🖱し、「X方向」にする。

   Point 「任意方向」ボタンを🖱することで「X方向」⇒「Y方向」⇒「XY方向」に切り替わります。「X方向」では文字の移動方向が横方向に固定されます。

4. 移動先として設備図の文字と重ならない位置で🖱。

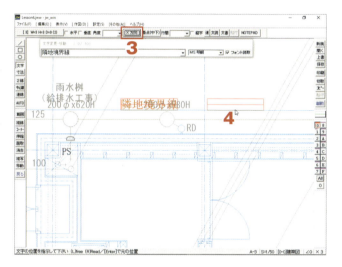

5. 西側の「隣地境界線」も必要に応じて、同様に移動する。

🟢 レイヤを戻して上書き保存しましょう。

6. 「7：空調文字」レイヤを書込レイヤにし、他のレイヤの表示状態を右図のようにする。

   参考 プロテクトレイヤの設定 → p.171

7. 「上書」コマンドを🖱。

以上で「Lesson 7」は終了です。
p.115を参考に、作図した空調換気設備図と給排水衛生設備図をそれぞれ印刷してみましょう。

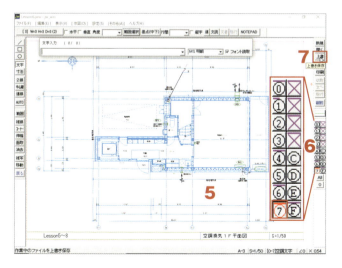

Jw_cad空調給排水設備図面入門［Jw_cad8対応版］

191

Point Lesson　ダブル線でのダクトの作図

「jw-m」フォルダに収録されている練習用図面「Lesson7-PL.jww」を開き、図面左の見本を参考に、右の練習図面にダブル線でダクトを作図しましょう。

1　ダクトのルートを単線で作図

➡ はじめに、ダクトのルートを単線で作図しましょう。

1. 書込レイヤ「5：ダクト」を確認し、書込線を「線色2・補助線種」にする。
2. 「連線」コマンドを選択し、コントロールバー「実寸」にチェックを付け、「丸面辺寸法」ボックスに「100」を入力し 角度45度毎《基準点：マウス位置》にする。
3. 始点として浴室換気乾燥機の右図の角を🖱→AM3時 中心点・A点。

   Point 既存の点にマウスポインタを合わせ🖱→AM3時 中心点・A点 し、次に2点目を🖱することで、2点間の中心点を指示できます。

   ➡ **3**で🖱→した点が2点間中心のA点となり、操作メッセージは「2点間中心　◆◆B点指示◆◆」ともう一方の点指示を促すメッセージになる。

4. B点として右図の端点を🖱。

   ➡ **3**と**4**で指示した2点間の中心を始点とした点線がマウスポインタまで仮表示される。

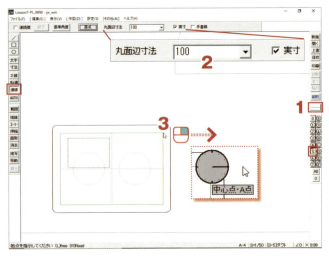
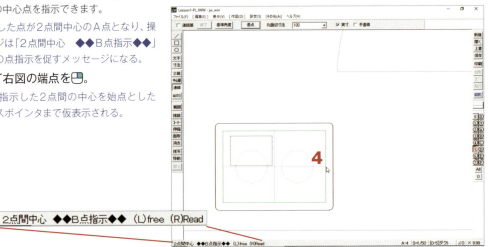

5. マウスポインタを右に移動し、終点を🖱。
6. マウスポインタを上に移動し、終点として右図の位置で🖱🖱。

   ➡ **5**の角を実寸100mmで丸面取りした連続線が作図される。

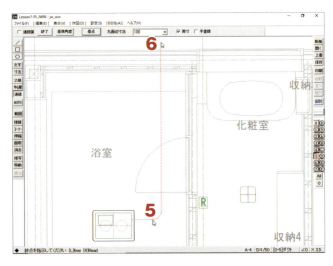

7 同様にして、「連線」コマンドで化粧室の排気口まで右図のようにダクトのルートを作図する。

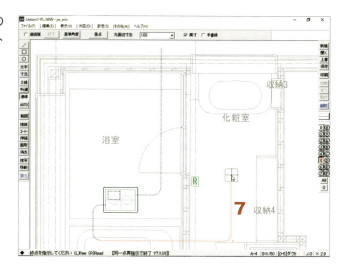

2 ベントキャップを作図

▶ 単線で作図したダクトの先にベントキャップを線色3・実線で作図しましょう。

1 書込線を「線色3・実線」にする。
2 メニューバー［その他］－「線記号変形」を選択し、「ファイル選択」ダイアログで「【線記号変形Q】ダクト類」の「ベントキャップ」を選択する。
3 指示直線（1）として右図の補助線を🖱。
4 位置として外壁との交点を🖱。

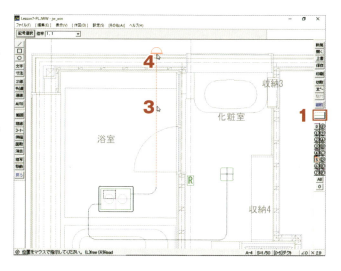

3 ダクトルート両側に線を作図

▶ 単線で作図したダクトルートから50mm両側に複線を作図しましょう。

1 書込線を「線色7・実線」にする。
2 「複線」コマンドを選択し、基準線として右図の補助線を🖱。
   → 2の線が基準線として選択色になり、コントロールバー「複線間隔」ボックスがブランクになる。
3 コントロールバー「連続線選択」ボタンを🖱。
   → 2に連続するすべての線が基準線として選択色になる。

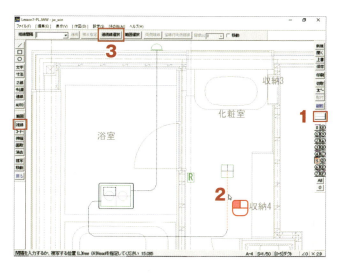

4 コントロールバー「複線間隔」ボックスに「50」を入力する。

→ 選択色の基準線の片側に50mm離れた複線が仮表示される。

5 コントロールバー「両側複線」ボタンを🖱。

→ 基準線の両側に50mm離れた複線が作図される。

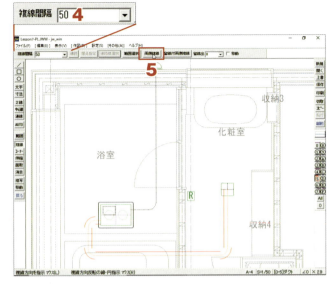

6 基準線として右図の補助線を🖱。

7 コントロールバー「連続線選択」ボタンを🖱。

→ **6**に連続する線が基準線として選択色になり、その片側に50mm離れた複線が仮表示される。

8 コントロールバー「両側複線」ボタンを🖱。

→ 基準線の両側に50mm離れた複線が作図される。

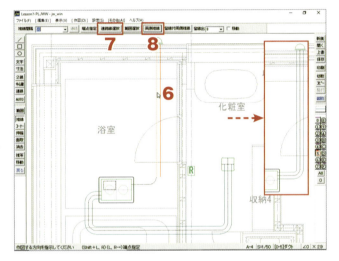

4 半円を作図

◪ 化粧室のダクトの先端に半円を作図しましょう。

1 「○」コマンドを選択し、コントロールバー「半円」にチェックを付ける。

Point 「半円」では、始点・終点と半円の向きを指定して半円を作図します。

2 半円の1点目（始点）として左の線の上端点を🖱。

3 半円の2点目（終点）として右の線の上端点を🖱。

→ **2**－**3**を直径とした半円がマウスポインタ側に仮表示され、操作メッセージは「◆ 円弧の方向を指示してください。」になる。

4 円弧の作図方向として**2**－**3**の上側で🖱。

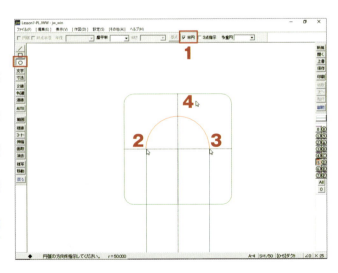

➡ **2**-**3**を直径とした半円が**2**-**3**の上側に作図される。

◘ 隠れ線（点線2）で下側の半円を作図しましょう。

5 書込線を「線色7・点線2」にする。
6 半円の1点目（始点）として作図した半円の左端点を🖱。
7 半円の2点目（終点）として作図した半円の右端点を🖱。
8 円弧の作図方向として**6**-**7**の下側で🖱。

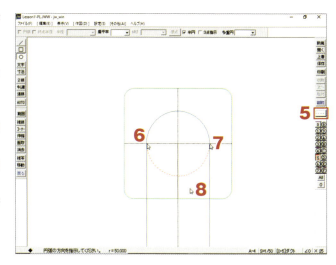

5 線の一部を線種変更

◘ 排気口下辺のダクトに重なる部分を「点線2」に変更しましょう。線の一部の線種・線色変更はできません。はじめに線を2カ所で切断して変更部分を別の線にしましょう。

1 「消去」コマンドを選択し、下辺を🖱。
2 消し始めとして右図の交点を🖱。
3 消し終わりとして**2**の点を🖱。
   ➡ **1**の線が**2**と**3**で指示した点（同一点）で切断され2本になる。
4 同様に、右の交点でも切断する。

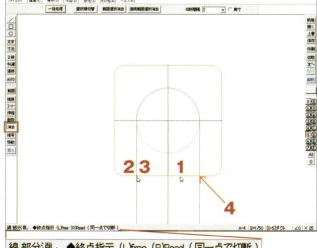

◘ 切断した線を「点線2」に変更しましょう。

5 メニューバー［編集］－「属性変更」を選択し、コントロールバー「書込みレイヤに変更」のチェックを外す。
6 書込線を「線色3・点線2」にする。
7 変更対象の右図の線を🖱。
   ➡ 右の結果の図のように、🖱した線が線色3・点線2に変更される。

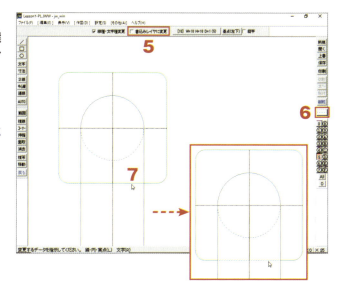

6 ダクトの接続部を作図

◆ ダクトの接続部の線を作図しましょう。

1 🖱↓ AM6時 属性取得 を使って書込線を「線色7・実線」にする。
2 「／」コマンドを選択し、コントロールバー「水平・垂直」にチェックを付ける。
3 始点・終点としてダクトの円弧と直線部分の接続点を🖱し、接続部の線を作図する。

◆ 排気口への配管の接続部の線を作図しましょう。

4 「複線」コマンドを選択する。
5 メニューバー［設定］－「長さ取得」－「間隔取得」を選択する。

   Point 「長さ取得」コマンドの「間隔取得」は、図面上の2線や線と点の間隔を測定し、その間隔を現在選択しているコマンド（ここでは「複線」）のコントロールバーの数値入力ボックスに取得します。

6 間隔取得の基準線として右図の線を🖱。
7 間隔取得の点として右図の交点を🖱。

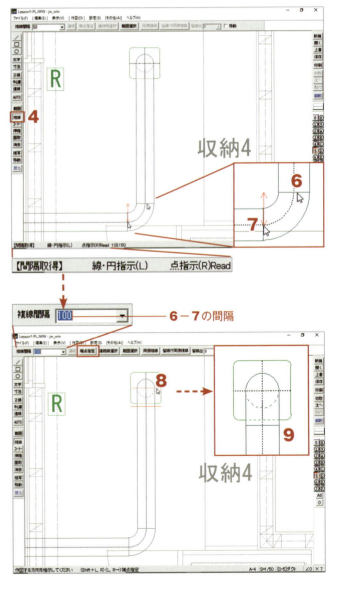

➡ 6－7の間隔がコントロールバー「複線間隔」ボックスに取得される。

8 複線の基準線として右図の中心線を🖱。
➡ 「複線間隔」ボックスに取得された間隔で複線が仮表示される。

9 コントロールバー「端点指定」を利用して、右の結果の図のように、複線を作図する。

   参考 端点指定 → p.134

以上で「Point Lesson」は終了です。
図面を上書き保存してJw_cadを終了しましょう。

給排水衛生設備図と空調換気設備図を別々の図面ファイルに

Lesson 8

「Lesson6」と「Lesson7」では1階の建築図面にレイヤを変えて給排水衛生設備図と空調換気設備図を作図しました。これにより建築図を共通とする給排水衛生設備図と空調換気設備図の2枚の図面が1つの図面ファイル「Lesson6.jww」に収められています。

このような使い方は共通部の建築図に変更が生じた場合などに大変便利ですが、CAD全般において一般的な使い方ではありません。一般的にCADの図面は「1ファイル＝1枚の図面」が基本です。この図面ファイルを他の（Jw_cad含む）CADユーザーに渡す場合には、給排水衛生設備図面のファイルと空調換気設備図面のファイルに分けて渡すことをお勧めします。「Lesson8」ではその方法を説明します。

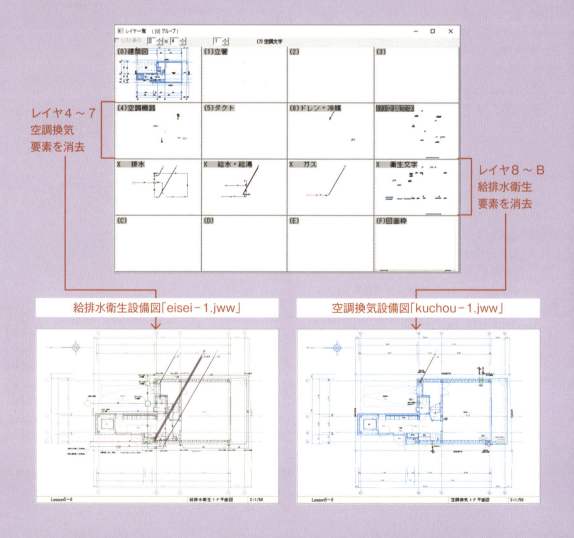

レイヤ4～7
空調換気
要素を消去

レイヤ8～B
給排水衛生
要素を消去

給排水衛生設備図「eisei-1.jww」　　空調換気設備図「kuchou-1.jww」

Point Lesson　レイヤ整理ファイルで一括表示切替

ここでは、「Lesson6.jww」で給排水衛生設備図と空調換気設備図の表示に一括で切り替えることのできる機能を紹介します。「Lesson6.jww」を開き、以下の操作を行ってみましょう。

🔶 「Lesson6.jww」を開くと、「Lesson 7」で上書き保存した状態（空調換気設備図が表示）になっています。レイヤの表示状態を給排水衛生設備図に一括変更しましょう。

1. メニューバー［設定］－「環境設定ファイル」－「読込み」を選択する。
2. 「開く」ダイアログの「ファイルの種類」ボックスの∨を🖱し、「JwL（*.JWL）」を🖱で選択する。

   Point 2で指定したJWLファイルは「レイヤ整理ファイル」と呼びます。レイヤの表示状態やレイヤごとの要素を、あらかじめ指定した設定に一括変更します。

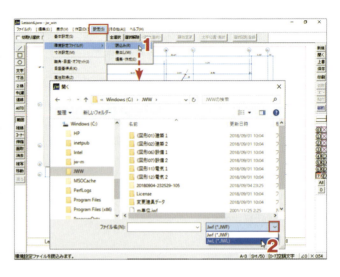

3. 「ファイルの場所」を「jw-m」フォルダにする。
4. 「eisei（.JWL）」を🖱で選択する。
5. 「開く」ボタンを🖱。

→ 右図のように、レイヤの表示状態が給排水衛生設備図を表示した状態に一括変更されます。

Point 4で「kuchou（.JWL）」を選択すると空調換気設備図を表示した状態に一括変更されます。レイヤ整理ファイルでは、レイヤ表示を一括切り替えするほか、レイヤ名やレイヤごとに集める線色・線種などを指定することで、編集中の図面の要素を一括でレイヤ変更することも可能です。入門書である本書では、レイヤ整理ファイルの作成方法などは解説していません。詳しくは、別書『Jw_cadのトリセツ』の付録PDFのp.24をご参照ください。

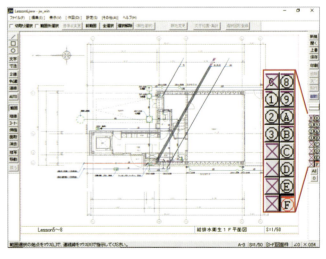

Step1 図面を開き、別名で保存

◯ あらためて「Lesson6.jww」を開き、給排水衛生設備図として保存しましょう。

1. 「Lesson6.jww」を開いたら、「保存」コマンドを選択する。

   Point 図面加工後の図面を「Lesson6.jww」に誤って上書き保存することのないよう、加工前に別名で保存します。

2. 「ファイル選択」ダイアログで「jw-m」フォルダが開いていることを確認し、「新規」ボタンを🖱。

3. 「新規作成」ダイアログで「名前」ボックスを「eisei-1」に変更し、「OK」ボタンを🖱。

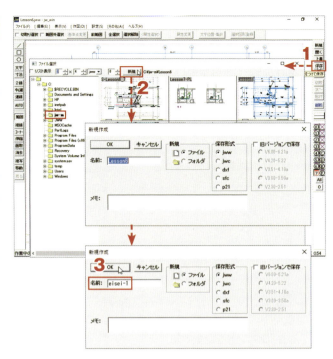

Step2 レイヤ状態変更とレイヤ名消去

◯ 空調換気設備の要素を消去するため、レイヤ「4」~「7」を編集可能に、それ以外は非表示か表示のみにしましょう。

1. レイヤバーで書込レイヤボタンを🖱。
2. 「レイヤ一覧」ウィンドウで、消去対象の「4」レイヤを🖱し、書込レイヤにする。
3. 消去対象の「5」「6」「7」レイヤを編集可能に、要素を消去しない「0」「1」「8」「9」「A」「B」「F」レイヤを非表示にする。

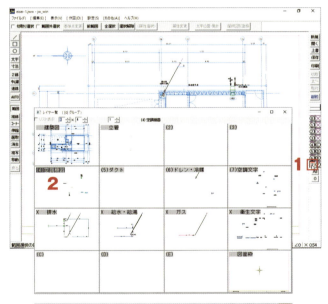

4. 「4」~「7」レイヤのレイヤ名を消去する。
   参考 レイヤ名の消去 → p.119
5. 「レイヤ一覧」ウィンドウを閉じる。

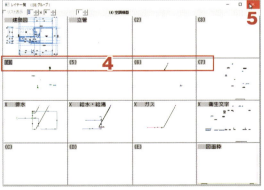

Step3　空調換気要素を消去

◘ 編集可能なすべての要素を消去しましょう。

1 「範囲」コマンドを選択し、コントロールバー「全選択」ボタンを🖱。

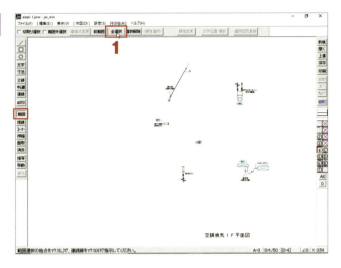

➡ 編集可能なすべての要素が選択され、選択色になる。

2 「消去」コマンドを選択する。

➡ 選択色で表示されていたすべての要素が消去される。

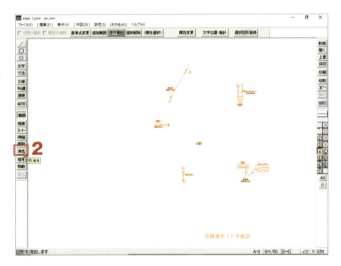

Step4　レイヤ状態を変更して上書き保存

◘ 給排水衛生設備図面を表示して上書き保存しましょう。

1 Ctrlキーを押したままレイヤバーの「All」ボタンを🖱。

Point Ctrlキーを押したまま「All」ボタンを🖱することで、プロテクトレイヤの一括設定および一括解除が行えます。

➡ 書込レイヤ以外のすべてのレイヤボタンに「／」(プロテクトレイヤ)が付く。

2 再度、Ctrlキーを押したままレイヤバーの「All」ボタンを🖱。

➡ すべてのレイヤボタンの「／」(プロテクトレイヤ)が外れ、プロテクトレイヤが解除される。

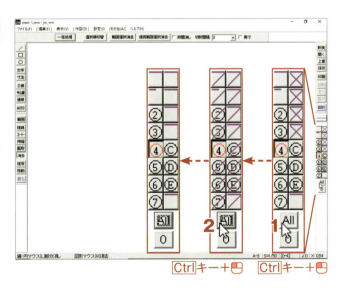

3 「All」ボタンを🖱。
　→ すべてのレイヤが編集可能になる。
4 「0」レイヤボタンを2回🖱し、表示のみにする。
5 「上書」コマンドを🖱し、上書き保存する。

以上で給排水衛生設備図が「eisei-1.jww」として保存されました。
引き続き、空調換気設備図を1ファイルとして保存しましょう。

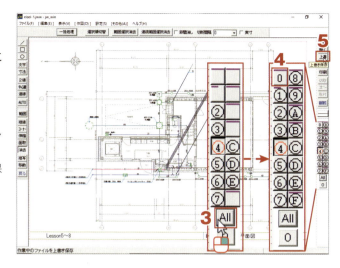

Step5 図面を開き、別名で保存

▶ 「Lesson6.jww」を開き、空調換気設備図として保存しましょう。

1 「開く」コマンドを選択し「Lesson6」を開く。
2 「保存」コマンドを選択し、「jw-m」フォルダに「kuchou-1」として保存する。

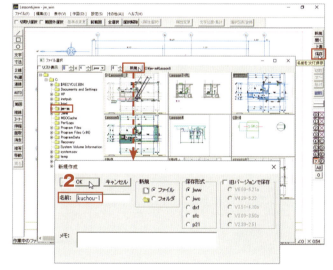

Step6 給排水衛生要素を消去

▶ レイヤの表示状態を調整し、給排水衛生要素を消去しましょう。

1 「8」～「B」のプロテクトレイヤを解除する。
　参考 プロテクトレイヤの解除方法 → p.200
2 「レイヤ一覧」ウィンドウを開き、消去対象の「8」「9」「A」「B」レイヤのレイヤ名を消し、編集可能にする。
3 消さない要素のある「0」「1」「4」「5」「6」「7」「F」は非表示にし、「レイヤ一覧」ウィンドウを閉じる。

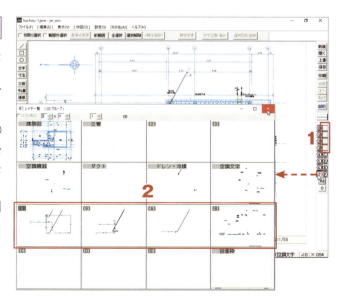

◧ 編集可能なすべての要素を消去しましょう。

4　「範囲」コマンドを選択し、コントロールバー「全選択」ボタンを🖱。

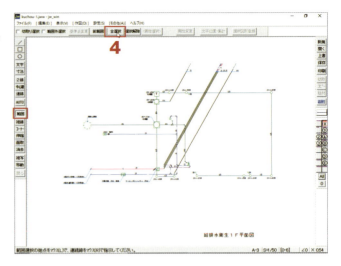

➡ 編集可能なすべての要素が選択され、選択色になる。

5　「消去」コマンドを選択する。

➡ 選択色で表示されていたすべての要素が消去される。

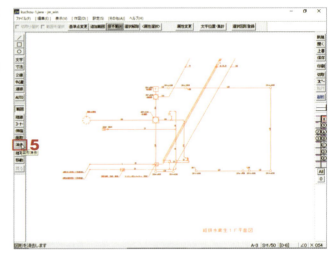

Step7　レイヤ状態を変更して上書き保存

◧ 空調換気設備図面を表示して上書き保存しましょう。

1　「0」レイヤを表示のみ、他のレイヤをすべて編集可能にする。

2　「上書」コマンドを🖱。

以上で空調換気設備図が「kuchou-1.jww」として保存されました。
以上で「Lesson 8」は終了です。

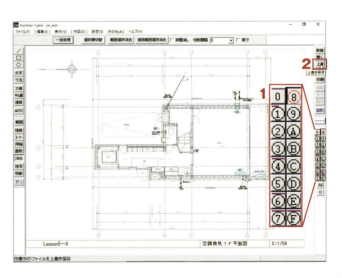

Step Up

Lesson 9

「Lesson5」～「Lesson8」では、建築図面のCADデータを受け取り、そこに設備図面を作図する、さらにその図面データを他所に渡す―という流れを前提に、Jw_cadでの設備図面の作図を学習しました。

実際の仕事では、受け取る建築図面がJw_cadのデータであるとは限りません。データを渡す先のCADがJw_cad以外のCADの場合もあります。

「Lesson9」では、そのようなケースを踏まえ、異なるCAD間でのデータファイルの受け渡しに広く利用されているDXF形式の図面ファイルの扱いやJw_cadで作図した図面をDXF形式のファイルとして保存する手順について説明します。

また、他所からのCADデータを開いて加工するうえで知っておきたいCAD特有の概念や、「Lesson1」～「Lesson8」では触れる機会のなかった機能についても記載しています。各自の必要に応じてご利用ください。

9-1 DXF形式で受け取った建築図に設備図を作図するには

Jw_cad以外のCADで作図した図面は「DXF」[*1]と呼ばれる形式の図面ファイルで受け取ることが多いと思います。DXFファイルには縮尺や用紙サイズの情報はなく、必ずしも元のCADで作図した図面を100%再現できるものではありません。それらの違いの確認のためにもDXFファイルとともに印刷図面または「PDF」[*2]ファイルを受け取ることをお勧めします。ここでは、Jw_cadでサンプルのDXFファイル「L9-1.dxf」を開き、設備図に利用するための準備として線色・レイヤを変更する過程を説明します。

*1 　DXFは上位バージョンのAutoCADで作図した図面を下位バージョンのAutoCADへ渡すことを目的としたファイル形式である。ほとんどのCADで読み込み・保存が可能なことから、メーカーが提供する製品CADデータの形式や、異なるCAD間で図面ファイルを受け渡しするときの形式として広く利用されている。AutoCADの図面ファイルに則した形式であるため、DXFファイルは原寸で、縮尺や用紙サイズなどの情報はなく、各CADにおける図面構成要素の違いやDXFの解釈の違いから、必ずしも元のCADで作図した図面を100%再現できるものではない。縮尺、用紙サイズ、文字サイズ、線種・線色、レイヤなどが元の図面とは異なる、図面の一部が欠落するなど、さまざまな違いが生じる可能性がある。

*2 　PDF → p.210

DXF読込の設定を確認し、DXFファイルを開く → p.205

寸法を確認し、縮尺を調整する → p.207

全レイヤの要素を編集可能にする →p.208
設備図面作図の準備として不要な要素の消去(→ p.116) ／レイヤ名の変更(→ p.119)などを行う

ブロック図形を解除 → p.208
　ブロック図形の線色は変更できないため、線色変更を行う前に図面内のすべてのブロックを解除する。
　※ ブロックは複数の要素をひとまとまりとして扱い、基準点とブロック名をもつ。線色・線種変更をはじめ、ブロックの要素を編集することはできない。DXF図面にはブロックが含まれていることがよくある。

線色(幅)を変更 → p.209
　DXFファイルの線の線色・線種は、Jw_cadの標準線色・線種とは異なるSXF対応拡張線色・線種になる。その太さや表示色のままで使用できる場合はブロック図形の解除と線色の変更は不要である。

※ SXF対応拡張線色・線種はSXF形式で定義されている線色・線種に対応した線色・線種である。SXF対応の線色はカラー印刷色であり、線幅の区別ではない。線幅は線色に関係なく個々の線ごとに定義される。

レイヤ変更 → p.118 ／データ整理 → p.122

Jw_cad図面として保存する → p.50

Step1 設定確認後、DXFファイルを開く

◪ 図面を開く前に基本設定を確認しましょう。

1. メニューバー［設定］－「基本設定」を選択し、「jw_win」ダイアログの「DXF・SXF・JWC」タブを🖱。
2. 「DXF読込み」欄の「図面範囲を読取る」にチェックを付ける。
3. 「SXF読込み」欄の「背景色と同じ色を反転する」にチェックを付ける。

   Point DXFファイルには縮尺や用紙サイズの情報はありません。**2**により現在の用紙サイズに図面が収まる大きさに縮尺が自動調整されます。**3**によりJw_cadの背景色と同じ色の線は色反転して表示されます。

4. 「OK」ボタンを🖱。

◪ 用紙サイズを設定し、DXF図面ファイルを開きましょう。

5. 用紙サイズを、これから開くDXF図面ファイルと同じサイズ（ここではA2）に設定する。
6. メニューバー［ファイル］－「DXFファイルを開く」を選択する。

   ➡「ファイル選択」ダイアログが開く。

7. 「ファイル選択」ダイアログで、DXFファイルが収録されている場所（「jw-m」フォルダ）を🖱。

   ➡ 右の一覧には**7**で指定したフォルダ内にあるDXF形式の図面ファイルが表示される。

8. ファイル一覧でDXF図面ファイル（「L9-1」）を🖱🖱。

   ➡ DXF形式の図面ファイルが開く。用紙サイズは**5**で設定した「A2」、縮尺は1/40に変更される。

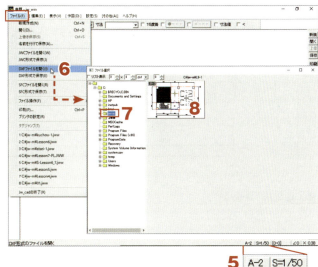

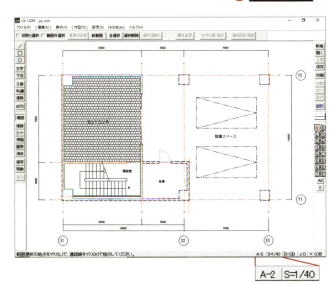

DXFファイルの特徴

開いたDXFファイル「L9-1.dxf」で、DXFの特徴的な点を見ていきましょう。

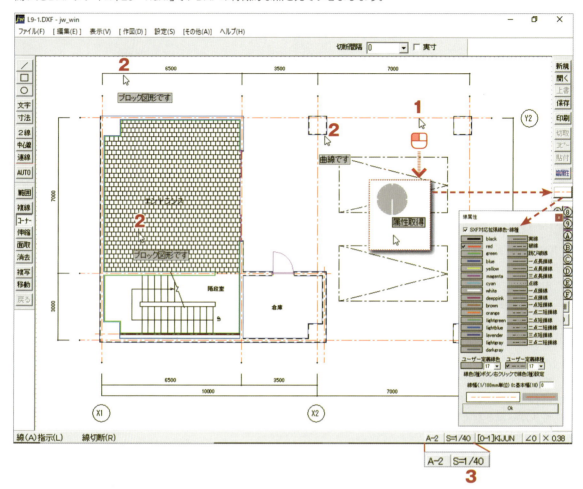

? 1 要素を属性取得して、「線属性」コマンドを🖱すると、上図の「線属性」ダイアログが開く……

DXFファイルの要素の線色・線種は、Jw_cadの標準線色・線種ではなく、SXF対応拡張線色・線種です。SXF対応拡張線色はカラー印刷色であり、線幅の区別ではありません。線幅情報は個々の線・円・弧要素ごとにもっています。そのため印刷時の線の太さは「基本設定」コマンドでは調整できません。

? 2 「コーナー」コマンドで線を🖱すると ブロック図形です 曲線です と表示され編集できない要素がある……

いずれも複数の要素をひとまとまりとして扱う性質(→p.222)です。ブロック図形の場合、範囲選択枠で囲んでも選択できないことや線色・線種変更ができないなど不都合に感じることもあります。必要に応じてこれらの性質を解除(クリアー)しましょう(ブロック解除 →p.208/曲線属性クリアー →p.224)。

? 3 縮尺がS=1/40と、元図面とは違う縮尺になる……

前ページ**2**の設定により、DXFファイルを開く時点の用紙サイズに図面全体が入るよう自動で縮尺調整されます。
DXFファイルの寸法が正しいことを確認したうえで、元の図面と同じ縮尺に変更しましょう(→次ページ)。

Step2 寸法を測定

◪ 開いた図面の寸法を確認しましょう。

1. メニューバー［その他］－「測定」を選択する。
2. コントロールバー「距離測定」が選択された状態で「mm/【m】」ボタンを🖱し、「【mm】/m」（測定単位mm）にする。
3. 測定する始点を🖱。
4. 終点を🖱。
5. ステータスバーに表示される測定結果を確認する。

   Point 測定結果が微妙に違う場合（7000mmが6999.995mmになるなど）がありますが、四捨五入で記入数値になる程度の誤差は許容範囲と考えます。

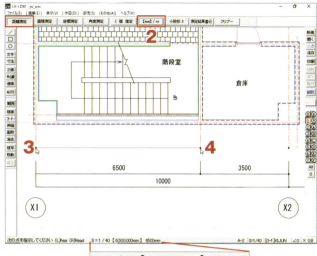

Step3 縮尺を変更

◪ これから作図する縮尺（ここでは1/50）に変更しましょう。

1. ステータスバー「縮尺」ボタンを🖱。
2. 「縮尺・読取　設定」ダイアログの「縮尺」の「分母」ボックスに「50」を入力する。
3. 「実寸固定」が選択されていることを確認し、「文字サイズ変更」「全レイヤグループの縮尺変更」にチェックを付ける。

   Point 「文字サイズ変更」にチェックを付けることで、縮尺変更に伴い文字の大きさも変更されます。「全レイヤグループの縮尺変更」にチェックを付けることですべての要素の縮尺を変更します。

4. 「OK」ボタンを🖱。

   ➡ S＝1/50に変更され、作図ウィンドウに表示される図面の大きさが画面中心を基準にひとまわり小さくなる。実寸固定で縮尺変更したため実寸法に変化はない。

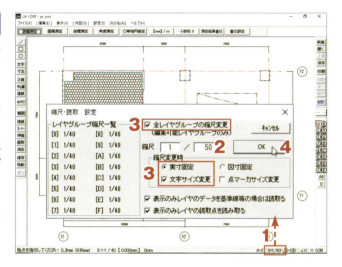

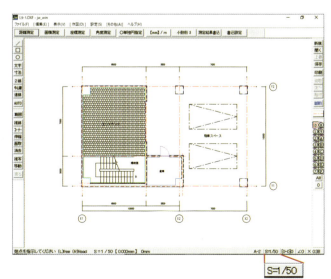

Step4　全レイヤの要素を編集可能に

🖱 DXFファイルを開いたときの状態によっては非表示レイヤに要素が隠れていることがあります。念のため、全レイヤの要素を一括して編集可能にしましょう。

1. ステータスバー「書込レイヤ」ボタンを🖱。
2. 「レイヤ設定」ダイアログの「全レイヤ編集」ボタンを🖱。

→ ダイアログが閉じ、すべてのレイヤが編集可能になる。

Step5　すべてのブロックを解除

🖱 建築図の線色を変更するため、すべてのブロックを解除しましょう。

1. 「範囲」コマンドを選択し、コントロールバー「全選択」ボタンを🖱。

→ 編集可能なすべての要素が選択色になる。

2. メニューバー［編集］－「ブロック解除」を🖱。

Point 選択色の要素内にブロックが存在しない場合には、「ブロック解除」はグレーアウトして選択できません。

→ ブロックが解除される。

🖱 ブロックは二重、三重になっていることがあり、1回のブロック解除の操作で一番外側のブロックが解除されます。図面内にブロックが残っていないかを確認しましょう。

3. メニューバー［設定］－「基本設定」を選択し、「一般(1)」タブでブロック数を確認する。

Point 「ブロック,ソリッド」ボックスの「,」の前の数値がブロックの数です。ブロック数が「0」でない場合は再度 1～2 の操作を行いブロックを解除してください。すべてのブロックを解除するには、ブロック数が「0」になるまでブロック解除（1～2）を繰り返し行ってください。

4. 再度、ブロック解除（1～2）と確認を行う。

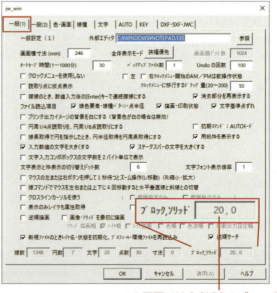

この図面ではまだ20のブロックがある

Step6　すべての線色・レイヤを変更

◘ 印刷線幅が固定されているSXF対応拡張線色をすべて標準線色の「線色1（基本幅）」に変更することで、その印刷線幅も「基本設定」の「色・画面」タブで指定できるようになります。ここでは線色と一緒にレイヤも「0」に変更しましょう。

1. 書込レイヤを変更先の「0」レイヤにする。
2. 「範囲」コマンドを選択し、コントロールバー「全選択」ボタンを🖱して図面全体を選択する。

3. コントロールバー「属性変更」ボタンを🖱。
4. 「指定【線色】に変更」を🖱。
5. 右図の「線属性」ダイアログが開いた場合は、「SXF対応拡張線色・線種」のチェックを外す。

   Point　5のチェックの有無で標準の線色・線種のダイアログと切り替わります。

6. 「線属性」ダイアログの「線色1」ボタンを🖱で選択し、「線幅」ボックスの数値が「0」であることを確認して「OK」ボタンを🖱。
7. 「属性変更」のダイアログで「＜線幅＞変更」にチェックを付ける。
8. 「書込【レイヤ】に変更」にチェックを付ける。
9. 「OK」ボタンを🖱。

   → ダイアログが閉じ、2で選択した要素が線色1になり、書込レイヤの「0」に変更される。

データ整理（→p.122）を行い、Jw_cad図面として保存します。

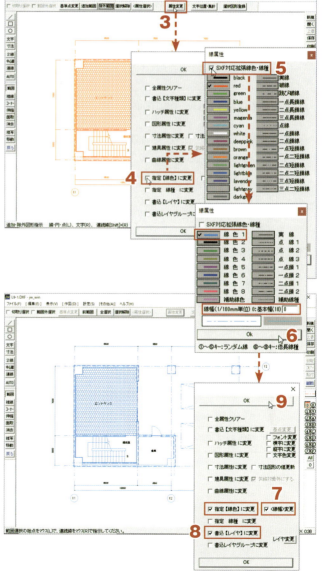

9-2 DXF形式で図面を保存するには

作図した図面データをJw_cad以外のCADに渡す場合は「DXF」[*1]形式で保存するのが一般的です。「Lesson 8」の冒頭でも説明したとおり、1図面＝1ファイルが基本です。「Lesson 7」で保存した図面のように1ファイルに2枚以上の図面がある場合には、「Lesson 8」の方法で1図面＝1ファイルにしたうえで、DXF形式での保存を行ってください。または、p.213の「Point Lesson」の方法で保存するのも有効です。
DXF形式は、AutoCADの図面ファイルに即したファイル形式であること、各CADにおける図面構成要素やDXF対応レベルが違うことから、必ずしもJw_cadで作図した図面を100%正確に渡せる形式ではありません。さまざまな違いが生じることや図面の一部が欠落する可能性もあります。そのような場合に備えて、Jw_cadで印刷した図面またはその「PDF」[*2]ファイルをDXFファイルと一緒に渡すことをお勧めします。ここでは練習図面「L9-2.jww」を開き、DXF形式で保存する手順を説明します。

*1　DXF →p.204
*2　PDFは、アドビシステムズ社が開発して世界標準となった電子文書フォーマットである。アドビシステムズ社が無償提供している閲覧ソフト「Adobe Reader」で開いて内容の確認・印刷ができる。Jw_cad図面をPDFファイルにするには別途、PDF作成ソフトが必要である。アドビシステムズ社が販売する「Acrobat」からフリーソフトまで種々のPDF作成ソフトがある。別書『Jw_cadを仕事でフル活用するための88の方法（メソッド）』のp.102～では、無償のPDF作成ソフトを利用してJw_cad図面をPDFファイルにする方法を解説している。

DXF形式で保存するJw_cad図面を開き、保存前の準備を行う

仮点・補助線の消去 → p.189、190
DXFに補助線種や仮点という概念はないため、印刷される線・点になる。DXF形式で保存する前に消去しておく。

レイヤ名の確認および変更 → p.119
相手のCADによっては、レイヤ名が原因でDXFファイルを開けない場合がある。レイヤ名に「＃」「，」「．」などの記号を使用しないこと。相手のCADが日本語のレイヤ名に対応していない場合はレイヤ名は半角英数字に変更する。

印刷色を初期値にする → p.211
DXF保存時、それぞれの線色は画面表示上の色ではなく、「基本設定」の「色・画面」タブで指定しているカラー印刷色に準じたSXF対応拡張線色に変換される。線色1～8の8色を使い分けて作図していても、そのカラー印刷色がすべて黒に設定されている場合はすべて黒の線として保存される。画面表示色に準じた色で保存するには保存前にカラー印刷色を初期値にする。

DXF保存の設定を確認する → p.211

DXF形式で保存する → p.212、213

Step1　DXF保存前の準備

▶ DXF形式で保存する図面を開き、保存前の準備として各線色のカラー印刷色を初期値に変更しましょう。

1 DXF形式で保存する図面（ここでは「L9-2.jww」）を開く。

※「L9-2.jww」では仮点、補助線の消去、レイヤ名の変更は完了しています。

2 メニューバー［設定］-「基本設定」を選択し、「jw_win」ダイアログの「色・画面」タブを🖱。

3 「色彩の初期化」ボタンを🖱。

Point　DXF保存時の線色1〜8の線色は、画面表示色ではなく「プリンタ出力要素」欄で指定のカラー印刷色になります。標準の画面表示色に準じた色で保存するにはカラー印刷色を初期化します。また独自にカラー印刷色を設定してもよいです。

4 「プリンタ出力色」ボタンを🖱。

➡ カラー印刷色の設定が初期画面の表示色を反映した初期値になる。

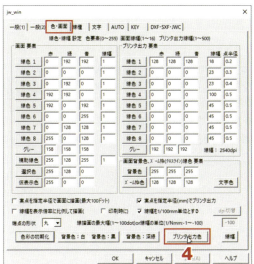

▶ DXF保存の設定を確認しましょう。

5 「jw_win」ダイアログの「DXF・SXF・JWC」タブを🖱。

6 「DXF書出し」欄の設定を確認し、「OK」ボタンを🖱。

Point　「点を円で出力する」は、実点を円に変換します。実点という概念がないCADにDXF図面を渡す場合に、チェックを付けます。「レイヤ名に番号を付加する」は、レイヤ名の前にレイヤ番号を付けて保存します。このチェックを付けて保存したDXF図面をJw_cadで開くと、各要素が元図面と同じレイヤに読み込まれます。

Step2　DXF形式で保存

◆ 図面をDXF形式で保存しましょう。

1. メニューバー［ファイル］－「DXF形式で保存」を選択する。
   ➡「ファイル選択」ダイアログが開く。
2. 「ファイル選択」ダイアログで保存先のフォルダを選択し、「新規」ボタンを🖱。

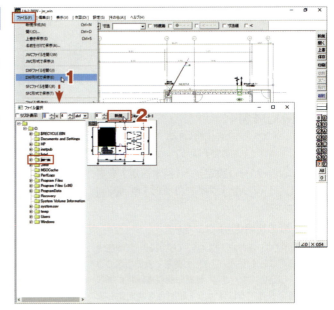

➡「新規作成」ダイアログが開く。「保存形式」欄では「dxf」が選択され、「名前」ボックスには編集中の図面のファイル名が表示される。

3. 「名前」を確認または必要に応じて変更し、「OK」ボタンを🖱。

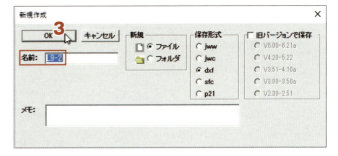

➡ DXF形式で保存される。

Point 非表示レイヤの要素もすべて保存されます。保存したDXFファイルをメニューバー［ファイル］－「DXFファイルを開く」から開いて確認することができます。ただし、Jw_cadで開いて確認した状態と他のCADで開いた状態が同じになるとは限りません。

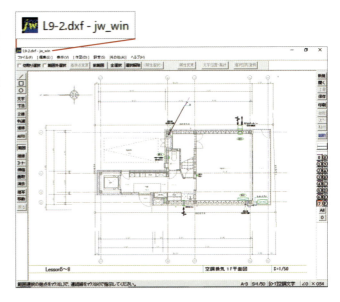

Point Lesson　選択要素のみをDXF形式で保存

一般の図面保存では、非表示レイヤの要素も保存され、図面の一部だけを保存することはできません。DXF形式での保存に限り、以下の手順で選択した要素のみを保存することができます。「Lesson7」を終えた状態の図面「Lesson6.jww」を開き、空調換気設備図のみをDXFファイルとして保存する例で説明します。

🔶 図面「Lesson6.jww」を開き、DXF保存する要素が作図されているレイヤを編集可能にしましょう。

1　「開く」コマンドで「Lesson6.jww」を開く。

2　表示のみレイヤの「0:建築図」を編集可能にする。

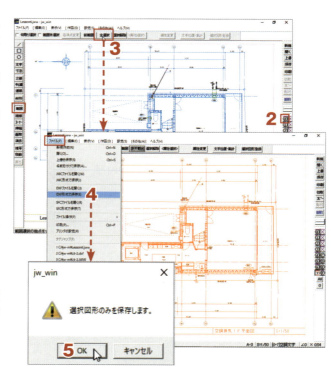

🔶 保存対象の要素を選択してDXF保存しましょう。

3　保存対象の要素のみが編集可能であることを確認し、「範囲」コマンドのコントロールバー「全選択」ボタンを🖱。

　Point　ここでは「全選択」ボタンで選択しますが、範囲選択枠で囲むことでも選択できます。

4　保存対象要素が選択色になったことを確認し、メニューバー［ファイル］-「DXF形式で保存」を選択する。

5　「選択図形のみを保存します」のメッセージウィンドウが開くので、「OK」ボタンを🖱。

6　「ファイル選択」ダイアログで保存先フォルダを選択し、「新規」ボタンを🖱。

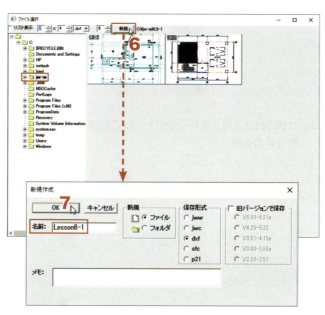

7　「新規作成」ダイアログの「名前」を確認し、必要に応じて変更し、「OK」ボタンを🖱。

　➡ 3で選択した要素が7で指定の名前でDXFファイルとして保存される。

　Point　選択要素とともに各レイヤのレイヤ名も保存されます。

9-3 寸法の記入

寸法は「寸法」コマンドで記入します。ここでは練習図面「L9-3.jww」を開き、寸法記入の練習を行いましょう。

Step1 水平方向の寸法を記入

▶ 上側に水平方向に寸法を記入しましょう。

1 「寸法」コマンドを選択する。

2 コントロールバーの引出線タイプボタン「＝」を3回🖱し、「－」にする。

Point 「＝」ボタンを🖱することで、「＝（1）」⇒「＝（2）」⇒「－」に切り替わります。引出線タイプ「－」では、はじめに寸法線の記入位置を指示します。

➡ 操作メッセージは「■　寸法線の位置を指示して下さい」になる。

3 寸法線を記入する位置として右図の位置を🖱。

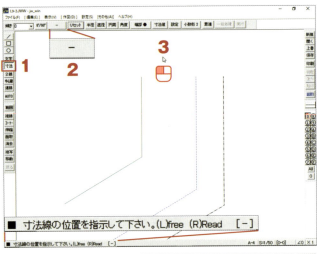

➡ 🖱位置に寸法線の記入位置を示すガイドラインが赤い点線で横方向に表示され、操作メッセージは「○　寸法の始点を指示して下さい」になる。

Point 図面上の2点（測り始めの点と測り終わりの点）を指示することで、その間隔を寸法として記入します。寸法の始点・終点として点のない位置を指示することはできません。寸法の始点、終点指示は🖱、🖱のいずれでも既存の点を読み取ります。

4 寸法の始点（測り始めの点）として実線の上端点を🖱。

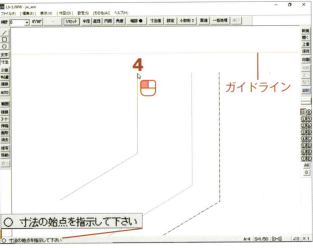

➡ 操作メッセージは「●　寸法の終点を指示して下さい」になる。

5 寸法の終点（測り終わりの点）として点線の上端点を🖱。

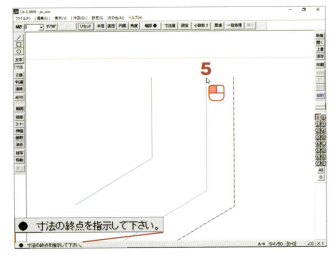

➡ **4**－**5**間の間隔（寸法の値）が作図ウィンドウ左上に表示され、寸法線の記入位置のガイドライン上に寸法線と寸法値が右図のように記入される。操作メッセージは「○●寸法の始点はマウス(L)、連続入力の終点はマウス(R)で指示して下さい」になる。

Point 寸法の始点と終点を指示した後の指示は🅛と🅡では違う働きをします。直前に記入した寸法の終点から次に指示する点までの寸法を記入するには、次の点を🅛で指示します。

6 連続入力の終点として一点鎖線の上端点を🅛。

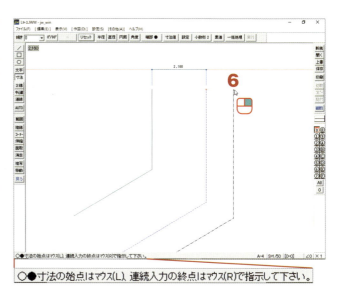

➡ 直前の終点**5**から🅛した**6**までの寸法がガイドライン上に記入される。

◪ 現在のガイドライン上への寸法記入を終了しましょう。

7 コントロールバー「リセット」ボタンを🅛。

➡ 赤い点線のガイドラインが消え、操作メッセージは「■　寸法線の位置を指示して下さい」になる。

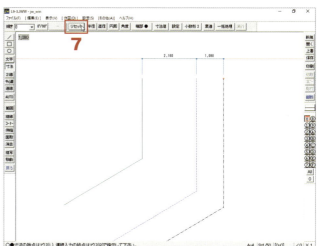

Point 寸法部の名称と設定

寸法部の線色は、書込線にかかわりなく、「寸法設定」ダイアログ（→次ページ）で指定の線色で記入されます。寸法値の大きさも「寸法設定」ダイアログで、文字種1～10から指定します。

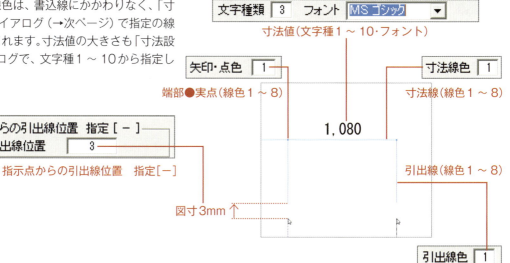

Step2　寸法設定

☐ これから記入する寸法値のサイズや寸法線の線色を変更しましょう。

1. 「寸法」コマンドのコントロールバー「設定」ボタンを🖱。
   → 「寸法設定」ダイアログが開く。
2. 「文字種類」ボックスを🖱し、既存の数値を消し「6」(文字種6)を入力する。
3. 「寸法線色」「引出線色」「矢印・点色」ボックスを「2」(線色2)にする。
4. 「引出線位置」ボックスを「0」にする。
5. 「寸法線と値を【寸法図形】にする…」にチェックを付ける。
6. 「OK」ボタンを🖱。
   → 「寸法設定」ダイアログが閉じる。

   Point　「寸法設定」ダイアログで変更した設定内容はこれから記入する寸法に対するものです。すでに記入済の寸法部の文字種や線色は変更されません。

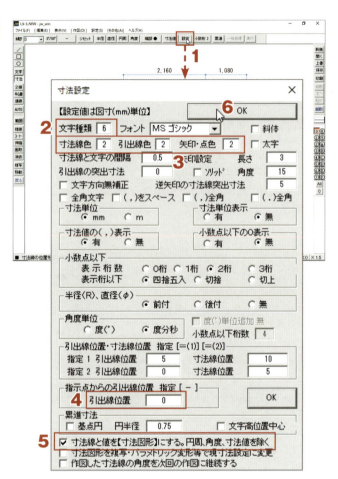

Step3　引出線を作図せずに寸法記入

☐ 引出線を作図せずに、水平方向の寸法を記入しましょう。

1. 寸法線を記入する位置として右図の位置を🖱。
   → 🖱位置に寸法線の記入位置を示すガイドラインが赤い点線で横方向に表示され、操作メッセージは「○ 寸法の始点を指示して下さい」になる。
2. 寸法の始点（測り始めの点）として実線とガイドラインの交点を🖱。

   Point　引出線を作図せずに寸法を記入するには、前項の「寸法設定」の**4**の設定をしたうえで、始点・終点指示はガイドラインとの交点を🖱してください。

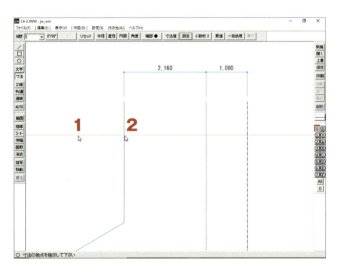

➡ 操作メッセージは「● 寸法の終点を指示して下さい」になる。

3 寸法の終点（測り終わりの点）として点線とガイドラインの交点を🖱。

➡ 寸法線の記入位置のガイドライン上に「寸法設定」ダイアログで指定した線色と文字種で寸法線と寸法値が記入される。操作メッセージは「○● 寸法の始点はマウス (L)、連続入力の終点はマウス(R)で指示して下さい」になる。

4 連続入力の終点として一点鎖線とガイドラインの交点を🖱。

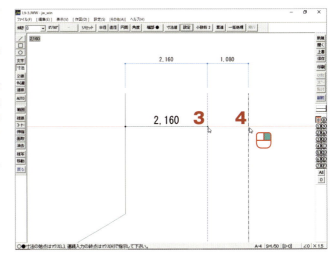

➡ 直前の終点**3**から🖱した**4**までの寸法がガイドライン上に記入される。

5 コントロールバー「リセット」ボタンを🖱。

➡ 赤い点線のガイドラインが消え、操作メッセージは「■ 寸法線の位置を指示して下さい」になる。

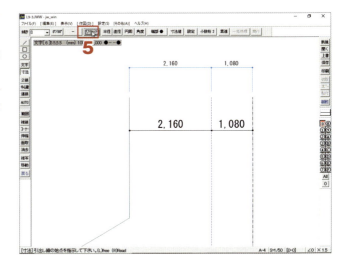

Step4 斜線間の寸法を記入

💡 寸法は、コントロールバー「傾き」ボックスの角度で記入されます。斜線間に寸法を記入するには「傾き」ボックスに、斜線に鉛直な角度を入力します。ここでは斜線の傾きが不明なため、「角度取得」コマンドを利用して斜線に鉛直な角度を「傾き」ボックスに取得しましょう。

1 「寸法」コマンドを選択した状態で、メニューバー［設定］－「角度取得」－「線鉛直角度」を選択する。

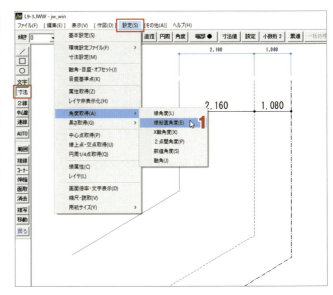

➡ 作図ウィンドウ左上に 鉛直角 と表示され、操作メッセージは「基準線を指示してください」になる。

2 角度取得の基準線として斜線を🖱。

Point メニューバー［設定］－「角度取得」－「線鉛直角度」では、🖱した線に対して鉛直な角度を選択コマンドの角度入力ボックスに取得します。この機能は「寸法」コマンドに限らず角度入力ボックスのあるコマンドで共通して利用できます。

➡ 作図ウィンドウ左上に -60° と、🖱した斜線に鉛直な角度が表示され、コントロールバー「傾き」ボックスにその角度が取得される。操作メッセージは「■　寸法線の位置を指示して下さい」と表示される。

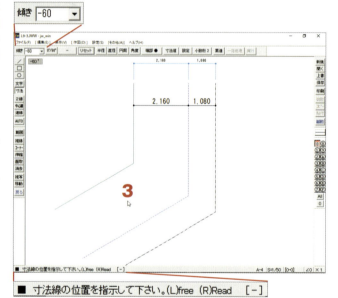

◘ 傾き「-60°」で斜線間の寸法を記入しましょう。

3 寸法線の記入位置として右図の位置で🖱。

➡ コントロールバー「傾き」ボックスの角度で寸法線位置のガイドラインが表示される。

4 寸法の始点として実線とガイドラインの交点を🖱。

5 寸法の終点として点線とガイドラインの交点を🖱。

6 連続入力の終点として一点鎖線とガイドラインの交点を🖱。

7 コントロールバー「リセット」ボタンを🖱し、寸法線位置指定を解除する。

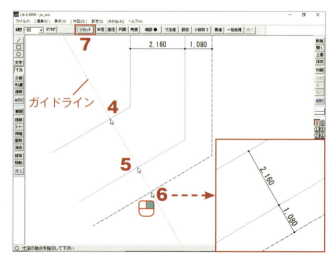

Step5 寸法値のみを記入

◪ 引出線、寸法線を記入せずに、指示した2点間の寸法値のみを記入しましょう。

1. 「寸法」コマンドのコントロールバー「寸法値」ボタンを🖱。

    ➡ 操作メッセージは、「【寸法値】の始点指示(L) 移動寸法値指示(R)…」になる。

    Point 「寸法」コマンドの「寸法値」では、指示した2点の寸法値のみを記入できます。2点の寸法値を記入するには、1点目を🖱で指示します。

2. 寸法の始点として右図の端点を🖱。

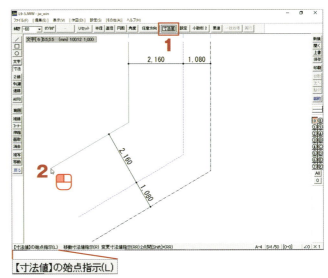

    ➡ 操作メッセージは、「● 寸法の終点を指示して下さい」になる。

3. 寸法の終点として右図の角を🖱。

    ➡ 2-3間の寸法値が2→3に対して左側に記入され、操作メッセージは「○●寸法の始点はマウス(L)、連続入力の終点はマウス(R)で指示して下さい」になる。

    Point 寸法値は、「寸法設定」ダイアログで指定の文字種で指定した始点→終点の左側に記入されます。次の点を🖱することで、続けて3の点から🖱点までの寸法値を記入できます。

◪ 小数点以下3桁を記入するように設定を変えて、次の寸法を記入しましょう。

4. コントロールバー「小数桁2」ボタンを🖱し、「小数桁3」にする。

    Point 「小数桁2」ボタンを🖱で「小数桁3」⇒「小数桁0」⇒「小数桁1」と切り替わります。

5. 連続入力の終点として右図の端点を🖱。

    ➡ 3-5間の寸法値が右の結果の図のように、小数桁3桁まで記入される。

6. コントロールバー「リセット」ボタンを🖱し、「寸法値」を終了する。

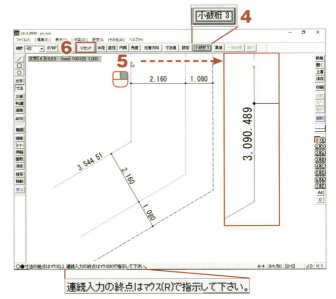

Step6 寸法を消去

◯ 寸法も他の要素と同様に「消去」コマンドで消去します。最初に記入した寸法線を消去しましょう。

1 「消去」コマンドを選択する。

2 消去対象の寸法線を🖱。

　→ 右の結果の図のように、🖱した寸法線のみが消去される。

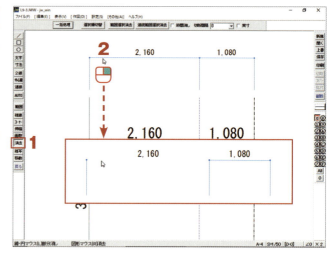

◯ 寸法設定を変更した後に記入した寸法線も消去しましょう。

3 消去対象の寸法線を🖱。

　→ 右の結果の図のように、🖱した寸法線とともにその寸法値も消去される。

Point **3**で🖱した寸法線は、「寸法設定」ダイアログの「寸法線と値を【寸法図形】にする…」にチェックを付けた設定（p.216の**5**）で記入した寸法です。この設定で記入した寸法（寸法線と寸法値）を「寸法図形」と呼びます。寸法図形の寸法線と寸法値は1セットになっているため、「消去」コマンドで寸法線を🖱すると、その寸法値もともに消去されます。

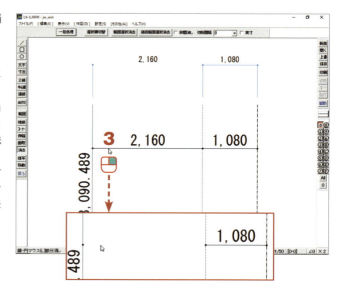

Point 寸法図形の特性

寸法線と寸法値がセットになった寸法図形には次のような特性があります。

寸法線と寸法値のセットで1要素として扱われる	「消去」コマンドで寸法線を🖱すると、セットになっている寸法値もともに消える。
寸法値は常に寸法線の実寸法を表示する	寸法線の長さを変更すると、それに伴い寸法値も変わる。
線要素や文字要素とは同じに扱えない	寸法値を「文字」コマンドで移動や書き換えできない（移動 → p.221）。 寸法線の線色や寸法値の文字色は変更できない。変更するには寸法図形を解除する（→ p.223）。

Step7 寸法値を移動

◪ 寸法図形でない寸法値は「文字」コマンドで移動や書き換えを行えますが、寸法図形の寸法値は「文字」コマンドでは扱えません。「寸法」コマンドの「寸法値」で行います。寸法図形の寸法値「1,080」を一点鎖線の右側に移動しましょう。

1 「寸法」コマンドを選択し、コントロールバー「寸法値」ボタンを🖱。

Point 「寸法値」は2点の寸法値の記入や寸法値の移動、変更を行います。

2 移動する寸法値（またはその寸法線）を🖱。

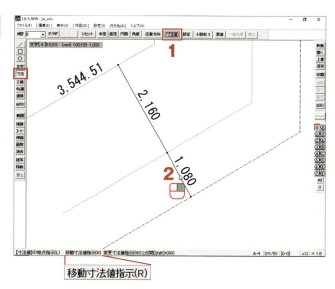

➡ マウスポインタに中下を合わせ、寸法値の外形枠が仮表示される。

3 コントロールバー「任意方向」ボタンを🖱。

➡「－横－方向」ボタンになり、外形枠の移動方向が寸法値に対しての横方向に固定される。

Point **3**のボタンは、寸法値の移動方向を指定します。🖱するごとに「－横－方向」（横方向に固定）⇒「｜縦｜方向」（縦方向に固定）⇒「＋横縦方向」（横または縦方向に固定）⇒「任意方向」（固定なし）に切り替わります。ここでの横方向、縦方向は、画面に対する横と縦ではなく、寸法値に対しての横と縦です。

4 移動先として一点鎖線の右で🖱。

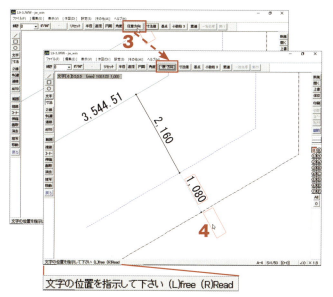

➡ 右の結果の図のように移動される。

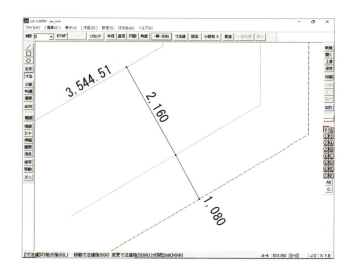

9-4 複数の要素をひとまとまりとして扱う属性について

「消去」コマンドで線を🖱(消去)すると、「その線だけでなく回りの要素も消えてしまう」という場合、🖱した線と一緒に消える要素には複数の要素をひとまとまりとして扱う属性が付いています。Jw_cadには、複数の要素をひとまとまりとして扱う属性として以下の3種類があります。ここではそれらの特性と属性の解除方法について説明します。各操作は練習図面「L9-4.jww」を開いて行ってください。

寸法図形 → p.220

寸法線とその実寸法を示す寸法値が1セットとなり、寸法線の長さを変更するとその寸法値も自動変更される。

曲線属性 → p.86、131

基本的には連続する複数の線分をひとまとまりとして扱うもので、「曲線」コマンドで作図した曲線に付随する。また、任意の要素に付加することもできる。DXFファイルを開いた図面では連続しない要素に曲線属性が付加されている場合もある。

ブロック

複数の要素をひとまとまりとして基準点を指定しブロック名を付けたもの。ブロック名ごとにその数を集計できる。

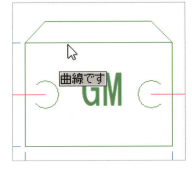

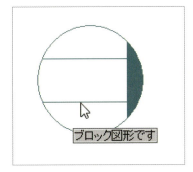

「コーナー」コマンドで寸法線を🖱すると 寸法図形です と表示され、編集できない。また、その寸法値は「文字」コマンドで扱えない。
寸法値の文字種・フォントの変更はできるが、文字色の変更や寸法線の線色・線種変更はできない。変更するには寸法図形を解除する。

参考 寸法図形の解除 → p.223

「コーナー」コマンドで線要素を🖱すると 曲線です と表示され、編集できない。
文字の編集、線色・線種の変更や「消去」コマンドの部分消しはできるが、「コーナー」「伸縮」コマンドなどでの編集はできない。また、編集した要素は曲線属性から外れる（→p.132「Step5」）。

参考 曲線属性の解除 → p.224
参考 曲線属性の設定 → p.225

「コーナー」コマンドで線要素を🖱すると ブロック図形です と表示され、編集できない。
線色・線種の変更や「コーナー」「伸縮」コマンドなどでその一部を編集することはできない。編集はブロックを解除するか「ブロック編集」コマンドで行う。

参考 ブロックの解除 → p.208

| Step 1 | 寸法図形を一括解除 |

◻ 複数の寸法図形を一括して解除しましょう。

1 メニューバー［その他］－「寸法図形解除」を選択する。
2 コントロールバー「範囲選択」ボタンを🖱。

Point 2を行わずに寸法図形の寸法線を🖱することで、個別に寸法図形を解除できます。

3 範囲選択の始点を🖱。
4 表示される選択範囲枠で解除対象を囲み、終点を🖱。

Point 選択範囲枠内に寸法図形以外の要素が入っても支障はありません。

➡ 選択範囲枠に全体が入る要素が選択色になる。

Point 4で終点を🖱(文字を除く)したため、文字要素「GM」を含む曲線属性要素は選択されません。

5 コントロールバー「選択確定」ボタンを🖱。

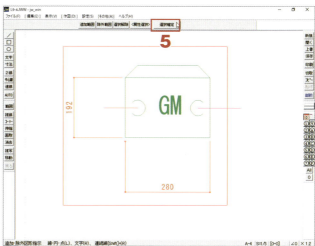

➡ 選択色の寸法図形が解除され、作図ウィンドウ左上に 寸法図形解除[2] と解除された寸法図形の数が表示される。

線要素(寸法線)と文字要素(寸法値)に分解される

Step2　曲線属性を解除（クリアー）

◆ 「範囲」コマンドで選択対象のすべての属性をクリアーすることで、曲線属性も解除されます。

1 「範囲」コマンドを選択する。

2 曲線属性をクリアーする対象としてガスメーターの外形線を🖱️（連続線）。

> **Point** 線を🖱️（連続線）すると、🖱️した線とその線に連続したすべての線が選択されます。また、ひとまとまりとして扱われる曲線属性要素やブロック図形も選択できます。**2**の操作の代わりに選択範囲枠で囲んで選択してもよいです。

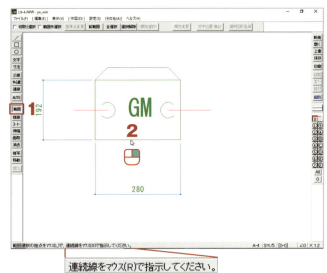

➡ 🖱️した線とともに曲線属性になっている要素が選択色になる。

3 コントロールバー「属性変更」ボタンを🖱️。

➡ 「属性変更」のダイアログが開く。

4 ダイアログの「全属性クリアー」にチェックを付け、「OK」ボタンを🖱️。

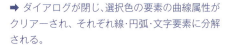

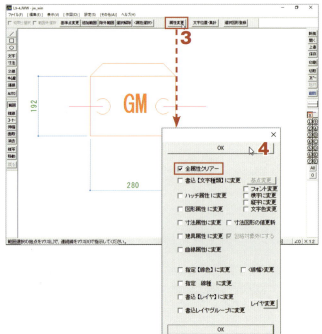

➡ ダイアログが閉じ、選択色の要素の曲線属性がクリアーされ、それぞれ線・円弧・文字要素に分解される。

> **Point** ここでは**2**で曲線属性をもった線を🖱️で選択しましたが、選択範囲枠で囲んで選択することやコントロールバー「全選択」ボタンを🖱️して図面全体を対象にすることもできます。その場合、**4**の指示で曲線属性以外の属性（ハッチ属性、図形属性、寸法属性、建具属性）もすべてクリアーされます。寸法図形とブロックはクリアー（解除）されません。

Step3 曲線属性を設定

独自に作図した図形に曲線属性を設定できます。ここでは、p.83で図形登録した図形「屋内消火栓」を読み込み、曲線属性を設定しましょう。

1. 「図形」コマンドで、p.83で図形登録した図形「屋内消火栓」をあいたスペースに読み込み、作図する。
   参考 登録した図形の読み込み → p.85
2. 「範囲」コマンドを選択する。
3. 範囲選択の始点として図形の左上で🖱。
4. 表示される選択範囲枠で図形を囲み、終点を🖱。

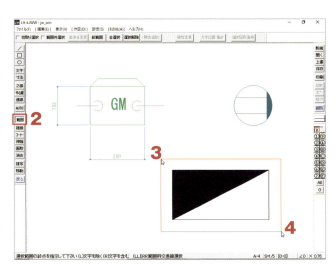

5. 曲線属性を設定する対象要素が選択色になったことを確認し、コントロールバー「属性変更」ボタンを🖱。
   → 「属性変更」のダイアログが開く。
6. ダイアログの「曲線属性に変更」にチェックを付け、「OK」ボタンを🖱。
   → ダイアログが閉じ、選択色の要素が曲線属性に設定される。

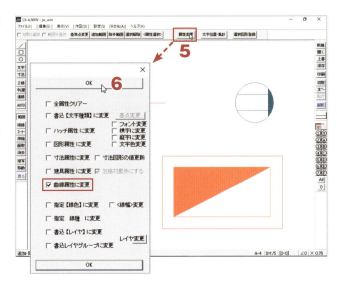

Point 図形の上書き登録

曲線属性を付加した図形を元の図形「屋内消火栓」に上書き登録できます。通常の図形登録と同じ手順（p.83 **1** 〜 p.84 **6**）で図形登録を行い、「ファイル選択」ダイアログで「新規」ボタンを🖱する代わりに上書き登録先の図形「屋内消火栓」を🖱🖱してください。
「ファイル選択」ダイアログが閉じ、右図のメッセージウィンドウが開くので「OK」ボタンを🖱してください。上書き登録されます。

❓ 図形登録の基準点を🖱→ AM3時 中心点・A点 で指示すると、曲線ですと表示される → p.236 Q27

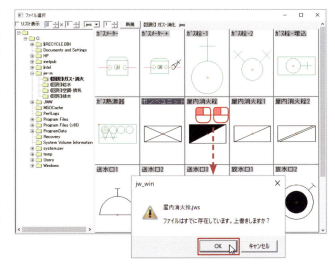

9-5 パラメトリック変形で排水桝位置を調整

「Lesson6」での作図のように、あらかじめ排水ルートを作図した後「線記号変形」コマンドで排水桝を作図すると、排水桝が敷地境界線からはみ出すことがあり得ます。そのような場合には「パラメトリック変形」コマンドを使って排水桝の位置を調整してください。ここでは「Lesson6」のp.142「Step 16 小口塩ビ桝を作図」で角のトラップ桝が水路境界線からはみ出したという前提で、その調整方法を説明します。

1 メニューバー［その他］-「パラメトリック変形」を選択する。

Point 「パラメトリック変形」コマンドは図の一部の線を伸び縮みさせることで図全体の長さ（幅）を変更します。はじめに対象を範囲選択しますが、このとき伸び縮みする線の片方の端点が選択範囲枠に入るように囲みます。次に変形位置を指示してパラメトリック変形します。

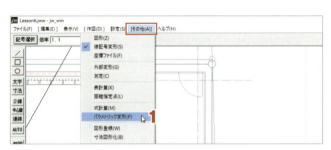

2 選択範囲の始点として右図の位置で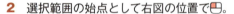。

➡ **2**の位置を対角とする選択範囲枠がマウスポインタまで表示される。

3 選択範囲枠に塩ビ桝と右端の排水配管が入るように囲み、終点を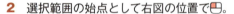。

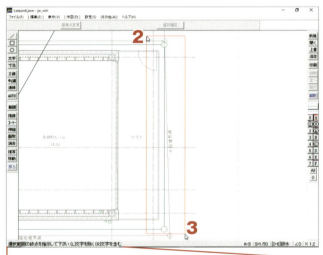

➡ 選択範囲枠に全体が入る要素が選択色で、片方の端点が入る線要素が選択色の点線で表示される。

Point 選択色の点線で表示されている線が伸び縮みして、それに伴い選択色の要素が移動します。

4 コントロールバー「基準点変更」ボタンを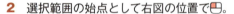。

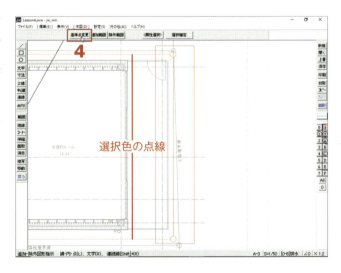

➡ パラメトリック変形の対象が確定し、操作メッセージが「基準点を指示して下さい」になる。

5 上の塩ビ桝付近を拡大表示して、基準点として境界線からはみ出している円の右を🖱。

➡ 基準点が確定し、マウスポインタに従い選択色の点線部分が伸び縮みし、それに伴い選択色の要素が移動する。操作メッセージは「移動先の点を指示して下さい」になる。

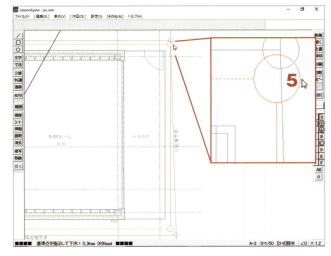

6 コントロールバーの「XY方向」ボタンを2回🖱し、「X方向」にする。

Point 「XY方向」では、移動方向が横または縦方向の移動距離が長い方に固定されます。「XY方向」ボタンを🖱で、「任意方向」(固定なし)⇒「X方向」(横方向固定)⇒「Y方向」(縦方向固定)に切り替わります。

7 移動先として仮表示の塩ビ桝が敷地内に入る位置で🖱。

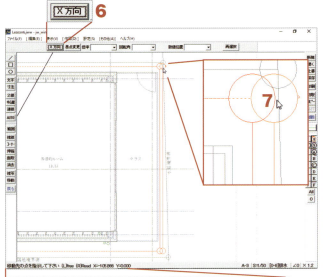

➡ 画面左上に【図形をパラメトリック変形しました】と表示される。操作メッセージは「移動先の点を指示して下さい」と表示され、マウスポインタの動きに従いパラメトリック変形要素が伸び縮みして仮表示される。

Point コントロールバー「再選択」ボタンか他のコマンドを選択するまでは、移動先の点を指示することで選択色の要素を再度パラメトリック変形できます。

8 コントロールバー「再選択」ボタンを🖱。

➡ パラメトリック変形が確定し、パラメトリック変形要素が元の色に戻る。

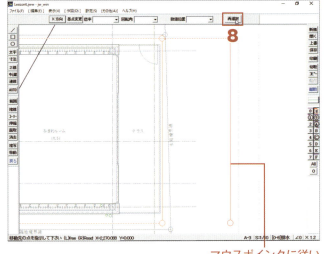

マウスポインタに従い仮表示される

Appendix Q&A 本書の解説どおりにならない場合の対処法

p.16 Q01 付録CD-ROMのウィンドウの開き方がわからない。

Windowsに標準搭載されているエクスプローラーを起動し、表示される「DVD（またはCD）」ドライブを🖱🖱することで、CD-ROMのウィンドウを開きます。

1 「スタート」ボタンを🖱し、表示されるメニューの「エクスプローラー」を🖱。
2 エクスプローラーのフォルダーツリーで「PC」を🖱。
3 右のウィンドウに表示される「DVD（またはCD）」ドライブを🖱🖱。

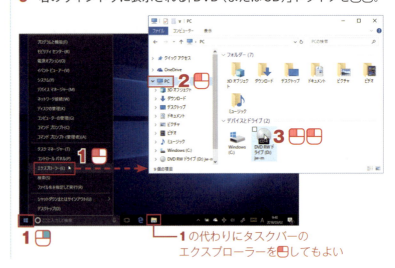

1の代わりにタスクバーのエクスプローラーを🖱してもよい

p.16 Q02 「続行するには管理者のユーザー名とパスワードを入力してください」と表記された「ユーザーアカウント制御」ウィンドウが開く。

管理者権限のないユーザーとしてWindowsにログインしているため、このメッセージが表示されます。管理者権限がないとJw_cadをインストールすることはできません。インストールを行うには、表示される管理者ユーザー名の下の「パスワード」ボックスに、その管理者のパスワードを入力し、「はい」ボタンを🖱してください。

p.17 Q03 「プログラムの保守」と表記されたウィンドウが開く。

これからインストールしようとしているバージョンのJw_cadがすでにインストールされています。インストールは不要なため、「キャンセル」ボタンを🖱してインストールを中断してください。

p.19 Q04 「ショートカットエラー」ウィンドウが表示され、起動しない。

🖱🖱したショートカットが正常に機能していません。「OK」ボタンを🖱し、「ショートカットエラー」ウィンドウを閉じてください。
現在あるショートカットを削除（ショートカットを🖱し、表示されるメニューの「削除」を🖱）したうえで、p.18を参照し、新しいショートカットを作成してください。

p.22 Q05 「線属性」バーが作図ウィンドウにとび出ている。

以下の手順で、「線属性」バーを右のツールバーに収めてください。
1 「線属性（2）」バーの左端にマウスポインタを合わせ、カーソル形状が⇔に変わった時点で🖱→（左ドラッグ：左ボタンを押したまま右方向に移動）し、「線属性（2）」バーの表示幅を半分にする。
2 「線属性（2）」バーのタイトル部を🖱→し、「メインツール」バーと「レイヤ」バーの区切線上でボタンをはなす。

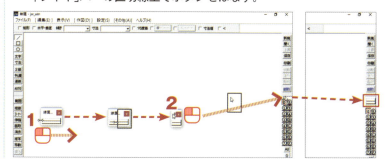

p.25/26 Q06 ステータスバーがない。

Jw_cadを最大化（→p.19の2）したうえで、メニューバー［表示］を🖱し、表示されるメニューの「ステータスバー」にチェックが付いているかを確認してください。チェックがない場合は、🖱してチェックを付けてください。

チェックがない場合はステータスバーは表示されない

p.27 Q07	「／」コマンドで、始点を🖱後、仮表示の線が上下左右にしか動かない。	「／」コマンドのコントロールバー「水平・垂直」にチェックが付いていることが原因です。 「水平・垂直」を🖱し、チェックを外してください。 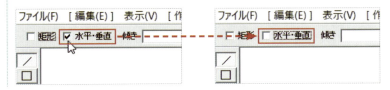
p.28 Q08	点指示時に🖱すると、点がありませんと表示される。	🖱した付近に読み取りできる点がないため、このメッセージが表示されます。読み取る点に正確にマウスポインタの先端を合わせ、再度🖱してください。🖱で読み取り可能な点についてはp.30の「Point」で確認してください。また、グレーで表示されている（表示のみレイヤ）線・円・弧の端点、交点を🖱したときにこのメッセージが表示される場合は、p.234のQ22を参照してください。
p.28 Q09	🖱するところを、誤って🖱した。	「戻る」コマンドを🖱し、誤った🖱操作を取り消したうえで、再度🖱で指示し直してください。
p.30 Q10	「消去」コマンドで、指示した線が消えずに、色が変わる。	🖱で線を指示すべきところを🖱で指示したことが原因です。 🖱は線を部分的に消す指示になります（→p.38 Step 4）。 「戻る」コマンドを🖱し、誤った🖱指示を取り消したうえで、再度🖱で消去対象を指示し直してください。
p.31/79 Q11	「消去」コマンドで、線を🖱したら、色が変わらずに、🖱した部分が消えた。	「消去」コマンドのコントロールバー「節間消し」にチェックが付いていることが原因です。　　　　　　　　　参考 節間消し → p.43 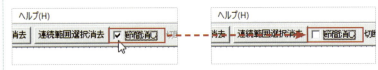 「戻る」コマンドを🖱し、操作を取り消したうえで、「節間消し」のチェックを外し、部分消しの対象線を🖱してください。
p.34 Q12	範囲選択した円が選択色にならない。	範囲選択枠から円の一部でもはみ出していると選択されません。 「戻る」コマンドを🖱して範囲選択の終点（必要に応じて始点も）を取り消したうえで、円全体が選択範囲枠に入るよう範囲選択をやり直してください。

p.37 Q13

「複線」コマンドで基準線を🖱しても、平行線が仮表示されない。

以下の①~③のことを順次確認し、対処してください。

① コントロールバー「複線間隔」ボックスに正しい間隔が入力されていますか？

「複線間隔」ボックスに正しい数値が入力されている →②へ進む

「複線間隔」ボックスが空白になっている →以下の対処をする

対象線を🖱した可能性があります。「複線間隔」ボックスに正しい数値を入力してください。

キーボードの数字キーを押しても数値が入力されない場合は、キーボードの NumLock キーを押し、テンキー（10key）での数字入力を有効（ナンバーロック）にするか、またはキーボード上の段の数字キーから入力してください。

② 画面を拡大表示しているために仮表示の平行線が画面に表示されていないのかもしれません。

🖱↗ 全体 で用紙全体表示をしてください。

全体表示をしても仮表示されない →③へ進む

③ メニューバー［設定］－「基本設定」を選択し、「jw_win」ダイアログの「一般(2)」タブの「m単位入力」にチェックが付いていないか確認してください。このチェックが付いていると、指定する数値はmm単位ではなくm単位での指定になります。

チェックが付いていた場合にはこのチェックを外し、「OK」ボタンを🖱してください。

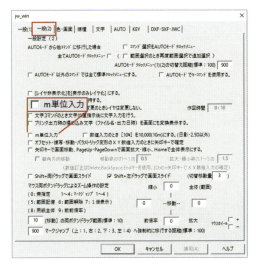

p.37 Q14 「複線」コマンドで、基準線を🖱すべきところを、誤って🖱した。

基準線を🖱すると、コントロールバー「複線間隔」ボックスが空白になり、入力ポインタが点滅した数値入力状態になります。ここで、キーボードから複線間隔を入力してください。

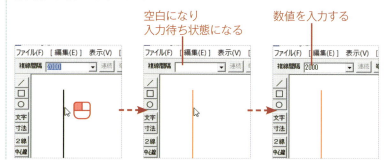

空白になり入力待ち状態になる　　数値を入力する

p.41 Q15 「伸縮」コマンドで、基準線を🖱🖱したが、線の表示色は変わらず赤い○が表示される。

🖱と🖱の間にマウスポインタが動いたため、🖱🖱ではなく🖱を2回行ったとみなされました。「伸縮」コマンドでの🖱は、🖱位置で線を2つに切断します。画面に表示された赤い○は切断位置を一時的に表示しています。🖱を2回行ったため2カ所で線が切断されています。
「戻る」コマンドを2回🖱して切断前に戻したうえで、あらためて基準線を🖱🖱しましょう。また、このように切断した線は「データ整理」の「連結整理」（→p.122のStep 10）でまとめて1本に連結できます。

p.50/80 Q16 「jw-m」フォルダがない。

「jw-m」フォルダは付録CD-ROMから教材データをインストールしていないと表示されません。
p.18を参照し教材データをインストールしてください。教材データをインストール済みで「jw-m」フォルダが表示されない場合は、以下の操作を行ってください。

1　スクロールバーのスライダーを一番上まで🖱↑し、Cドライブ（⊞📁C:フォルダのアイコンだがCドライブを示す）を表示する。
2　⊞📁C:を🖱🖱。

これで ⊟📁C: の下にCドライブ内のすべてのフォルダがツリー表示されます。その中に「jw-m」フォルダも表示されます。

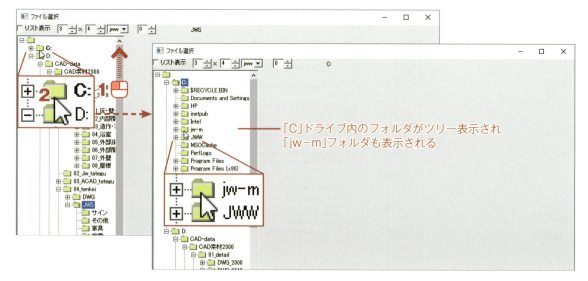

「C」ドライブ内のフォルダがツリー表示され「jw-m」フォルダも表示される

p.52 Q17

🖱↘したら図が移動した。または、図が作図ウィンドウから消えた。

図が移動するのは、🖱↘にならずに🖱（両ボタンクリック）したことが原因です。🖱は 移動 と表示され、🖱した位置が作図ウィンドウの中心になるよう表示画面を移動します（→p.57のStep 22）。

図が消えたのは、何も作図されていない範囲を🖱↘で拡大表示したためです。作図ウィンドウの適当な位置から🖱↗ 全体 （→p.55のStep 20）し、用紙全体表示にしたうえで、再度拡大操作を行ってください。

p.66 Q18

保存したはずの図面ファイル「01」がない。

保存したフォルダとは違うフォルダを開いていませんか？ Jw_cadの「ファイル選択」ダイアログのフォルダツリーでは、前回、図面を保存または開いたフォルダが選択されています。「01」を保存後、他のフォルダから図面を開くなどの操作をした場合、そのフォルダが開いています。

フォルダツリーで「jw-m」フォルダを🖱して確認してください。「jw-m」フォルダが見つからない場合は、p.232のQ16「jw-m」フォルダがない」を参照してください。

p.88 Q19

[Tab]キーを押すと、属性取得 と表示されず 図形がありません と表示される。

p.24の **16** の設定が本書と同じになっていないことが原因です。

メニューバー［設定］－「基本設定」を選択し、「jw_win」ダイアログの「KEY」タブの「直接属性取得を行う」のチェックを外して、「OK」ボタンを🖱してください。

p.88/97 Q20

属性取得対象をクリックしたら、図が作図ウィンドウから消え、作図ウィンドウ左上に レイヤ反転表示中 と表示される。

属性取得時に対象を🖱ではなく🖱（レイヤ反転表示）したことが原因です。レイヤ反転表示では、一時的に、非表示レイヤの要素が表示され、それまで表示されていた要素は非表示になります。

作図ウィンドウで再度🖱することで、🖱（レイヤ反転表示）前の状態に戻ります。

p.93 Q21

表示のみレイヤのグレーの線が、薄くて見づらい。

表示のみレイヤのグレーの表示色を濃いグレーに変更できます。

1 メニューバー［設定］－「基本設定」を選択し、「jw_win」ダイアログの「色・画面」タブを🖱。

2 「画面要素」欄の「グレー」ボタンを🖱。

3 「色の設定」パレットで、現在の設定よりも濃いグレー（下図）を🖱で選択し、「OK」ボタンを🖱。

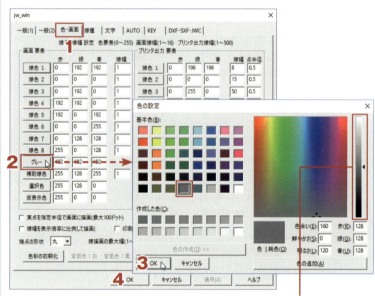

3で濃いグレーを選択する代わりに明度スライダーの目盛を下げて暗いグレーにしてもよい

4 「jw_win」ダイアログの「OK」ボタンを🖱。

p.94 Q22

表示のみレイヤの線・円・弧の端点や交点を🖱しても 点がありません と表示され、点を読み取れない。
「複線」コマンドで、表示のみレイヤの線を指示しても 図形がありません と表示され、線を指示できない。

「縮尺・読取　設定」ダイアログで読み取り設定を行うことで読み取りが可能になります。ステータスバー「縮尺」ボタンを🖱し、「縮尺・読取　設定」ダイアログの「表示のみレイヤのデータを基準線等の場合は読取る」（ 図形がありません と表示される場合）、「表示のみレイヤの読取点を読み取る」（ 点がありません と表示される場合）にチェックを付けてください。

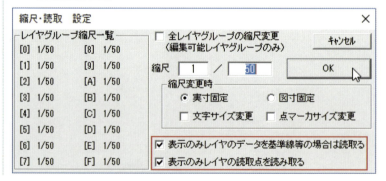

p.101 Q23 「連線」コマンドの左上のメッセージが本書の解説と違う。コントロールバー「丸面辺寸法」ボックスに数値が入力されている。

メッセージに表示される角度と基準点はコントロールバー「基準角度」ボタンと「基点」ボタンを🖱して調整してください。

🖱で、「15度毎」⇒「45度毎」⇒「無指定」に切り替わる

🖱で「マウス位置」⇔「前線終点」に切り替わる

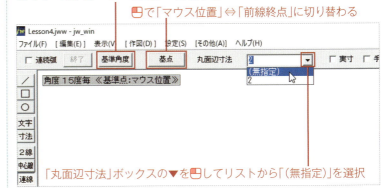

「丸面辺寸法」ボックスの▼を🖱してリストから「(無指定)」を選択

---

p.130 Q24 「図形」コマンドで、図形読込時、画面左上に●書込レイヤに作図と表示されない。または、◆元レイヤに作図と表示される。

このメッセージはパソコンによって一時的に表示され、すぐ消える場合があります。使用にあたり支障はありません。そのままお使いください。
◆元レイヤに作図など他のメッセージが表示される場合は、以下の操作を行って設定を変更してください。

1 コントロールバー「作図属性」ボタンを🖱。
2 「作図属性設定」ダイアログの「◆書込レイヤ、元線色、元線種」ボタンを🖱。

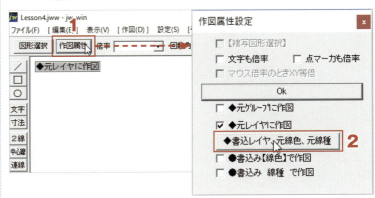

---

p.137/141 161 Q25 点指示時に、円(線)を🖱→AM3時 中心点・A点 したが、点が確定せず、ステータスバーに「2点間中心◆◆B点指示◆◆」と操作メッセージが表示される。

円(または線)を🖱→したつもりが、円(または線)の近くの点を読み取り、2点間中心のA点を指示したとみなされています。そのため2点間中心のB点指示の操作メッセージが表示されます。「戻る」コマンドで操作を取り消し、充分に拡大表示したうえで、円(または線)を🖱→AM3時 中心点・A点 してください。

| p.153 Q26 | 「連線」コマンドで、円を🖱↑AM0時 円上点&終了 すると、円ではありません と表示され、始点または終点指示ができない。 | 円・弧ではなく近くの線を🖱↑AM0時 円上点&終了 したことが原因です。画面を十分に拡大表示したうえ、マウスポインタを円・弧に合わせ、🖱↑AM0時 円上点&終了 してください。 |

| p.225 Q27 | 線・円・弧を🖱→AM3時 中心点・A点 すると、曲線です と表示され、中心点を指示できない。 | 🖱→した線・円・弧に曲線属性が設定されていることが原因です。曲線属性要素の線・円・弧を🖱→AM3時 中心点・A点 し、その中点や中心点を指示することはできません。線の中点を指示する場合は、2点間中心点（→p.192）をご利用ください。
付録CD－ROM収録の図形データには曲線属性が設定されています（→p.86の「Point」）。そのため、それらの図形内の線・円・弧の中心点は🖱→AM3時 中心点・A点 では指示できません。中心点を取得するには、曲線属性をクリアー（→p.224）する必要があります。 |

Index

記号

(L) free / (R) Read	28、30
／コマンド	27
▶ 水平・垂直	36、230
▶ 寸法、傾き	53
□コマンド	
▶ 寸法・基準点	58、60
▶ 多重	61
○コマンド	29、179
▶ 多重円	51、52
▶ 半円	194
▶ 半径	51

アルファベット

Backspaceキー	7
Ctrlキー	7、114、171、200
Deleteキー	7
DXF	204
DXF形式で保存	212、213
DXFファイルを開く	205
Enterキー	7
Escキー	7
JwL	198
jww	50
m単位入力	231
PageDown (PgDn) キー	7、64
PageUp (PgUp) キー	7、64
Shiftキー	7、114、171
SXF対応拡張線色・線種	206、209
Tabキー	7、88

あ行

印刷コマンド	66
▶ 印刷倍率（拡大・縮小印刷）	95
▶ カラー印刷	96
▶ 範囲変更	95
印刷色の設定	96
印刷線幅の設定	69
印刷の用紙サイズと向き	67
上書き保存（上書コマンド）	63、78
円ではありません	236
円の中心を点指示	105
円を作図	29、51、179
円を切断	79
オフセット	129

か行

書込線	49
書込文字種	70
拡大表示	52
仮点	128
仮点の消去	189
環境設定ファイル読込み（JWL）	198
キーボード	7
起動	19
基本設定	
▶ DXF・SXF・JWC	205、211
▶ KEY	24
▶ 一般（1）	22、23、208
▶ 一般（2）	23、64
▶ 色・画面	23、69、96、211
曲線属性	86、131
▶ 曲線です	86、222、236
▶ クリアー	224
▶ 付加	225
クリック	6
クロックメニュー	100
▶ 円周1/4点	149
▶ 円上点&終了	102、103
▶ 鉛直・円1/4点	139
▶ 鉛直・円周点	148
▶ オフセット	129
▶ 消去	128
▶ 線・円交点	182
▶ 線上点・交点	160、174
▶ 中心点・A点	105、160、192
コーナーコマンド	56
コントロールバー	20、25

さ行

最大化ボタン	19
作図ウィンドウ	20
終了	24、34
縮尺変更	26、207
消去コマンド	30
▶ 節間消し	43
▶ 切断	79、195
▶ 範囲選択消去	33
▶ 部分消し	31
ショートカットを作成	18
伸縮コマンド	
▶ 基準線まで伸縮	40、48、54
▶ 指示位置優先	54
▶ 指定点まで伸縮	39
数値・文字入力	7
ズーム操作	
▶ 移動	57
▶ 拡大	52
▶ キーボード指示	64
▶ 縮小	137
▶ 全体（用紙全体表示）	55
▶ 前倍率	152
▶ 範囲	105
図形コマンド	80
▶ 回転角・90°毎	131、176
▶ 作図属性	82、135
▶ 倍率	85
図形登録コマンド	83
進むコマンド	31
図寸	70
スタートボタン	228
ステータスバー	20
寸法	
▶ 記入（寸法コマンド）	214、216、219
▶ 消去	220
寸法図形	220、222
▶ 寸法図形解除	223
▶ 寸法図形です	222
寸法設定	216
寸法値を移動	221
寸法部名称	215
正方形を作図	58
線	
▶ 作図	27
▶ 切断	195
▶ 太さ（印刷線幅）	69

▶ 部分消し	31
▶ 平行複写	37
線・円を消去	30
線記号変形	
▶ 給排水	158
▶ 空調	185
▶ 切断	157
▶ ダクト類	172
▶ 立管	138
▶ 継手類	106、108
▶ 排水桝	142
▶ バルーン	188
▶ 引出線付文字	161、165
線色・線幅・レイヤを変更	209
線色を変更	68、120
線属性コマンド	49
線属性バー	22、229
全体表示	55
操作メッセージ	25
属性取得コマンド	97、100、171
属性変更コマンド	68、75、195
▶ 書込みレイヤに変更	126
測定コマンド	
▶ 距離測定	87、207
▶ 座標測定	88
ソリッド	78
▶ 円・連続線指示	79

た 行

タイトルバー	20
ダブルクリック	6
中心線コマンド	44
重複線を1本に	122
長方形を作図	60
直前作業の取り消し	31
ツールバー	20、21
データ整理コマンド〈連結整理〉	122
点がありません	30、230
点コマンド〈全仮点消去〉	189
点を読み取る	28、30
ドラッグ	6

な 行

長さ取得〈間隔取得〉	196
名前を付けて保存	50
塗りつぶし ➡ ソリッド	

は 行

バージョン情報	15
パラメトリック変形コマンド	146、180、226
範囲コマンド	
▶ 属性選択〈補助線指定〉	190
▶ 属性変更〈線色変更〉	120
▶ 属性変更〈線色変更・線幅変更・レイヤ変更〉	209
▶ 属性変更〈全属性クリアー〉	224
▶ 属性変更〈フォント変更〉	121
▶ 属性変更〈文字種変更〉	77
▶ 属性変更〈レイヤ変更〉	118、209
範囲選択	33
▶ 全選択	98
▶ 文字を含む	76
▶ 連続線	224
範囲選択消去	33、46、98

表示倍率ボタン	104
表示範囲記憶	104
▶ 解除	111
開くコマンド	66、90
複写コマンド	61
▶ 基準点	62
複線コマンド	37
▶ 位置指定	127
▶ 前複線と連結	59
▶ 端点指定	134
▶ 両側複線	194
▶ 連続	48
▶ 連続線選択	193
ブロック解除	208
ブロック図形	222
分割コマンド	
▶ 等分割線の作図	45
▶ 等分割点の作図	128
別の名前で保存	117
補助線種	49
補助線を一括消去	190
保存コマンド	50、117

ま 行

マウス操作	6
メニューバー	20
文字	
▶ 上付き文字	163
▶ 逆さの文字を修正	132
文字コマンド	
▶ 書込文字種	70
▶ 基点	71
▶ 記入内容の変更	74、126
▶ 行間〈連続入力〉	163
▶ 文字の移動（X方向）	191
▶ 文字の記入	71
▶ 文字の複写	73、167
▶ 履歴リスト	72、164
文字サイズ（文字種）の変更	75、76、155
文字サイズの確認	88
文字フォントの変更	121
戻るコマンド	31

や 行

用紙サイズ	26
用紙全体表示	55
用紙枠	23、24

ら 行

レイヤ	89、112
▶ 書込レイヤ	90
▶ 非表示レイヤ	93
▶ 表示のみレイヤ	93
▶ プロテクトレイヤ	114、171、200
▶ 編集可能レイヤ	94
レイヤ一覧ウィンドウ	91、112
レイヤ整理ファイル	198
レイヤ設定ダイアログ〈全レイヤ編集〉	208
レイヤバー	112
▶ Allボタン	97、98、200
レイヤ名を設定（変更）	92、119
レイヤを変更	118、209
連線コマンド	101、102、103

送付先 FAX 番号 ▶ 03-3403-0582　　メールアドレス ▶ info@xknowledge.co.jp
インターネットからのお問合せ ▶ http://xknowledge-books.jp/support/toiawase

FAX質問シート
Jw_cad 空調給排水設備図面入門 [Jw_cad8対応版]

以下を必ずお読みになり、ご了承いただいた場合のみご質問をお送りください。

- 「本書の手順通り操作したが記載されているような結果にならない」といった本書記事に直接関係のある質問のみご回答いたします。「このようなことがしたい」「このようなときはどうすればよいか」など特定のユーザー向けの操作方法や問題解決方法については受け付けておりません。
- 本質問シートで、FAXまたはメールにてお送りいただいた質問のみ受け付けております。お電話による質問はお受けできません。
- 本質問シートはコピーしてお使いください。また、必要事項に記入漏れがある場合はご回答できない場合がございます。
- メールの場合は、書名と当質問シートの項目を必ずご入力のうえ、送信してください。
- ご質問の内容によってはご回答できない場合や日数を要する場合がございます。
- パソコンやOSそのもの、ご使用の機器や環境についての操作方法・トラブルなどの質問は受け付けておりません。

ふりがな
氏　名　　　　　　　　　　　　　　　年齢　　　　　歳　　　性別　男　・　女

回答送付先（FAXまたはメールのいずれかに○印を付け、FAX番号またはメールアドレスをご記入ください）

FAX　・　メール

※送付先ははっきりとわかりやすくご記入ください。判読できない場合はご回答いたしかねます。電話による回答はいたしておりません。

ご質問の内容　　※ 例）○○○ページの手順3までは操作できるが、手順4の結果が別紙画面のようになって解決しない。

【 本書　　　　　ページ　～　　　　ページ 】

ご使用のJw_cadのバージョン　　※ 例）Jw_cad 8.03a（　　　　　　　　　　　　　　　　　　）

ご使用のOSのバージョン（以下の中から該当するものに○印を付けてください）

Windows 10　　　8.1　　　8　　　7　　　その他（　　　　　　　　　　　　　　　　　　　）

● 著者

Obra Club（オブラ クラブ）
設計業務におけるパソコンの有効利用をテーマとしたクラブ。
会員を対象にJw_cadに関するサポートや情報提供などを行っている。
http://www.obraclub.com/

《主な著書》
『Jw_cadを仕事でフル活用するための88の方法』
『Jw_cadのトリセツ』
『Jw_cad電気設備設計入門［Jw_cad8対応版］』
『CADを使って機械や木工や製品の図面をかきたい人のためのJw_cad製図入門』
『はじめて学ぶJw_cad 8』
『Jw_cadの「コレがしたい！」「アレができない！」をスッキリ解決する本』
『やさしく学ぶSketchUp』
『やさしく学ぶJw_cad 8』
　（いずれもエクスナレッジ刊）

Jw_cad 空調給排水設備図面入門［Jw_cad8対応版］

2018年11月10日　初版第1刷発行

著　者　Obra Club

発行者　澤井 聖一

発行所　株式会社エクスナレッジ
　　　　〒106-0032　東京都港区六本木7-2-26
　　　　http://www.xknowledge.co.jp/

● 問合せ先
編　集　前ページのFAX質問シートを参照してください。
販　売　TEL 03-3403-1321　／　FAX 03-3403-1829　／　info@xknowledge.co.jp

無断転載の禁止
本誌掲載記事（本文、図表、イラスト等）を当社および著作権者の承諾なしに無断で転載（翻訳、複写、データベースへの入力、インターネットでの掲載等）することを禁じます。

© Obra Club 2018